应用型本科高校"十四五"规划经济管理类专业数字化精品教材

编委会

顾　问

潘　敏

主任委员

张捍萍

副主任委员

黄其新　　王　超　　汪朝阳

委　员（以姓氏拼音为序）

何　静　李　燕　刘　勋
肖华东　邹　蔚

TOURISM PRINCIPLES, METHOD AND PRACTICAL TRAINING

旅游学原理、方法与实训

主　编　◎　史常凯　　张金霞
副主编　◎　陈　筱　　周在泉

华中科技大学出版社
http://www.hustp.com
中国·武汉

内容提要

本书既满足21世纪"十四五"中国旅游发展的新需求,也满足教育部学科专业调整和高校教材建设目标的要求,是应用型本科高校"十四五"规划经济管理类数字化精品系列教材之一。

本书在广泛吸收近年来国内外专家学者旅游研究的成果和旅游业的最新发展成就的基础上,力求在理论和实践方面反映旅游业发展的全貌和前沿领域,同时满足高校旅游管理类专业教学的实际需求。本书共分8章,包括旅游、旅游活动与旅游学,旅游发展历程,旅游者,旅游资源,旅游业,旅游目的地,旅游市场,旅游信息化、智慧旅游与旅游大数据。

本书知识体系完备,案例资源丰富,理论与实践并重,力求反映旅游发展的前沿领域。本书不仅可以作为高等院校旅游管理类专业的必修课教材,而且对从事旅游经济和旅游管理方面的研究或实践的人士及旅游爱好者也有重要的参考价值。

图书在版编目(CIP)数据

旅游学原理、方法与实训/史常凯,张金霞主编.—武汉:华中科技大学出版社,2022.7
ISBN 978-7-5680-8399-7

Ⅰ.①旅… Ⅱ.①史… ②张… Ⅲ.①旅游学-高等学校-教材 Ⅳ.①F590

中国版本图书馆CIP数据核字(2022)第115677号

旅游学原理、方法与实训
Lüyouxue Yuanli、Fangfa yu Shixun

史常凯 张金霞 主编

策划编辑:周晓方 宋 焱
责任编辑:林珍珍
装帧设计:廖亚萍
责任校对:张汇娟
责任监印:周治超

出版发行:华中科技大学出版社(中国·武汉)   电话:(027)81321913
         武汉市东湖新技术开发区华工科技园   邮编:430223
录 排:华中科技大学出版社美编室
印 刷:武汉市籍缘印刷厂
开 本:787mm×1092mm 1/16
印 张:23 插页:2
字 数:548千字
版 次:2022年7月第1版第1次印刷
定 价:59.90元

本书若有印装质量问题,请向出版社营销中心调换
全国免费服务热线:400-6679-118 竭诚为您服务
版权所有 侵权必究

总　序

在"ABCDE＋2I＋5G"（人工智能、区块链、云计算、数据科学、边缘计算＋互联网和物联网＋5G）等新科技的推动下，企业发展的外部环境日益数字化和智能化，企业数字化转型加速推进，互联网、大数据、人工智能与业务深度融合，商业模式、盈利模式的颠覆式创新不断涌现，企业组织平台化、生态化与网络化，行业将被生态覆盖，产品将被场景取代。面对新科技的迅猛发展和商业环境的巨大变化，江汉大学商学院根据江汉大学建设高水平城市大学的定位，大力推进新商科建设，努力建设符合学校办学宗旨的江汉大学新商科学科、教学、教材、管理、思想政治工作人才培养体系。

教材具有育人功能，在人才培养体系中具有十分重要的地位和作用。教育部《关于加快建设高水平本科教育　全面提高人才培养能力的意见》提出，要充分发挥教材的育人功能，加强教材研究，创新教材呈现方式和话语体系，实现理论体系向教材体系转化、教材体系向教学体系转化、教学体系向学生知识体系和价值体系转化，使教材更加体现科学性、前沿性，进一步增强教材的针对性和时效性。教育部《关于深化本科教育教学改革　全面提高人才培养质量的意见》指出，鼓励支持高水平专家学者编写既符合国家需要又体现个人学术专长的高水平教材。《高等学校课程思政建设指导纲要》指出，高校课程思政要落实到课程目标设计、教学大纲修订、教材编审选用、教案课件编写各方面。《深化新时代教育评价改革总体方案》指出，完善教材质量监控和评价机制，实施教材建设国家奖励制度。

为了深入贯彻习近平总书记关于教育的重要论述，认真落实上述文件精神，也为了推进江汉大学新商科人才培养体系建设，江汉大学商学院与华中科技大学出版社开展战略合作，规划编著应用型本科高校"十四五"规划经济管理类数字化精品系列教材。江汉大学商学院组织骨干教师在进行新商科课程体系和教学内容改革的基础上,结合自己的研究成果,分工编著了本套教材。本套教材涵盖大数据管理与应用、工商管理、物流管理、金融学、国际经济与贸易、会计学和旅游管理7个专业的20门核心课程教材,具体包括《大数据概论》《运营管理》《国家税收》《品牌管理:战略、方法与实务》《现代物流管理》《供应链管理理论与案例》《国际贸易实务》《房地产金融与投资》《保险学基础与应用》《证券投资学精讲》《成本会计学》《管理会计学:理论、实务与案例》《国际财务管理理论与实务》《大数据时代的会计信息化》《管理会计信息化:架构、运维与整合》《旅游市场营销:项目与方法》《旅游学原理、方法与实训》《调酒项目策划与实践》《茶文化与茶艺:方法与操作》《旅游企业公共关系理论、方法与案例》。

  本套教材的编著力求凸显如下特色与创新之处。第一,针对性和时效性。本套教材配有数字化和立体化的题库、课件PPT、知识活页以及课程期末模拟考试卷等教辅资源,力求实现理论体系向教材体系转化、教材体系向教学体系转化、教学体系向学生知识体系和价值体系转化,使教材更加体现科学性、前沿性,进一步增强教材针对性和时效性。第二,应用性和实务性。本套教材在介绍基本理论的同时,配有贴近实际的案例和实务训练,突出应用导向和实务特色。第三,融合思政元素和突出育人功能。本套教材为了推进课程思政建设,力求将课程思政元素融入教学内容,突出教材的育人功能。

  本套教材符合城市大学新商科人才培养体系建设对数字化精品教材的需求,将对江汉大学新商科人才培养体系建设起到推动作用,同时可以满足包括城市大学在内的地方高校在新商科建设中对数字化精品教材的需求。

  本套教材是在江汉大学商学院从事教学的骨干教师团队对教学实践和研究成果进行总结的基础上编著的,体现了新商科人才培养体系建设的需要,反映了学科动态和新技术的影响和应用。在本套教材编著过程中,我们参阅了国内外学者的大量研究成果和实践成果,并尽可能在参考文献和版权声明中列出,在此对研究者和实践者表示衷心感谢。

  编著一套教材是一项艰巨的工作。尽管我们付出了很大的努力,但书中难免存在不当和疏漏之处,欢迎读者批评指正,以便在修订、再版时改正。

丛书编委会

2022年3月2日

前　言

进入新时代以来,中国旅游业正式进入了大众旅游时代,旅游已发展成为人们生活的刚需,旅游消费不断提档升级,旅游业态不断推陈出新,旅游理念不断更新突破,旅游业已发展成为世界上规模最大的产业之一,并仍然以惊人的速度在向前发展着。在世界旅游业大发展的背景下,中国旅游业受益于中国经济的高速发展,受益于安定团结的政治局面,受益于日益增强的综合国力,经过改革开放后40多年的发展,已基本形成入境旅游、国内旅游和出境旅游三足鼎立的基本格局。中国已发展成为全球最大的旅游客源国和全球第四大的旅游目的地国,并且拥有全球最大的国内旅游市场,中国旅游业已经走上大众化、产业化、智慧化的发展新阶段。

旅游业的迅猛发展,对高等院校旅游教育提出了新的挑战。

本书在参考国内外众多专家学者的著作、论文的基础上,根据旅游教育的实际需求和已有教材的不足,由史常凯、张金霞负责拟定编写提纲,并由史常凯完成书稿的最终统稿、定稿工作。本书编写的具体分工如下:张金霞编写第一章,陈筱编写第二章第一节,周在泉编写第四章第二节,其余章节由史常凯负责编写。

旅游学原理、方法与实训是旅游管理类专业的基础必修课,对其他专业课程的设置和教学具有专业引领作用。本书编写的主要特色有以下几个方面。

一是注重理论性和前沿性。本书编写过程中参考了国内外旅游研究的最新成果,系统阐释了旅游学的基本概念和基本原理;同时根据行业近年来的发展实际,紧跟旅游业发展的步伐,对旅游新业态、旅游信息化、智慧旅游与旅游大数据等前沿领域进行了系统的介绍。

二是注重实用性和实操性。本书每个章节前面都设计了导入案例,中间插有同步案例、知识活页,章后设计了练习与思考、知识链接、参考答案等栏目,充分满足教学过程中的实际需求。

三是编写模式独特。文中插有一定的图片,图文并茂,力图增强对学生的吸引力,提高学生学习的积极性。同时为了节省篇幅,大量资源以二维码的形式呈现,学生可以扫码阅读,这有助于提高学生学习的参与性和主动性。

本书在编写过程中参考了大量国内外专家学者的研究成果、著作和论文,参阅了大量的报刊、网络资源。书稿中的所有图片均来源于网络,具体出处已经在封底数字资源中进行了说明,由于时间仓促,有些资料的原始出处和作者未能查清和标明,在此谨向所有作者表示真挚的歉意和真诚的感谢!

本书出版得到江汉大学"城市圈经济与产业集成管理"学科群资助,在此对学院的支持表示真诚感谢。本书在编写过程中,得到了华中科技大学出版社编辑的热情指导和帮助,在此对他们致以衷心的感谢!

由于作者水平有限,书中错误在所难免,恳请广大读者批评指正。

2022 年 3 月于三角湖畔

目 录

第一章　旅游、旅游活动与旅游学 … 1
- 第一节　旅游与旅游活动的界定　3
- 第二节　旅游活动的基本特征、类型和要素构成　9
- 第三节　旅游学的概念、性质和体系　29
- 第四节　旅游学的研究现状和趋势　37

第二章　旅游发展历程 … 45
- 第一节　古代旅行的产生与发展　47
- 第二节　近代旅游及旅游业的诞生　60
- 第三节　现代旅游及旅游业的大发展　67

第三章　旅游者 … 80
- 第一节　旅游者的概念和类型　82
- 第二节　旅游者形成的主观条件　87
- 第三节　旅游者形成的客观条件　97
- 第四节　旅游者消费行为　101

第四章　旅游资源 … 109
- 第一节　旅游资源的概念及特点　111
- 第二节　旅游资源的分类　115
- 第三节　旅游资源的调查与评价　135
- 第四节　旅游资源的开发与保护　149

第五章　旅游业 … 161
- 第一节　旅游业的概念、构成及特征　163
- 第二节　旅行社　169
- 第三节　旅游饭店　175
- 第四节　旅游餐饮　182
- 第五节　旅游景区　186
- 第六节　旅游交通　195
- 第七节　旅游娱乐　201

第八节　旅游购物　　205
　　第九节　旅游新业态　　210

第六章　旅游目的地　　241
　　第一节　旅游目的地概述　　243
　　第二节　旅游目的地的开发规划　　252
　　第三节　旅游对旅游目的地的影响　　258
　　第四节　旅游目的地可持续发展　　269

第七章　旅游市场　　278
　　第一节　旅游市场概述　　280
　　第二节　全球旅游市场　　289
　　第三节　中国旅游市场　　294
　　第四节　旅游市场营销　　300

第八章　旅游信息化、智慧旅游与旅游大数据　　311
　　第一节　旅游信息化　　313
　　第二节　智慧旅游　　324
　　第三节　旅游大数据　　343

参考文献　　359

第一章　旅游、旅游活动与旅游学

◇ **学习目标**

知识目标：
1. 掌握旅游和旅游活动的定义；
2. 掌握旅游活动的本质属性和特征；
3. 熟悉旅游活动的类型；
4. 掌握旅游活动的要素构成；
5. 掌握旅游学的概念和学科性质；
6. 了解旅游学的研究现状和趋势。

能力目标：
1. 能够正确区分旅行、观光、旅游、旅游活动等概念；
2. 能够正确区分并在实际中运用旅游的概念性定义和技术性定义；
3. 能够根据不同的标准对旅游活动类型进行划分；
4. 能够正确分析不同旅游类型的特征；
5. 能够客观、实事求是地评价各种学术观点；
6. 能够独立思考，针对各种学术观点提出自己的见解。

情感目标：
1. 了解旅游和旅游活动，培养职业自豪感和专业认同感；
2. 熟悉旅游活动类型和构成要素，激发学习热情；
3. 了解中外旅游研究现状和趋势，培养科研精神和探索欲望。

◇ **学习重难点**

1. 旅游的概念性定义和技术性定义；
2. 旅游活动的本质属性和构成要素；
3. 旅游学的学科体系。

◇ **本章关键词**

旅游;旅游活动;旅游学;旅游体验;旅游研究

◇ **导入案例**

旅游与旅行辨析

中文"旅"的意义仅指人类离开常住地活动的状况,该词含有人的方位关系而没有表述行为目的的成分。唐孔颖达在《周易正义》中解释说:"旅者,客寄之名,羁旅之称,失其本居而寄他方,谓之为旅。"清段玉裁在《说文解字注》中则称:"又凡言羁旅,义取乎庐。庐,寄也。"这些表述都说明旅行仅指人类前往非定居地的活动。古代以"旅"字派生出旅行、旅途、旅程、旅居、旅食、旅思、旅客、羁旅、商旅等相关词汇,也恰恰证明"旅"字本身并不反映出行目的。"行"的字义更是简单,人步趋行走。当二字结合成"旅行"这一词组后,其定义可简化为:"人类暂时离开惯常生活环境圈前往异地的行为。"这种仅突出了"暂时"和"异地"两大属性的定义,反而使该概念扩大了外延。至于迁徙不具有定居性质,则更无刻意表述的必要,这也符合逻辑学中"对正概念下定义不使用否定句"的规定。

中文"游"的词义表达出行的目的,它隐喻着随心所欲活动的自由特性。张自烈在《正字通》中解释道:"游,自适也。"朱熹将《论语·述而》中的"游于艺"解释为:"游者,玩物适情之谓。"有关"游"的词汇,如游戏、游玩、游艺、游方、游宴、游猎、游现、游览、云游、邀游、行游等都与自适、适情有关。所谓人类以"游"为目的的活动,其实就是自由主动的活动行为。即使是赴异地受规矩限制的游学,同样是主动或自愿的行为。人们对孟郊"慈母手中线,游子身上衣"诗句中"游子"的理解,通常是离母远行之人,其实这个"游"字另含"不再受家人庇护关照、享有自主行为权利"的意义。此外,诸如游人、游宦中的"游"也有不受惯常社会环境和地域控制(或干涉)的成分。我国学者对"游览"一词的理解多为人们在可自由活动的地点(多指景点)以观赏景物为主要形式的自由消遣娱乐活动。而这种景点既可位于常住地,又可位于异地。由此可见,"游"字本身并不一定要涉及本地或异地的方位关系。

经国外社会学家考证,与"旅行"对应的英语"travel"来源于法语"travail",该词原本含有"努力、劳动、痛苦"等意义,这与以娱乐、享受为主要目的的旅游"tour"或"tourism"有显著区别。在欧美国家理论研究中,旅游的历史发展进程被划分为"travel""tour""tourism"和"mass tourism"四个不同时期。这种划分不仅反映了活动规模的扩大,而且体现出活动目的的本质区别。目前的中文里对此尚无准确对应的简洁概念。"旅游"一词是"旅行"与"游览"复合而成的现代词汇,它明示了人类外出的行为表象和消遣娱乐的目的。为此我们可将旅行、游览和旅游做个直观的比较。

无论是汉语还是英语,旅游(tourism)和旅行(travel)都分属于两个既有联系又有区别的词汇,二者本质区别在于内涵的不同。从逻辑上说,"旅行"一词泛指人类出行手段的状况,故可以包容任何出行目的,其中也包括以消遣娱乐为目的而外出的旅游。这正如谢彦君先生所做的归纳:"所有的旅游都要经过旅行过程,但不是所有的旅行都是旅游。"目前,国际上有关旅游的文件中多使用"旅行"一词,并非有意混淆"旅行"和"旅游"的概念,恰恰出于"旅行"的词义更为广泛,有利于扩大消费市场的缘故。

■ 资料来源:高苏.我国旅游术语的规范化问题[J].旅游学刊,2007(8):92-95.

思考题:
1. 旅游与旅行有何区别与联系?
2. 旅游的基本特征有哪些?

第一节 旅游与旅游活动的界定

什么是旅游?在日常生活中,"旅游"一词有多种含义,例如,你是做旅游的吗?你去旅游了吗?你是学旅游的吗?你是研究旅游的吗?这四句话分别说明了旅游可以是一种职业,旅游又可以是一种休闲行为,旅游还可以是学校教育的专业分类,旅游也可以是一种研究领域。因此,为了研究和学习旅游学,我们有必要从学术的角度对旅游的概念进行严格的界定。

一、相关概念辨析

(一)旅游、旅行与观光的区别

"旅游"一词,在中国最早见于南北朝诗人沈约的《悲哉行》一诗中的"旅游媚年春,年春媚游人"。而英文"tourism"则最早出现于1811年的英国《牛津词典》,最初的解释是:离家远行最后又回到家里,途中参观或游览一个或几个地方的过程。从字面意义上看,旅游既有行,又有游览、观光、娱乐的意思;旅行则偏重于行。"旅行"一词在我国一般指巡游、宦游、云游、漫游、学者的科学考察及群众性的踏青、游春等活动。

"观光"一词最早出现于《易经》一书,书中有"观国之光,利用宾于王"的句子,被理解为观看、考察一国的礼乐文物、风土人情,有"旅行游览"之意。目前,我国台湾地区和受汉文化影响较大的日本和韩国,都在文献中使用"观光"一词。现今,我们理解的观光是旅游活动的一种,既不能涵盖所有消遣性旅游活动,也不能涵盖商务性旅游活动。严格地说,它是旅游的基本层次。

古代的旅游只是上层社会少数人出行和游览的一种活动方式,尚未成为社会上大多数人的普遍生活方式,也尚未成为一种普遍社会现象,人们对旅游的认知仅仅停留在感性认识阶段,因而它同今天我们理解的旅游是有一定区别的,旅游与旅行的区别主要表现为以下三个方面。

1. 目的不同

旅游是由舒适型向参与型的飞跃,由物质享受向精神文化享受的延伸;旅行主要是出于政治、宗教、军事、商业、科技等目的而进行的空间位移活动。

2. 活动内容不同

旅游是高层次的要求,覆盖食、住、行、游、购、娱等多方面;旅行的内容单一,仅满足食、住、行的需要,不包括游、购、娱等旅游活动内容。

3. 对社会影响不同

旅游的人数有限,但活动内容丰富,除目游、耳游等,还具有参与性,对社会影响大;旅行活动内容单一,对社会影响小。

旅游与旅行是统属关系,旅游都要经过旅行过程,但不是所有的旅行都是旅游。

(二)旅游与旅游活动

旅游与旅游活动含义相似,有时两者也可通用,就像体育与体育运动的关系一样,而从国内外学者和机构对旅游所下的定义来看,旅游与旅游活动两个概念也没有得到严格的区分。但从严格意义和更科学的角度来讲,两者并不完全一样。旅游包括的内容更广泛,涉及人、物、空间、经营活动等方面,并且随着它后面字眼的变化,其含义也有所不同,如旅游者为人,旅游资源为物,旅游活动为动态过程,旅游业是一种行业,旅游经营为一种部门经营内容。而旅游活动是"非定居者旅行和短暂停留所引起的各种现象和关系"中的主要内容之一,它包括旅游者的活动和旅游产业活动,在书面语言中一般指旅游者的活动。

二、旅游与旅游活动的定义

（一）旅游的定义

关于旅游,在不同的研究背景下,不同学者从不同的角度会得出不同的定义。按地域范围划分,可分为国外定义和国内定义;按主体划分,可分为官方机构定义和社会学定义;按应用性划分,可分为概念性定义和技术性定义。本书主要研究国内外学者和机构对旅游的概念性定义和技术性定义。

 1. 旅游的概念性定义

为了规范人们对旅游本质的认识,国内外学者和机构从理论上对旅游现象进行了抽象和概括,提炼出了旅游的概念性定义,主要有以下几种。

（1）交往定义。

1927年,德国的蒙根·罗德对旅游做了交往概念的定义,他认为旅游从狭义的角度是那些暂时离开自己的住地,为了满足生活和文化的需要或各种各样的意愿,而作为经济和文化商品的消费者逗留在异地的人的交往。可以看出,在这个定义中旅游是一种社会交往活动。

（2）艾斯特（AIEST）定义。

1942年,瑞士学者沃特尔·汉兹克尔和库特·克拉普夫对旅游做了很重要的概念性定义,即"旅游是非定居者的旅行和暂时居留而引起的现象和关系的总和。这些人不会导致长期定居,并且不牵涉任何赚钱的活动"。这个定义强调旅游活动中必将产生经济关系和社会关系,即强调了旅游的综合性内涵。这个定义于20世纪70年代为国际旅游科学专家国际联合会（AIEST）所接受,因此,这一定义也被称为"艾斯特（AIEST）定义",也是国际上普遍接受的定义。国内学者李天元也提出了类似的定义:旅游是人们出于移民和就业以外的其他原因离开自己的常住地前往异国他乡旅行和逗留而引起的现象和关系的总和。

（3）目的定义。

20世纪50年代,奥地利维也纳经济大学旅游研究所对旅游提出了科学的定义,认为旅游可以理解为暂时在异地的人在空余时间的活动:首先是出于休养的原因的旅行;其次是出于受教育、扩大知识和交际的原因的旅行;最后是出于参加这样或那样的组织活动,以及改变有关的关系和作用的旅行。可见,这个定义强调了旅游的基本目的是消遣和增长知识。

（4）流动定义。

1974年,英国的伯卡特和迈德里克对旅游做了进一步研究,他们指出旅游发生于人们前往和逗留在各种旅游地的活动,是人们离开他们平时居住和工作的地方,短期暂时地前往一个旅游目的地活动和逗留在该地的各种活动。① 这个定义强调旅游的本质特征是异地性和暂时性。

(5) 相互关系定义。

1980年,美国密歇根大学的罗伯特·W.麦金托什和夏西肯特·格波特对旅游做了定义,他们认为旅游可以定义为在吸引和接待旅游及其访问者的过程中,由于游客、旅游企业、东道国政府及当地居民的相互作用而产生的一切现象和关系的总和。应该注意的是,这个定义强调了旅游引发的各种现象和关系,涉及形成旅游活动的多种因素的相互关系和相互作用,突出了旅游的综合性特点。

(6) 生活方式的定义。

我国著名经济学家于光远先生在1985年发表的《旅游是现代人的特殊生活方式》一文中对旅游的定义为:旅游是现代社会中居民的一种短期性的特殊生活方式,这种生活方式的特点是异地性、业余性和享受性。从事旅游文学研究的冯乃康先生于1995年出版的《中国旅游文学论稿》一书中也持同样的观点,认为旅游"是以去异地寻求审美享受为主要内容的一种短期生活方式"②。这种定义强调旅游是一种生活方式,并且指出了旅游的一些主要特点,如异地性、业余性、享受性等。

(7) 体验定义。

2015年,谢彦君在其《基础旅游学》(第四版)一书中指出,旅游是个人利用其自由时间并以寻求愉悦为目的而在异地获得的一种短暂的休闲体验。这个定义强调以下几点:第一,旅游的根本目的在于寻求愉悦体验;第二,旅游是一种个人行为,至少在某个环节上表现为个人有目的、有计划、能加以决策的主动行为;第三,旅游是一种休闲,或者说旅游是休闲行为的一种;第四,旅游最突出的两个特征是异地性和暂时性;第五,定义旅游的关键词是愉悦、余暇(自由时间)、异地、暂时、休闲和体验。

(8) 经济概念的定义。

许多经济学家强调旅游的经济功能,并从理论与实践的结合上探讨了这种功能。这种经济概念的定义认为:"旅游的功能是从国外向国内输入资金,其意义在于旅游支出对该经济体中的各个部门尤其是饭店经营者所产生的影响。"③后来奥地利经济学家赫曼·沃恩·斯库拉也持这种观点,他指出旅游是外国或外地人口进入非定居地并在其中逗留和移动所引起的经济活动的总和。世界旅游组织也非常强调旅游的经济功能,认为尽管旅游业会带来巨大的社会和环境影响,但是从本质上讲,它是一种经济力量、一个大市场,而不是一个单一的产业,并提出了把旅游业纳入国民账户系统的必要性。

从以上定义不难找出一些共同点,这些共同点形成了旅游的基本特征:第一,旅游活动的异地性,它造成了旅游者从居住地到目的地的空间位移;第二,旅游活动的暂时性,它说明了旅游和移民或定居的本质区别;第三,旅游活动的综合性,即旅游是旅游者在目的地引起

---

① Burkart A J, Medleck S. Tourism, past, present and future[M]. London: Heinemann, 1974.
② 冯乃康. 中国旅游文学论稿[M]. 北京: 旅游教育出版社, 1995.
③ Wahab S E A. An Introduction to Tourism Theory[J]. Travel Reseanh Journal, 1977(1).

的各种现象和关系的总和,不仅仅是单纯的观光游览活动;第四,旅游者的非功利性,旅游者的旅游活动是消费行为而不包括其在目的地的就业、劳动行为。

立足于旅游的本质属性和基本特征,本书认为旅游的概念性定义为:旅游是人们离开居住地前往目的地,出于非营利目的,在目的地做短暂停留而引起的各种现象与关系的总和。

 2. 旅游的技术性定义

为了使调查和统计具有可操作性,人们从一些具体指标上对旅游现象进行了界定。关于旅游的技术性定义,主要有以下几种。

(1)美国定义。

美国参议院领导的一个研究机构认为:旅游是出于日常工作以外的任何原因,离开居家所在地区,到某个或某些地方旅行的行动和活动。1979年,美国通用大西洋有限公司的马丁·普雷博士在中国讲学时,对旅游也做了定义,认为旅游是为了消遣而进行的旅行,并且旅游者在某一个国家或地区逗留的时间至少应超过24小时(一天)。这个定义无疑又强调了消遣概念以及各国在进行国际旅游统计时的逗留时间标准。

(2)英国定义。

英国旅游协会(BTS)在1979年对旅游做了如下定义:旅游是指与人们离开其日常生活和工作地点向目的地做暂时的移动,以及在该目的地做短期逗留有关的任何活动。这个定义可以说是一个宽泛到极点的定义,它既没有规定旅游的目的,也没有区别是否过夜以及是否跨越国界。英国旅游局(BTA)前执行主任里考瑞什认为:旅游是人的运动,是市场运动,而非一项产业的运动,总之,是流动人口对接待地区及其居民的影响。

(3)联合国定义。

联合国的官方旅行机构国际联合会(AIGTO)认为:旅游是指人们到一个国家访问,并且停留超过24小时,其目的或是游逸(包括娱乐、度假、保健、研究、宗教或体育运动),或是公干(业务、出使、会议等)。

(4)世界旅游组织定义。

1991年,世界旅游组织(WTO)在加拿大渥太华召开的国际旅行与旅游统计大会上将旅游定义为:人们为了消遣、商业和其他目的离开通常环境去往他处并在那里逗留连续不超过一年的活动。

立足于旅游的本质属性和基本特征,本书将采用世界旅游组织对旅游的定义。

(二)旅游活动的定义

如前所述,旅游活动包括旅游者的活动和旅游产业活动,但一般指旅游者的活动。具体来说,旅游活动的内涵包括以下几点。

1. 旅游活动是一种社会生活现象

旅游活动不是孤立产生的,而是在一定社会经济条件下出现的一种社会生活现象。在原始社会早中期,社会生产力水平低下,人们的劳动所获十分有限,几乎仅供自己食用,而且人们的社会活动基本上局限于自己的氏族部落范围内,所以当时并未产生早期的旅游活动。古代和近代旅游活动的出现和发展,特别是现代旅游活动大规模、大范围的进行,是社会生产力发展的结果。不同时代社会生产力及经济条件的差别导致各个时代的旅游活动从形式到内容都有所差异。

 2. 旅游活动是一种消费形式

旅游活动日益成为人们新的消费形式,是人们物质文化生活的一个组成部分。人类生活中的需求有许多方面,人们只有在满足最基本的生活需要之后,在有多余的收入和闲暇时间的情况下,才会有外出旅游活动的需求,从而产生旅游活动这种新的消费需求。因此,旅游活动是一种高层次的消费形式,是一定时代人们物质文化生活的一个组成部分。

 3. 旅游活动是在异地的暂时停留

旅游活动包括旅行和游览等全过程,它是暂时在异地的活动,不会导致人们在异地永久居留或工作。从旅游活动的全过程看,其活动形态包括两个部分:一个是动态部分,另一个是静态部分。动态部分即实现空间转移过程中的旅行,包括旅游者从离开常住地到达旅游目的地的旅行、旅游者在不同旅游地之间的旅行,以及结束游览活动返至家中的旅行。这些旅行涉及飞机、火车、汽车等交通工具。静态部分即旅游者在某一旅游目的地逗留期间的全部活动,这个过程涉及饭店等住宿设施、餐馆、娱乐中心、参观活动点等。当然,这个静是相对的,因为旅游者在某旅游目的地逗留时,还要进行下榻地点至参观、游览等地点间的往来,只是这种活动较短程而已。从形态来看,旅游活动是一种旅行游览过程;若从经济学观点、经济内容来看,旅游活动则包含着旅游者同旅游企业之间的一种经济交往关系。旅游者支付了一定的旅游费用,成为旅行游览全过程各种服务的权利享有者;旅游企业获得了一定的旅游收入,成为活动全过程各种服务的责任承担者。从旅游活动全过程可看到,旅游活动是旅行和游览相结合的活动。旅游和游览既互相联系,又相互区别,游览是旅行的目的,旅行是达到游览目的的手段。处理二者关系的正确原则应该是"旅速游缓",即旅行要安全、迅速,尽量少花费时间,游览则要从容、尽兴。旅游业经营者在旅游活动全过程中,只有注意这个原则并在各方面都安排好,才能提高经济效益。

4. 旅游活动的目的是非定居非工作的目的

旅游活动以了解自然和社会、完善自我或发展事业等为目的,即出于非定居非工作的目的而进行的相关活动。旅游活动的目的主要包括三个方面:一是为了获得更多的自然和人文知识,拓展个人的视野;二是为了更加全面地认识自己和了解他人,养成更好的个人品性;三是为了促进身心的健康和恢复,以更好地应对生活中的各种挑战。

综上所述,旅游活动的定义可归纳为:在一定社会经济条件下产生、发展起来的社会生活现象,是人们出于非定居非工作目的的旅行和暂时逗留全过程的综合性活动。

第二节　旅游活动的基本特征、类型和要素构成

一、旅游活动的基本特征

旅游活动作为人类社会的一项重要活动,有其本身的基本特征:综合性、审美性、享受性、异地性和暂时性。

(一)综合性

旅游活动已经成为现代人社会生活的基本而必要的组成部分。随着旅游规模日益扩大,旅游活动成为一种非常广泛的社会现象,旅游者和目的地居民之间形成群体性的社会交往,引发一定的社会文化问题;而旅游规模扩大所带来的各种借以运营的商机,也让旅游企业获得了前所未有的发展,并为旅游者提供各种物质条件和旅游服务,引发一定的社会经济问题;旅游目的地政府出于政治、经济和社会的考虑,也对旅游活动予以充分关注。目前世界上许多国家都把推动旅游活动,开发和发展旅游业纳入本国社会经济发展内容之中。所以,旅游活动已不仅仅是旅游者离开常住地前往异地的旅行和访问活动,而且是有广泛和深刻影响的综合性社会现象。这种综合性表现为旅游者、旅游业、目的地政府以及目的地居民之间所产生的错综复杂的关系。

（二）审美性

旅游活动是一种综合性的审美活动，它集自然美、艺术美和生活美于一体，熔风光、文物、古迹、建筑、雕刻、绘画、书法、音乐、戏剧、风情、美食于一炉，可以满足人们多种多样的审美情趣。而且旅游活动本身就是一种带审美性的社会实践，是一种生动形象、自然具体的审美教育活动。审美性贯穿旅游活动的各个要素。

从旅游主体看，审美追求是旅游者普遍的旅游动机之一。旅游者的旅游形式和内容可能千差万别，但其共同目的都是为了陶冶情操、愉悦身心、获得美的享受。旅游活动的食、住、行、游、购、娱等每一个环节都能给旅游者以美感。

从旅游客体看，旅游资源是美的载体。旅游资源同其他资源的最大区别就在于，它有着美学特征，具有观赏价值。旅游资源蕴含着丰富的自然美、社会美和艺术美，对旅游者产生极大的吸引力。

从旅游媒体看，旅游业是创造美和生产美的行业。旅游业不同于一般产业，它生产以服务为核心的综合性产品，通过生产和提供美的景观、美的商品、美的艺术、美的服务，满足旅游者高层次的需求——审美需求。

（三）享受性

旅游需要是人们在物质生活需要得到基本满足之后产生的一种追求高层次享受的精神需要。"求新、求乐"是旅游者心理的共性。旅游活动的目的各种各样，但其基本目的是游览、消遣和娱乐。人们往往把旅游活动当成一种短期的特殊的生活方式来享受——游览名山大川、欣赏文物古迹、体验风土人情、享受优质服务，最终达到高层次的物质和精神享受。

在日常生活中，人们在工作之余和劳动之余也会有休息和享受的时间，人们会参加诸如观光、游览、体育健身、看电影、听音乐、访友、下饭馆等活动。旅游活动把这些休闲活动的精华集中起来，展现在旅游者的面前，使其在较短的时间内充分享受到休闲的欢娱。

（四）异地性

旅游活动是人们离开自己的常住地去异乡访问的活动，可见，旅游活动是在异地环境中实现的。每个人都生活在一定的时间和空间里，这既是人们认识客观世界的基础，也是其认识客观世界的限制。一方面，出于"求新、求乐"的心理动机，人们借助旅游活动开阔眼界、增长知识，这是旅游活动异地性产生的主观基础。另一方面，对旅游者产生吸引力的旅游资源，由于与旅游目的地的时空环境紧密相连，具有地理上不可移动的特点，旅游者只有克服空间障碍，离开其常住地前往旅游目的地，才能实现旅游活动，这是旅游异地性产生的客观前提。一般来说，旅游目的地的异地性越强，其对旅游者产生的吸引力就越大。

（五）暂时性

旅游活动在时间上的特点，就是人们前往旅游目的地，并在那里做短期停留，进行访问活动。这种短期停留有别于移民性的永久居留，表现为旅游的暂时性。对于大多数旅游者而言，旅游是利用社会工作之余的闲暇时间所从事的活动。其动机或是恢复体力、愉悦身心，或是扩大眼界、增长见识，但不论出于何种动机的旅游活动都是一种短期的生活方式。因为闲暇时间只是人们全部时间构成中的一小部分，而休闲娱乐也只是人们在工作之余才能从事的活动，故旅游活动具有暂时性。

二、旅游活动的类型

（一）旅游活动类型的划分标准

旅游活动是怀有不同动机的旅游者在特定的时间内，以不同的方式进行的，因此它的类型非常复杂，既有一些传统的旅游类型，又有不断被人们创造出来的新的旅游类型。划分标准不同，旅游活动类型的划分也有很大的差异。

1. 按地理范围划分

按地理范围划分，旅游活动可以分为区域旅游、国内旅游、国际旅游、洲际旅游、环球旅游等。

2. 按旅行距离划分

按旅行距离划分，旅游活动可以分为远程旅游、中程旅游和近程旅游。一般而言，在国际旅游中，洲际旅游和环球旅游属于远程旅游，跨国旅游（边境旅游除外）属于中程旅游。国内旅游均为近程旅游。

3. 按目的归属划分

按目的归属划分，旅游活动可以分为消遣旅游、公务旅游、个人和家庭事务旅游等。

4. 按组织形式划分

按组织形式划分，旅游活动可以分为团体旅游和散客旅游。团体旅游是指旅行社或其他中介组织事先计划、统一组织、精心安排旅游项目,提供相关服务,并以包价形式一次性收取费用的旅游形式。散客旅游是相对团体旅游而言的,个人、家庭或15人(国际上)以下自行结伴的旅游活动。与团体旅游相比,散客旅游较为灵活,自主性和选择性更强。

一般而言,国内旅游团10人以上(含10人)称为团体旅游,10人以下称为散客旅游;出境旅游团3人以上(含3人)称为团体旅游,3人以下称为散客旅游;入境旅游团9人以上(含9人)称为团体旅游,9人以下称为散客旅游。

5. 按计价方式划分

按计价方式划分,旅游活动可以分为全包价旅游、半包价旅游、小包价旅游、零包价旅游和非包价旅游。

一般而言,全包价旅游是指旅游者采取一次性预付旅费的方式,将各种相关服务全部委托一家旅行社办理。全包价旅游服务项目通常包括:① 饭店客房;② 一日三餐;③ 游览用车,接送服务;④ 导游服务;⑤ 景点门票和文娱活动入场券;⑥ 每人20千克的行李服务;⑦ 城市间交通等。

半包价旅游指旅游者自行安排中晚餐,其他活动委托旅行社安排的旅游类型。

小包价旅游又称可选择性旅游,它由非选择部分和可选择部分构成。非选择部分包括机票、酒店,旅游费用由旅游者在旅游前预付;可选择部分包括导游、风味餐、娱乐项目和参观游览等,旅游者可根据时间、兴趣和经济情况自由选择,费用既可预付,也可现付。

零包价旅游多见于旅游业发达国家,参加这种旅游的旅游者必须随团前往和离开旅游目的地,但在旅游目的地的活动是完全自由的,形同散客。

非包价旅游是指旅游者自由行的自助旅游。

6. 按费用来源划分

按费用来源划分,旅游活动可以分为自费旅游、社会旅游、公费旅游、奖励旅游等。自费旅游是指全部旅游费用都由旅游者承担的旅游活动;社会旅游是指享受社会给予的福利性补贴的旅游活动;公费旅游是指旅游费用全部由单位承担,自己不必支付任何费用的旅游活动;奖励旅游是指获得以参加旅游活动作为奖励和激励的旅游方式。如今一些公司除把奖励旅游作为一种奖励方式外,还采取业务培训和外出旅游相结合的奖励方式,以提高员工的业务素质、增强企业的凝聚力。当前奖励旅游日益增多,并显示出强大的市场潜力,已引起世界旅游业的广泛关注。

7. 按享受程度划分

按享受程度划分,旅游活动可以分为豪华旅游、标准旅游、经济旅游等。

8. 按旅行方式划分

按旅行方式划分,旅游活动可以分为航空旅游、铁路旅游、汽车旅游、游船旅游、骑车旅游、徒步旅游等。

 9. 按活动内容划分

按活动内容划分,旅游活动可以分为观光旅游、度假旅游、文化旅游、商务旅游、生态旅游、宗教旅游、购物旅游以及形形色色的专项旅游等。

 10. 按旅游对象划分

按旅游对象划分,旅游活动可以分为学生度假旅游、新婚蜜月旅游、老年旅游、职工奖励旅游、干部休假旅游等。

 11. 按旅游活动形式划分

按旅游活动形式划分,旅游活动可以分为:专线旅游,如丝绸之路游、长江纵横游、黄河纵横游、五岳游、长征路线游等;专题旅游,如"岳阳楼记"游、"三国演义"游等;专项旅游,如金婚游、银婚游、新婚游、老人游、青年游、家庭度假游等。

 12. 以旅游"舒适"意义划分

以旅游"舒适"意义划分,旅游活动可分为两种,一种是在比较幽雅、美丽、舒适的地方(如杭州、桂林等旅游城市)旅游或度假,有人把这类旅游活动称为"花钱买舒适"的旅游;另一种是在人迹罕至、不为人所熟悉的地方进行冒险性旅游,如去非洲大沙漠、青藏高原、冰山雪岭旅游,有人称之为"花钱买不舒适"的旅游。

关于旅游活动的类型,目前尚无统一的划分标准。人们往往根据自己的研究目的和角度,选用不同的划分标准,因而所划分的旅游活动类型各异。本书重点讨论按地理范围和按活动内容划分的旅游活动类型,并进一步探讨旅游的需求和行为特点。

(二)按地理范围划分的旅游活动类型

按照旅游活动开展的地理范围,可划分为国内旅游、国际旅游、洲际旅游、环球旅游等类型。其中国内旅游和国际旅游是这类划分的两大基本类型。

1. 国内旅游

国内旅游是指人们在居住国境内开展的旅游活动,通常是指一个国家的居民离开自己的常住地到本国境内其他地方的旅游活动。但按照世界旅游组织的解释,常住性外国人在所在国境内进行的旅游活动属于国内旅游。例如,常住我国的外国使领馆人员、外国专家、记者等在我国境内进行的旅游活动,对我国而言,仍属国内旅游。

根据在旅游目的地的停留时间,国内旅游活动又划分为过夜旅游不过夜一日游。世界各国对国内旅游的界定和统计口径不一致,因此,对于国内一日游活动是否纳入国内旅游统计之中,各国的做法也不一样。

综合考虑旅行距离、旅游消费水平等,国内旅游还可具体分为地方性旅游、区域性旅游和全国性旅游三种形式。

(1)地方性旅游。地方性旅游通常是指当地居民在本省(区、市)范围内进行的旅游。这实际上是一种短时间、近距离的参观游览活动,多数和节假日的娱乐性相结合,时间短、活动项目少,通常是和亲朋好友或家庭、小集体自发组织的旅游方式。

(2)区域性旅游。区域性旅游是指居民离开常住地到邻近省(区、市)进行的旅游。如北京旅行社组织的承德避暑山庄五日游,上海旅行社组织的苏州三日游、杭州五日游以及武汉旅行社组织的武夷山六日游等。

(3)全国性旅游。全国性旅游主要是指跨省(区、市)的旅游。如从广州经桂林、西安、北京、上海的旅游路线,或从北京经南京、苏州、上海、杭州、福建武夷山、厦门等一线的旅游活动都属于全国性旅游。

2. 国际旅游

国际旅游是指一个国家的居民跨越国界到另一个或几个国家去访问的旅游活动。根据旅游者的流向,国际旅游又可分为入境旅游和出境旅游(见图1-1)。入境旅游是指其他国家或地区的居民前来本国或本地区的旅游;出境旅游则是本国或本地区的居民到其他国家或地区的旅游,也称出国旅游。但是,对我国而言,台湾尚未回归大陆,香港、澳门仍作为特别行政区实行高度自治,港澳台同胞来内地(大陆)旅游需支付外币,从而给内地(大陆)带来外汇收入。因此,在我国的旅游统计中,把港澳台同胞来内地(大陆)旅游视为入境旅游,而把内地(大陆)的居民前往港澳台地区列为出境旅游。

图1-1 国际旅游分类

根据在旅游目的国停留时间的长短，国际旅游可划分为过夜的国际旅游和不过夜的国际一日游。在一些相互接壤的国家，这种国际一日游游客是一个重要的客源。但是，在国际旅游统计中，一般不包括国际一日游人次，而把国际一日游游客的消费作为国际旅游收入统计在内，因为这些国际一日游游客在目的地的消费很难从当地的国际旅游收入中分出。

根据国际旅游的范围大小，又可分为跨国旅游、洲际旅游和环球旅游三种形式。

(1) 跨国旅游。跨国旅游泛指离开居住国到另一个国家或多个国家进行的旅游活动，不跨越洲界。如亚洲地区内的出国旅游就属于这一类。

(2) 洲际旅游。洲际旅游指跨越洲界的旅游活动。如北美国家的旅游者到欧洲的旅游活动，或美国人到中国（亚洲）、日本人（亚洲）到美国的夏威夷（北美洲）的旅游活动都属于洲际旅游。这种旅游受制约的因素较多，如航空工业的发展状况、语言障碍等。

(3) 环球旅游。环球旅游指以世界各洲的主要国家（地区）的港口风景城市为游览对象的旅游活动。如英国的"伊丽莎白女王二世号"游船的"千人百日游全球"旅游活动，就属于环球旅游。环球旅游消费大，多数是经济宽裕人士的度假观光旅游或科学考察和探险性旅游。

 3. 国内旅游和国际旅游的关系

国内旅游和国际旅游作为两个不同的旅游类型，它们之间既有联系，又有差别。国内旅游是国际旅游的先导，国际旅游是国内旅游的延伸与发展。国内旅游在旅游距离、旅游时间、旅游费用、旅游的方便程度等方面比较容易得到满足，因此，国内旅游的发展先于国际旅游的发展。随着国内旅游的发展，旅游设施、旅游服务、旅游管理等逐步由低级到高级、由简单到复杂，为国际旅游的发展奠定了物质和文化基础，国际旅游进而发展起来。从需求方面来看，旅游活动是由近及远渐进发展的，这也是旅游活动发展的普遍规律之一。现今一些国家发达的国际旅游业，大都是在其成熟的国内旅游业的基础上发展起来的。

国内旅游需求比较容易得到满足，因此，在当今世界旅游活动中，国内旅游一直占据着绝大部分比重。据世界旅游组织估算，在每年全世界旅游总人次中，国内旅游占90%以上。即使在一些旅游业发达的国家，国内旅游也占绝大部分比重。但是，由于国内旅游的经济作用与国际旅游有所不同，尤其是入境旅游可以给东道国增加外汇收入，大多数国家的政府都偏重支持入境旅游的发展。

国际旅游与国内旅游的根本差别在于是否跨越国界。此外，二者在逗留时间、便利程度、消费总量、经济作用、文化影响等方面也有一些具体差异（见表1-1）。

表 1-1　国际旅游与国内旅游的比较

项目	国内旅游	国际旅游
逗留时间	较短	较长
便利程度	手续简单，较少语言障碍	手续繁杂（涉及出入境证件、海关报关验关、货币兑换等），大多有语言障碍

续表

项目	国内旅游	国际旅游
消费总量	层次较低	层次较高
经济作用	财富在国家内部地区之间转移,不能创汇	财富在国家之间转移,增加接待国外汇收入
文化影响	影响较小	影响较大

（三）按活动内容划分的旅游活动类型

旅游者旅游动机多种多样,因此,旅游活动的内容和形式也千差万别。我们可以根据旅游者旅游活动的内容以及旅游活动所表现的共性特点,将旅游活动分为以下几种基本类型。

1. 观光旅游

观光旅游是以观赏游览自然风光、城市风光、名胜古迹为目的的旅游。旅游者被异国他乡的风景、名胜所吸引,通过旅行观览,获得美的享受。这是目前最基本的一种旅游形式。一般而言,观光旅游主要有以下几种。

(1)一般的自然观光旅游,主要是观赏山、石、洞、水、花草、树木、动物等构成的天然风景,以获得多种自然美感(见图1-2)。

图1-2 黄山风光

(2)特殊的自然观光旅游。

① 火山风光旅游,如长白山有众多的火山锥、火口湖以及与火山活动有关的矿泉、温泉、瀑布、熔岩隧道等,都适宜进行火山观光旅游。

② 冰雪风光旅游,如长白山由于纬度较高,气候湿润,冬季漫长,具有独特的林海雪原和壮丽景色,适宜进行冰雪风光旅游。

③ 观潮旅游，如观赏钱塘秋潮，每年农历八月十五左右，钱塘江形成一年之中最高潮汐。

④ 绿色旅游，就是到田园，特别是到高山、森林进行的旅游活动。

⑤ 观鸟旅游，就是观赏、考察鸟类的活动。

⑥ 海洋旅游，体验广阔的视野、宽敞的海滩、柔软的细沙、和煦的阳光、五彩缤纷的海洋生物、绚丽多姿的珊瑚等海洋美景，还包括潜水、潜艇等活动形式。

⑦ 极地旅游，感受巨大的海山冰川，蜿蜒数百里的大陆冰障，无边无际的内陆冰川，瑰丽多彩的冰峰、冰洞、冰塔林、夏日极昼、冬夜极光奇景等。南极是极地旅游的最佳地区，早在1985年国际生态组织赴南极时就正式宣布要在南极建立世界公园。

（3）名胜古迹观赏旅游，如参观埃及金字塔、古希腊神庙，攀登中国长城，观览帝王宫殿，凭吊古战场等。

（4）社会风情旅游，包括民俗风情旅游和民族风情旅游，前者如参观地方衣食住行、婚丧嫁娶、花圃园林、节日庆典仪式、农贸集市活动，乘坐马车、花轿，欣赏民间艺术等；后者如欣赏民间歌舞、戏剧，参加集会、节日、体育竞技，体验手工技术、建筑、民宅等（见图1-3）。

图1-3　云南傣族泼水节

（5）艺术馆、博物馆的参观旅游。博物馆是一个浓缩的自然和人文的专题学术研究成果的物化展示场所。如到法国一定会到卢浮宫、埃菲尔铁塔、罗丹博物馆这三大观光点参观，其中两处是博物馆。目前，世界上博物馆总数已超过3.5万个，在美国、英国平均每4万人就有一座博物馆，德国每3万人就有一座博物馆。

概括说来，观光旅游的基本特点如下。

（1）知名度高、吸引力大的旅游目的地往往成为旅游的热点。例如，美国和加拿大交界处的尼亚加拉大瀑布、日本的富士山、澳大利亚的大堡礁、中国的长城、埃及的金字塔等，每年都吸引着大量国内外游客，成为世界级旅游景点。

（2）旅游者以观赏游览为主，流动性大，在旅游地逗留时间不长，且重游率较低。

（3）旅游者消费水平不高，对价格往往比较敏感；旅游者旅游活动自由度较大。

(4)受气候自然条件影响较大,观光旅游的淡旺季明显。

(5)观光旅游是旅游活动最基本的类型,也是世界旅游活动的主体,观光旅游者在旅游市场中所占比例最大。

2. 度假旅游

度假旅游是指利用假期进行休养和娱乐的旅游。人们通过度假旅游,适时改换环境,探求新的经历,调节身心节律,消除紧张和疲劳。度假旅游产生的时间虽然不长,但是发展很快。它最早起源于法国,很快便风行于欧美,后在日本也流行起来。随着社会经济发展,人们收入水平提高、闲暇时间增多,以及交通条件改善,度假旅游成为目前世界上十分普及的旅游活动,且形式也十分多样。

(1)海滨度假旅游。

海滨度假旅游是最受欢迎且长盛不衰的一种度假旅游类型,传统的海滨度假旅游多是"3S"(阳光、沙滩、海洋)休闲型旅游。海滨旅游最早兴起于加勒比海地区,之后逐渐扩展到欧美和亚太地区。海滨旅游可以避暑、避寒和充分享受阳光浴、海水浴,有利于开展水上运动和海底观光,还可以领略当地的田园风光和民俗风情,因此,海滨旅游流行于世界各地,并且涌现了一批著名的海滨旅游度假地。例如,西班牙的阳光海岸,法国的蓝色海岸,意大利的亚得利亚海滨,美国的夏威夷,泰国的芭堤雅,澳大利亚的黄金海岸,以及我国的海南三亚滨海度假胜地(见图1-4)。

图1-4 海南三亚滨海度假胜地

(2)乡村度假旅游。

乡村度假旅游即到乡村直接接触大自然,领略田园风光,体验民俗风情。乡村旅游在欧洲最为盛行。欧洲不仅有风光秀丽的农庄,而且有年代久远的古城堡,让人们尽享郊野情趣。在我国,近年来"吃农家饭、住农家院、干农家活、享农家乐"的乡村风土民情度假旅游也日渐红火。大批旅游者到陕北的窑洞、傣家的竹楼、闽南客家的土楼、江南水乡的民居、草原的蒙古包去小住。人们在游山玩水之后，住进农家小院，吃一顿农家饭，享受一下乡村农家的乐趣，那宽敞的住处、幽静的环境、乡村田野的浪漫风情，以及玉米面饼子、棒渣子糊糊、小米绿豆稀饭等美味，是都市人平常难以体会到的。

（3）娱乐型度假旅游。

娱乐型度假旅游是人们在闲暇时间或在异地游览期间进行的以娱乐为主要目的的旅游活动。它是以观光旅游为基础条件的，除了观赏旅游目的地的名胜古迹、山水风光、民情风俗等吸引物外，旅游者还要获得更多的娱乐，如参加俱乐部的各种活动（如体育、音乐、歌舞、戏剧、游艺等），参与电子游戏、星空旅行、激流探险、海盗飞船、空中翻滚、过山车等游乐活动。如美国洛杉矶和奥兰多的迪斯尼乐园、加利福尼亚州和佛罗里达州的水上乐园、加拿大多伦多的奇幻乐园、荷兰的缩影公园等。此外，还有吸引力很大的狩猎旅游，世界上最大的狩猎场在非洲。

（4）健身度假旅游。

① 养生旅游。主要是利用优美的海湖河山和具有养生价值的矿泉、森林、气候等进行以治疗疾病和恢复体力为目的的旅游活动，如图 1-5 所示。养生旅游对慢性病患者、体弱多病者和在井下作业的工矿工人及老年旅游者有很大吸引力。人们除了自然养生外，还可以利用电疗、气疗、食疗、药物和健身术提高疗效。

图 1-5　日本血池温泉

例如，波兰、俄罗斯的一些废弃的岩盐矿井，深居地下数百米，周围洁白的盐岩如同水晶世界一般，它释放的空气几乎不能使细菌生存，利用其疗养，能创造一个极度安静、毫无噪声、空气十分洁净的特殊环境，对呼吸道疾病和神经衰弱者疗效显著。瑞士的阿尔卑斯山、俄罗斯的高加索山、罗马尼亚的喀尔巴阡山等高山气候养生也很发达。我国黑龙江的五大连池、长白山的优质矿泉和大片森林等都非常适宜饮用、洗浴和森林浴等养生旅游活动。其中，森林旅游是一种很受欢迎的养生旅游活动，人们到森林中开展养生、游乐、休息等各种活动。目前，世界上一百多个国家已建立了森林公园和森林保护区，用于发展森林旅游。

② 体育旅游。体育项目很广泛,包括滑冰、滑雪、划艇、游泳、登山等,其中登山是健身的较好形式之一,它把旅与游巧妙地结合起来。如日本每年登山的人次有数千万,其中富士山每年登山的人次有 250 万~300 万。此外,近年来高尔夫球体育旅游业在世界发展很快,我国高尔夫旅游从 1984 年起步,但发展很快,目前高尔夫球场已突破 400 个,高尔夫旅游者已超过 140 万人次。

度假旅游的基本特点如下。

(1)度假旅游地一般都是自然景色优美、气候温和宜人、旅游设施完善、交通便利、服务优质之地。

(2)度假旅游的地点相对固定。度假旅游者一般活动范围不大,往往局限于常住地及周围地区。

(3)度假旅游更强调休息、消遣。它要求齐全完善的体育、娱乐、餐饮和住宿设施。

(4)旅游者以休养和消遣为主,在旅游地逗留时间相对较长,且重游率比较高。

(5)一般不需要导游,旅游者自由安排活动。

(6)度假旅游者对住宿设施一般要求卫生、经济,而更多地希望有多种体育、娱乐设施及风味餐饮,以供安排每天的消遣活动。

3. 文化旅游

文化旅游是以精神文化和物质文化为主要考察对象的旅游。旅游者通过对异国他乡文化艺术的了解,扩大视野,丰富知识。现今由于科学技术的高度发展和人们受教育程度的日益提高,文化旅游的需求也越来越强烈。现代大众化旅游发展的实践表明,相当多旅游者的旅游动机都包含着探索文化差异的需要,文化旅游已经成为世界旅游业的一个发展方向。文化旅游的形式很多,具体包括以下几种。

(1)历史文化旅游,如游览古城风光,参观历史名城的保护区、博物馆和各种著名的建筑物、古迹文物等。

(2)修学考察旅游,这是一种特殊的教育旅游形式,内容丰富,方式灵活,包括工业旅游、农业旅游、地质考察旅游、生物考察旅游、高校体验旅游及其他专项文化考察旅游等。

(3)节庆旅游,指以一定规模、一定文化品位的大型节庆活动为主的旅游活动。它包括电影节、音乐节、杂技节、艺术节等。国际上有很多著名节庆,如美国的玫瑰花节、西班牙的奔牛节、澳大利亚的蒙巴节等。我国国内也有许多节庆活动,如北京国际旅游文化节、青岛国际啤酒节、南京国际梅花节、杭州西湖国际烟花节、大连国际服装节等。

(4)文学旅游,如德国兴起的小说式旅游,即带领旅游者按小说主人公的足迹,漫游书中描写的各个地方。目前我国也开展了这种旅游项目,如三国旅游、水浒梁山游等。

(5)仿古旅游,就是模拟古代生活方式,再现当年的历史风貌,使旅游者涉足其间,如同回到过去的年代,使旅游者能轻松愉快地了解古代人物、衣着、风俗、礼节、生活状况,寓文化知识于游乐中。如香港地区的宋城、开封的清明上河园等。

(6)红色旅游,我国的井冈山、延安、遵义等革命历史名城和老革命根据地都开展了这种旅游项目,使旅游者了解我国革命历史的丰功伟绩,增进对我国革命史迹的了解。

文化旅游的基本特点如下。

(1)旅游目的地有深厚的文化内涵和鲜明的文化特色。世界著名的文化艺术之乡几乎都是旅游者集聚之地,例如:维也纳推出的音乐欣赏旅游,每年能吸引来自世界各地的旅游者150万人次;英国伦敦的大英博物馆是驰名全球的世界历史文物博物馆,其展品数量和质量举世无双,该馆每年旅游者有300多万人次。

(2)旅游者以了解和考察为主,具有较高的文化修养和求知欲望,希望通过旅游扩大视野、丰富知识。

(3)旅游者一般具有一定的专业知识和特殊兴趣,旅游参与性较强。希望有更多的了解、接触和参与机会,以获得更具体、更生动、更强烈的文化体验。

(4)文化旅游是高层次旅游,旅游活动需要周密安排,并且需要高素质导游。

4. 商务旅游

商务旅游是以商务为主要目的的旅游活动,也称差旅型旅游,是旅游市场的重要组成部分。商务旅游是随着市场经济的发展而发展起来的。在市场经济高度发达的今天,商务旅游不仅内容越来越丰富,而且类型更加多样化。商务旅游类型主要有以下几种。

(1)商贸旅游。

商贸旅游泛指工商联界人士因商务目的而出访异国他乡的旅游活动。商贸旅游是人类最早的旅游活动之一,但早期的商贸旅游内容比较简单,现今商贸旅游是旅游业务中一块颇具价值的市场,对于航空公司和饭店企业来说更是如此。商务活动大都伴有消遣性旅游,在目的地的消费也被纳入当地时间的旅游卫星账户。

(2)公务旅游。

在我国,公务旅游通常指政府部门、党派组织和事业单位的代表或工作人员因公务出访异国他乡的旅游活动。公务人员,尤其是其中的政要和社会名流,社会地位高、影响力大,更重要的是,他们的活动往往是媒体报道的对象,他们的出访可产生较大的公关效应,有助于提升目的地和接待企业的知名度和声誉,因此,旅游部门一般十分重视这类旅游活动。

(3)会议旅游。

会议旅游是指以参加会议为主要目的的旅游。会议旅游有利于扩大举办国或举办地的知名度,促进旅游地旅游设施建设,有效调节淡旺季客源差异,还可以给当地带来可观的经济收入,因此,会议旅游是商务旅游重要的组成部分,并且仍在迅猛发展中。世界许多国家都十分重视会议旅游,有的还成立专门机构,积极进行会议旅游的联络宣传、招揽和组织工作。

(4)奖励旅游。

奖励旅游指公司员工因工作、生产和销售等表现优异而获得的公费外出旅游。这是一种特殊的高级旅游形式,在世界上许多国家广泛开展。

对任何一个旅游目的地来说,奖励旅游都意味着丰厚的利润和回报。奖励旅游的个人平均消费水平要高于其他任何一种类型的旅游者。奖励旅游花费较高的原因不仅在于奖励旅游者所在企业愿意为他们支付高额的费用,而且在于能够参加奖励旅游的人往往自己就是成功人士,他们愿意自己掏钱参加费用高昂的自选旅游项目和活动。

奖励旅游的高额利润、奖励旅游者具有的较高身份地位和较强的社会影响,使饭店、旅游车船公司、旅行社和其他各类旅游服务企业都努力扩大自己的奖励旅游市场份额,并不遗余力地做好奖励旅游团队的接待工作,以提高奖励旅游者的重复旅游率。

◇ 同步案例1-1

三种富有创意的奖励旅游

1. 出其不意型

出其不意型就是事前不告诉旅游者会有哪些具体的活动,要让旅游者在完全不知情的情况下获得意外之喜。一家国内的旅游咨询公司就很擅长这一招。一天晚上,当他们带着一个荷兰奖励团来到长城脚下,并突然宣布晚上将在那儿享用一顿晚宴时,那些荷兰旅游者霎时间非常兴奋。他们事先并不知道还有这样一个新奇的安排,着实被感动了一把。

而在如今足底按摩非常流行的情况下,也有公司出其不意而又恰到好处地为国外客人们设计了这项服务。曾有公司给一批日本客人制造过这样的惊喜:在吃完全聚德烤鸭返回酒店的路上,司机突然说车坏了,赶紧下来吧,需要推一推。而当客人们都下车后,他们被告知路边有一个地方可以去休息一下,于是他们就被带着去做了足底按摩。

2. 极富挑战型

于许多年轻人和寻求更多刺激体验的人来说,仅仅出其不意似乎很难让他们真正感觉到与众不同。他们喜欢冒险,想要参与更富挑战性的活动。为此,曾有国内公司为一个国外奖励团设计过一个探宝活动。活动要求参与者先到前台去找两个穿红色衣服的人,得到一张纸条,然后再按照纸条上的提示去找线索。纸条上面写的全是中文,参与者首先得把纸条上字的意思弄明白,当上面写着"你的节目单在你的房间内"时,他就要回房间找到节目单。拿到节目单后再到某某站去坐地铁,然后到另一个站下,再找下一个地方。整个探宝活动持续了一整天,所有的路线都是用中文写的,这就需要参与者不断地向四周的中国人请教,对于许多不懂中文和初次到中国来的外国旅游者来说,真是充满了挑战。而在国外,一些极富创意的挑战性活动在设计上更是到了"挖空心思"的地步。比如,曾有一个奖励活动是:当旅游者来到一个村子时,背后突然钻出了一帮警察,说他们违法了,要把他们带到局子里面去。整个活动俨然一部自导自演的好莱坞大片,旅游者在短暂的旅行中获得了一种前所未有的体验。

> 3.社会意义型
>
> 在注重享受和刺激之余,也有的人希望能在旅行中做些有意义的事情,能够去关心和帮助一些需要帮助的人。Ingram Micro 就为自己的 125 位旅游者安排了一个类似的活动:到夏威夷岛上去帮助无家可归的人搭建住处。旅游者对自己第一眼看到的情景非常吃惊,但很快他们就积极地按照活动的安排行动起来了。到上午 10 点多钟休息时,这个特殊的工作组已经搭好了 19 个住处。然后他们开始美化,并为住处的 43 个儿童建了一个操场。Ingram Micro 的 125 位客户都来自电脑公司。当他们看到当地落后的电脑室时几乎要晕倒了,他们捐出了 6 套电脑系统以及双人床、小货车等许多其他物品。活动中所有的参与者都很积极。他们都很要强,希望自己的房子搭得比别人的好。他们还主动为无家可归的人筹集了 4 万美元,把当天的活动推向了高潮。
>
> 除此之外,还有的奖励旅游活动策划人带着 300 名高级销售人员去了肯尼亚。他们给当地的学校带了一些书籍,还参观了一个孤儿院。奖励旅游的时间虽然较短,但通过有意义的社会活动,许多参与者都感受到了作为一个社会人的责任和义务,在旅行中他们也为当地的建设投入了自己的时间、想法和精力,而不只是一个匆匆过往的游客。
>
> "一千个读者眼中有一千个哈姆雷特。"要让几十个甚至几百个人都能在一次旅游或一个活动中获得与众不同的体验并不是一件容易的事儿。而除了有好的创意之外,还要保证活动能经得起许多考验,顺利进行下去。
>
> ■ 资料来源:王云龙.新兴旅游产业问题研究[M].天津:南开大学出版社,2007:274-275.
>
> 思考题:
> 奖励旅游有何特点?

商务旅游的特点如下。
(1)商务旅游目的地一般限于城镇及风景名胜地。
(2)旅游者多为商业人士,他们外出是出于工作或业务需要,因此,商务旅游者几乎没有对旅游目的地及旅行时间进行选择的自由。
(3)旅游者旅游费用来自公费,旅游消费水平较高,对价格普遍不太敏感。
(4)商务旅游不受气候和旅游季节影响。
(5)商务旅游强调旅游设施和旅游服务的舒适方便乃至档次。例如为了突出公司形象,商务旅游者通常选择高档酒店住宿或开展商务活动。
(6)商务旅游活动计划性强。

(7)商务旅游者人数相对较少,旅游时间较短,但出行次数频繁。商务旅游目前已占到整个旅游市场的三分之一,而在高端旅游市场中所占的比例更高。

5. 生态旅游

生态旅游是近些年来在国际旅游市场上新兴的一种特殊的旅游形式。生态旅游既是一种高品位的特殊的旅游形式,也是对整个旅游活动发展潮流和趋势的要求与体现。

生态旅游以大自然为基础,强调认识自然、享受自然、保护自然。生态旅游作为一种新的旅游形式,产生于20世纪80年代。传统旅游产业规模日益扩大,在给人们带来利益的同时,也产生了一些显而易见的负面影响,如:旅游者过度集中使得旅游目的地人满为患,垃圾、噪声、废气、污水等污染严重,交通混乱;旅游开发破坏了当地的自然生态系统,冲击了当地居民的价值观念和文化传统;由于自然和社会环境退化,一些旅游地吸引力下降以至于遭到遗弃,等等。总结传统旅游发展的经验教训,人们提出了生态旅游。生态旅游一经提出,得到了旅游界的广泛关注,并迅速在世界各国得到广泛传播和发展。

作为一个科学概念,生态旅游的定义在学术界还存在一些分歧。1994年澳大利亚联邦旅游部在制定国家旅游战略时,将生态旅游定义为:"以大自然为基础,涉及自然环境的教育、解释与管理,使之在生态上可持续的旅游。"1993年9月在北京召开的第一届东亚地区国家公园与保护区会议对生态旅游的定义是:"倡导爱护环境的旅游,或者提供相应的设施及环境教育,以期旅游者在不损害生态系统或地域文化的情况下访问、了解、鉴赏、享受自然及文化地域。"而1992年国际生态旅游学会所下的定义更具代表性:"生态旅游是为了了解当地环境的文化与自然历史知识,有目的地到自然区域所做的旅游。这种旅游活动的开展在尽量不改变生态系统完整性的同时,创造经济发展机会,让自然资源的保护在财政上使当地居民受益。"

开展生态旅游,对旅游各要素都有严格的要求。这些特殊要求构成了生态旅游的必要条件。旅游者要事先学习所访问地域的相关知识、尊重旅游地的文化、不给目的地的自然环境造成不良影响、积极参加保护自然生态的各种有益活动等;旅游开发商要选择具备生态旅游条件的目的地,并充分听取地域生态科研人员的意见;旅游团队规模要控制在适当的范围内,对旅游者进行事先教育,引导旅游者保护自然的意识,培养生态旅游的专业领队与导游,指导旅游者加强与当地人的交流等;在旅游设施方面,住宿设施要方便、简洁,规模不应太大,不对旅游者提供过分舒适的服务,采用节能设备;餐饮产品和旅游纪念品应以地域产品为主;减少或完全限制机动交通工具等。此外,生态旅游还要求制定生态旅游管理措施。

生态旅游代表着旅游业发展的潮流和趋势,前景十分广阔,据世界旅游组织估计,目前生态旅游收入占世界旅游业总收入的15%~25%。著名旅游学专家、美国联邦政府旅游顾问朱卓任教授指出:"行将在全世界普及的四种新兴旅游活动形式中,生态旅游居首位,其次是文化旅游、参与性旅游和休养保健旅游。"

世界上许多国家都在着力发展生态旅游。美国旅游业协会于1990年成立了环境对策委员会,1994年制定了生态旅游规划,以适应旅游者日益增长的生态旅游需要。美国旅游业协会的一项研究显示，到2000年，美国生态旅游人数增至4000万。"到大自然中去"成为当今欧洲人的时尚。为了迎合生态旅游发展趋势，英、德等国分别制定了生态旅游发展的策略与法规。澳大利亚政府也于1994年制定了全国生态旅游发展战略。

亚太地区的许多国家和地区也正在大力发展生态旅游。日本旅游协会于1992年制定了针对日本旅游业的生态旅游的指导方针。印度尼西亚目前正在制定综合性的生态旅游开发规划。马来西亚则提出要将本国建成东南亚生态旅游的大本营。

我国对生态旅游的开发和研究开始于20世纪90年代。1992年，中国政府制定了世界上第一个国家级可持续发展文件——《中国21世纪议程》，其中提出了可持续旅游，并具体提出了7项生态旅游项目，表明我国对发展生态旅游的高度重视。1995年，中国首届生态旅游研讨会召开，并发表了《发展我国生态旅游的倡议》。原国家旅游局还将1999年全国旅游年确定为"中国生态环境旅游年"，将2009年全国旅游年确定为"中国生态旅游年"。

生态旅游作为一种独特的旅游类型，具有以下几个基本特点。

（1）生态旅游以自然环境为资源基础。回归自然是生态旅游的基本特性。人们通过到自然界观赏、旅行、考察、探险等，认识自然奥秘，提高环境意识，促进生态平衡。需要指出的是，生态旅游目的地也包括那些社会文化环境独特的区域。

（2）生态旅游是高品位的特殊的旅游形式。生态旅游不仅要求旅游环境独特和高质量，而且要求生态旅游者具有尊重自然、尊重不同文化的道德修养和良好行为。生态旅游是旅游发展高级化的产物，具有丰富的文化和科学内涵，虽然其活动形式一般，但品位极高。

（3）生态旅游活动的目的是使旅游者了解当地的文化和自然历史知识，欣赏、认识和研究自然景观、野生生物及相关文化特征以及享受自然和文化遗产等。

（4）生态旅游内容丰富，属于高层次的专业旅游。例如，野生动物观赏、自然生态考察、登山、漂游、潜水、探险、骑车、徒步旅游、文化鉴赏等。生态旅游以不改变生态系统的完整性为原则，具有科学性和专业性。

（5）生态旅游强调利益共享和公平性。传统旅游中，旅游业和旅游者获取利益，而由旅游活动所带来的社会文化和环境代价则主要由当地居民承担，这显然是不公平的。而生态旅游重视地方居民利益，强调通过保持当地自然生态系统和文化的完整性来实现利益共享，从而实现旅游的可持续发展。

6. 宗教旅游

宗教旅游是以朝圣、拜佛、求法、取经或宗教考察等宗教活动为主的旅游。它是世界上最古老的旅游类型之一。宗教旅游是一个巨大而稳定的客源市场，世界各地都有一些著名的宗教圣地，如麦加、麦地那、耶路撒冷和大批佛教（我国五台山、峨眉山、九华山、普陀山等）、基督教（法国巴黎圣母院、意大利罗马圣母教堂）、伊斯兰教的寺观，以及日本的京都、奈良等，它们大多数已成为宗教旅游热点。其中，沙特阿拉伯的麦加朝觐每年从伊斯兰教历12月（公历10月）初开始，到10日宰牲节达到高潮而结束，成为全世界穆斯林的巨大盛会，世界各地朝觐游客每年可达200万人次。

宗教旅游具有自己鲜明的特点。

(1)宗教圣地往往环境幽雅,具有很高的历史价值和艺术价值,不仅是宗教信徒的活动场所,而且是宗教旅游的热点。

(2)旅游者以宗教活动为主,具有强烈的旅游动机。

(3)宗教旅游逗留时间一般较长,且重游率较高。

(4)宗教旅游多与庙会或祭祀活动相结合,使旅游活动达到高潮,表现出一定的周期性和规律性。

(5)宗教旅游以满足旅游者的精神需要为首要目的,旅游服务和旅游设施均尊重宗教教义,使旅游者有归属感。

7. 购物旅游

购物旅游是指以购买商品为主要目的的旅游。它是随着社会经济发展、交通发达,人们生活水平提高而逐渐发展起来的一种购物与观光游览相结合的旅游类型。购物旅游的主要特点如下。

(1)购物旅游地一般有丰富的商品和低廉的价格,区位条件优越,交通便利且景色优美,集购物与旅游于一体。世界上有不少国家或地区还通过特别关税政策吸引购物旅游者,被誉为"购物天堂",例如安道尔国、我国香港地区等。

(2)旅游者以购物为主,对旅游目的地商品的质量和价格较为敏感。

(3)购物旅游一般没有旅游季节性。

(4)旅游者旅游消费综合水平较高。

◇ 同步案例1-2

拓展女性市场从购物着手

在世界旅游组织/亚太旅游政策部长级圆桌会议上,我国香港地区专家指出,随着全球人口老龄化,除老年旅游者市场将来所占的比例不小之外,女性旅游者市场亦不可轻视。

开发女性旅游者的市场,似乎与购物、美容等女性"专项"画上等号。拥有"购物天堂"美誉的香港地区,在过去一段时间,无疑占尽了优势,除了女性旅游者热衷于到香港地区购物外,男性旅客也乐于在那里购物,这刺激了当地旅游收入连年高涨。

与香港地区一水之隔的澳门地区,早在几年前,因缺乏具有规模的购物中心,经常引起旅游者的"不满"情绪。对于喜欢购物的女性旅游者,到澳门地区旅游可能若有所失,但女性旅游者的比例持续增多,反映出澳门地区在开拓女性旅游者市场上有发展潜力。

澳门地区借鉴香港地区购物旅游的经验，是可以起到立竿见影效果的。几家博彩经营商锐意发展超级购物中心，将会吸引国际知名品牌进驻。因为"个人游"散客的增多，加上博彩业的强势发展，已有越来越多的国际品牌垂青并先后落户澳门地区，逐渐改变了澳门地区的购物环境，令澳门地区增添了更多的璀璨，最终有利于吸引更多的旅游者。

■ 资料来源：傅云，蔡晓梅. 旅游学[M]. 广州：中山大学出版社，2007：16.

思考题：

女性购物旅游的特点有哪些？

除了以上几种旅游类型外，还有大量五花八门的特种旅游，如探险旅游、寻根旅游、探亲访友旅游、修学旅游、美食旅游、人文旅游、工业旅游、农业旅游等。

上述旅游类型的划分及其特点分析都是基于理论上的。同一类型的旅游活动具有一定的共同性，这为旅游部门和旅游企业的开发、经营提供了重要依据。

必须指出的是，由于旅游者旅游活动是出于某一主导动机，此外，往往还会涉及其他方面的动机，旅游活动具有复杂性和综合性。在实际经营中，必须对各种类型的旅游进行更细致的专门分类，并针对性地予以分析，为旅游资源开发和旅游市场营销提供重要依据。

三、旅游活动的要素构成

关于旅游活动的要素，由于讨论背景不同，往往其含义也不同。在有些情况下，旅游活动的要素指的是旅游活动内容的构成要素，也就是人们通常所说的旅游活动六要素，即食、住、行、游、购、娱。而在另外一些情况下，旅游活动的要素则指的是旅游活动的开展要素或者旅游活动的体系构成要素，也就是旅游活动的三要素，即旅游活动的主体、旅游活动的客体和旅游活动的媒体，它们共同构成旅游综合体。

（一）旅游活动的主体

在旅游活动的构成要素中，旅游者是旅游活动的主体。旅游者是旅游活动的首要和主导因素，因为旅游活动首先是人的活动，是人们离开其常住地外出旅行及在目的地停留期间所从事的全部活动。旅游活动的发展历史证明，旅游实践是先有旅游者的旅游活动，而后才有旅游业的经营活动。

但是，一个人能否成为旅游者还受多种主客观条件制约。就主观因素而言，他必须具有旅游动机；就客观因素而言，他必须具有一定可随意支配的收入和闲暇时间。此外，还有其他一些客观条件。一个人只有同时满足个人旅游需求的主观条件和客观条件,才能成为现实的旅游者,实现其旅游活动。

(二)旅游活动的客体

在旅游活动的构成要素中,旅游资源是旅游活动的客体。旅游资源是吸引旅游者、激发旅游者旅游动机的直接因素,是一个国家和地区的旅游业赖以存在和发展的最基本的条件。旅游资源作为旅游活动的客体,其构成要素多种多样。自然因素、人文因素或其他任何因素以及由它们共同组合所形成的综合体,均可构成对旅游者具有吸引力的环境,成为旅游资源。旅游资源的表现形式也是多种多样的,它广泛存在于客观世界之中。而旅游资源由于自然和人文要素的不同组合而各具特色,既不可移动,又不可替代,人们只有亲临其境、亲历其事才能真切感受,获得真正的精神满足。

从旅游者的旅游活动的角度来看,当一个人具备了外出旅游的客观条件,并且产生了旅游需求的时候,他首先考虑的是到何处去,做何种旅游才能满足自己的旅游需求。而此时,异国他乡的自然因素、人文因素,以及不同的地域组合和表现特征就成为吸引旅游者前往的决定性因素。显然,如果没有旅游资源所构成的具有吸引力的环境,旅游者便不会前来访问,旅游活动也无从开展。对于旅游目的地来说,虽然旅游服务的质量状况可以助长或削弱该地对旅游者的吸引力,但该地旅游吸引力的本源只能是当地的旅游资源。

从旅游业的角度来看,对一个国家或地区来说,旅游资源的特色和丰富程度是其旅游业发展成功的客观基础。而对旅游资源的利用与开发程度也直接影响一个国家或地区旅游活动的规模、类型以及发展水平。

(三)旅游活动的媒体

旅游活动构成要素中,旅游业是旅游活动的媒体,现代旅游活动得以发展到今天的规模,同旅游业的便利性中介作用是分不开的,它一方面帮助旅游者实现和完成其旅游经历,另一方面为旅游者提供相应便利服务。

旅游业是旅游发展的产物,也是旅游发展的推动者。在近代旅游业产生之前,旅游活动主要是一种自发的、只有少数人参加的活动,旅游主体和客体直接联系;旅游者外出旅游活动大多表现为漫游探险等方式,缺乏对旅游客体的了解和认识;同时没有基本的旅游设施和旅游服务,旅游者旅游活动缺乏组织性并且存在诸多不便。因此,早期旅游活动规模小、范围小。近代旅游业诞生之后,它在旅游者和旅游资源之间起着一种媒介和桥梁的作用,旅游业通过提供各种旅游供给以及对旅游市场进行组织,使得旅游活动方便易行,从而大大推动了旅游发展。而在现代旅游活动中,旅游业不仅是现代旅游活动构成体系的重要因素之一,而且在推动现代旅游活动的开展方面,也是最积极、最活跃的一个要素。

第三节　旅游学的概念、性质和体系

一、旅游学的概念界定

旅游学是一门年轻的学科，对旅游学概念进行界定是旅游学研究的基础。综观旅游学的概念，比较有代表性的有以下几种。

林南枝、陶汉军认为，旅游学是研究旅游活动一般规律的科学，是对旅游活动的综合概括。①

明庆忠认为，旅游是以旅游现象和过程为研究对象，探讨旅游复合体的产生、演化和运行规律以及旅游活动规律的一门科学。②

王德刚认为，旅游学是以旅游的三要素（旅游主体、旅游客体、旅游媒体）及其相互关系为核心，研究旅游活动和旅游业发展规律的科学。③

马勇认为，旅游学是研究旅游者、旅游管理者、旅游资源和旅游设施这四个要素的基本特征与相互之间的关联作用及其运行规律的科学。④

李天元、王连义认为，旅游学是研究旅游者、旅游业以及双方活动对旅游接待地区社会文化、经济和环境影响的科学。⑤

谢彦君认为，旅游学以旅游活动的内在矛盾及其表现为研究对象，其任务是通过研究来认识这种矛盾的性质及其发生原因、形态结构、运动规律和它所产生的各种外部影响。⑥

王洪滨、高苏认为，旅游学就是将旅游作为一种综合的社会现象，以世界范围为统一整体，以旅游活动中的各种矛盾因素为研究对象，研究旅游的本质特点、社会作用、内外条件和发生发展规律的新兴科学。⑦

综合以上分析，本书认为，旅游学是以旅游现象中的基本矛盾为研究现象，以旅游三要素（旅游主体、旅游客体、旅游媒体）为核心，研究旅游活动和旅游业发展规律及其对社会文化、经济和环境影响的科学。

---

① 林南枝,陶汉军.旅游经济学[M].上海:上海人民出版社,1986:17.
② 明庆忠.旅游学理论研究的几个问题[J].云南师范大学学报(自然科学版),1997(1):129-134.
③ 王德刚.试论旅游学的学科性质[J].旅游学刊,1998(2):46-48.
④ 马勇.旅游学概论[M].北京:高等教育出版社,1998:12.
⑤ 李天元,王连义.旅游学概论[M].天津:南开大学出版社,1991:4.
⑥ 谢彦君.基础旅游学[M].4版.北京:商务印书馆,2015:11.
⑦ 王洪滨,高苏.旅游学概论[M].2版.北京:中国旅游出版社,2010:3.

二、旅游学的学科性质

旅游学是一门独立的学科吗？旅游学是一门什么性质的学科？这是本章必须回答的问题。

旅游学研究是随着旅游产业的发展而发展起来的，至今只有百余年历史，因此，其学科体系还不成熟，理论研究还不完善，旅游学作为一门独立的学科在我国至今未得到官方认可。1998年之前，我国旅游专业学科目录中没有"旅游学"这个一级学科名称，只有"旅游经济"这个二级学科的目录，人们习惯于用"旅游经济"来取代"旅游学"，换言之，人们把旅游学所涉及的众多分支学科中的一种——旅游经济学放在占绝对优势的位置上加以重视，这是学科发展的一种自然现象。从20世纪60年代至1998年，旅游市场学、旅游地理学、旅游价格学、旅游统计学、旅游会计学、旅游心理学、旅游美学、旅游行为学、旅游人类学、旅游生态环境学、旅游规划学、旅游史学、旅游医学、旅游管理学等分支学科不断涌现，极大地开阔了人们的视野，解决了旅游业出现的新问题，促进了旅游业的大发展，也促进了旅游学科的发展。在1998年以后，旅游经济作为专业在国家教育委员会的本科目录中被勉强保留但改为"旅游管理"，隶属于管理学学科门类下面工商管理一级学科之下的二级学科。从这种变化可以看出，旅游学在学科之林中始终没有一个适当的地位，人们宁愿把旅游研究看作经济或管理理论的应用领域，也不愿意承认旅游学为一个独立的学科。经过十几年的努力，同时伴随我国旅游业的迅猛发展，旅游业在国民经济地位的提升，2009年12月1日，国务院出台的《关于加快发展旅游业的意见》（国发〔2009〕41号），提出了要将旅游业培育成国民经济的战略性支柱产业和人民群众更加满意的现代服务业。这为旅游学科的发展提供了难得的机遇。2011年，旅游管理与酒店管理、休闲与体育管理、电子商务管理、会展管理等被共同纳入服务管理的范畴。2014年，教育部发布的《普通高等学校本科专业目录》中，将"旅游管理"升格为一级学科门类，与"工商管理"类平级，这标志着旅游学的学科地位进一步提升。

近年来，国内旅游学术界对旅游学的独立性问题进行了广泛的讨论，形成了比较一致的观点：旅游学可以作为一门独立的学科来研究。而旅游学要成为一个独立而完整的学科，必须要确立其学科性质，这是旅游学作为一门独立学科的根本性问题。从旅游学研究的历史进程来看，人们一般认为旅游学是一门跨学科的学科、交叉学科、综合边缘学科，或者认为它是一门综合性的社会学科。其中比较有代表性的有以下几种。

(1) 旅游学属于综合性学科。

这种观点以王洪滨为代表。他认为，20世纪50年代以后，美国和日本对旅游学的研究和旅游教育十分重视，取得了重大进展，出现了众多学科向旅游学领域广泛渗透的现象，体现了旅游学所要求的在更大范围内和更深程度上的综合和深化，旅游学是一门新兴的综合性学科。

(2) 旅游学属于社会科学。

这种观点以申葆嘉为代表。他认为，早期的欧洲学者已经把旅游现象作为一门学问来研究，虽然他们之间存在着旅游现象不同性质的争论，但对旅游现象的研究应该属于社会科学范畴则是没有异议的。所以，作为社会科学的旅游学科所从事的是旅游发展过程中与生产有关的各种问题的研究。孙文昌、马勇和田里等人表达了同样的观点，他们认为，旅游学是一门综合性的社会科学，涉及多个学科领域。

(3)旅游学属于应用基础科学。

这种观点以吴必虎为代表。他认为，作为一门应用基础科学，旅游科学的研究对象与现代旅游活动的性质和广域关联度密切相关。旅游学是旅游活动实践的积累与总结，同旅游活动和旅游实际工作的关系密切，是一门应用性较强的基础学科。

(4)旅游学属于边缘学科。

这种观点是目前国内旅游学术界的主流观点，对此有以下三种表述。

第一种表述为新兴的交叉边缘学科，以明庆忠为代表。他认为，旅游学涉及社会学、经济学、美学、心理学、市场学、地理学、历史学、法学、文化学、医学、教育学、生态学、环境学、政治学、交通学等学科，因而具有高度的复杂性和综合性。

第二种表述为跨学科，以谢彦君为代表。他认为，旅游学是一门跨学科的学科。它强调学科间的协作，强调在解决问题时各学科的相互补充作用。① 表现在旅游学研究的历史进程中。纵观旅游学研究的历史，从最早的经济学到之后的地理学、文化学、社会学、人类学、管理学、心理学、生态学、规划学、美学、医学等众多领域，都从不同的侧面渗入相关的旅游研究，这反映了旅游学研究的跨学科性质。② 根植于旅游学研究对象的复杂性和综合性。正是由于旅游研究和对象复杂多样，单纯地依靠某一种研究方法不可能解决所有相关问题，也就是说，旅游对象的复杂性和综合性要求人们采取跨学科的研究方法。

第三种表述为综合性的边缘学科，以王德刚为代表。他认为，旅游学是以研究旅游的三要素(旅游主体、旅游客体、旅游媒体)及其相互关系为核心，探讨旅游活动和旅游业发展规律的科学。

多学科的综合与渗透是现代科学发展的重要特征之一。旅游学的综合性体现在理论体系和内容上。旅游学的理论体系涉及众多学科，旅游经济学、旅游地理学、旅游文化学、旅游社会学、旅游人类学、旅游管理学、旅游心理学、旅游生态学、旅游规划学、旅游美学、旅游医学等都是旅游学与相关学科综合的结果。旅游学与相关学科的综合，不仅体现在内容的综合上，而且体现在方法的综合上，例如，旅游学借鉴建筑设计学的技术方法，产生了旅游景观设计学；旅游学借鉴和运用统计学的方法和指标，产生了旅游统计学等。

边缘学科也称为交叉学科，它的产生一般需要具备三个条件：一是社会上有一个特殊的领域，这个领域的问题是现有学科理论与方法解决不了的；二是这个领域的周围或与这个领域相关的学科是成熟的，能或多或少地给这一领域里问题的解决提供理论和方法借鉴；三是当这一领域的问题矛盾尖锐到非解决不可的时候，人们开始关注这一领域，并为解决这一领域的问题而进行不懈的探索。

那么，旅游学的产生是否具备这些条件呢？从旅游学产生的过程来看，它完全符合边缘学科产生的条件，经济学、地理学、文化学、社会学、人类学、管理学、心理学、生态学、美学、医学等任何一个学科的理论和方法都不能单纯地解决旅游现象所引发的全部问题和矛盾，它们的理论和方法只能为解决旅游问题提供一定的借鉴和参考,由此,形成了一个新兴的边缘学科——旅游学。

本书赞同王德刚的表述,认为旅游学是一门综合性的边缘学科。

三、旅游学的学科体系

一般而言,一个成熟的学科应具备四个条件:一是有专门的组织和人员从事相关研究工作;二是学科研究使用独特的语言系统(概念和范式);三是采取特有的研究策略;四是遵循特殊的规则。这其中包含了构成成熟学科的最基本的要素,即组织机构和人员、理论概念体系、研究方法和研究规范。依据以上标准来衡量旅游研究的现状,旅游学涉及的概念体系还没有统一,研究的独特语言系统和方法还很不规范,大多采用相关学科的理论与方法,显然旅游学学科还不是一个成熟的学科,相对其他学科而言,它是一个年轻的学科。但是作为一门独立的学科,必须有对应的学科体系,如果没有基本的学科体系,实质上等于取消旅游现象和其他社会现象之间的差别,也意味着否定旅游学学科的存在。

(一)国外旅游学学科体系的研究

1. "主体—手段—客体"论

"主体—手段—客体"论中旅游者是主体,旅游业是手段,旅游吸引物是客体,它被旅游学术界称为"要素论",对我国旅游学术界影响较大。旅游学的学科体系如下。

(1)旅游理论与旅游技术:旅游学一般理论、旅游研究方法、旅行史与旅游史、旅游技术。

(2)闲暇研究、户外游憩与户外教育。

(3)旅游人类学与旅游社会学。

(4)旅游心理学。

(5)旅游政治学。

(6)旅游美学。

(7)旅游资源(旅游地)开发与管理:旅游资源的一般理论、旅游设施、旅游产品、旅游地理与游憩地理、旅游文化、旅游生态学/旅游环境学、旅游地管理、目的地营销、地方旅游资源开发。

(8)旅游经济学:旅游经济学一般理论与区域旅游经济研究、旅游客源市场、旅游贸易、旅游统计与旅游财政、旅游金融/投资/价格、旅游采购品。

(9)旅游管理学:旅游公共管理(旅游标准与质量管理、旅游行政/政策/制度/法规、旅游行业协会/旅游协会、旅游服务与安全);旅游工商管理(旅游企业管理的一般理论、旅游饭店/餐饮管理、旅行社管理、旅游教育与人力资源、旅游交通与通信管理)。

(10)旅游规划与设计:旅游发展战略与旅游规划一般理论、区域旅游发展战略与区域旅游规划、社区发展战略与旅游规划设计。

2. "客源地—途经地—目的地"论

"客源地—途经地—目的地"论是由赖博在1979年提出的,并在1990年进行了更正和完善。这个理论由五个基本元素构成:旅游者、客源地、途经地、目的地和旅游业。其中,旅游者是旅游活动的行为者,其他一切现象和关系皆因旅游者的活动而发生;客源地对旅游者的产生形成强大的促动激发,对旅游业发展起着推力的作用,旅游者搜寻信息、进行预订以及动身出行都发生在这一区域。途经地不仅是旅游者旅行过往的地区,也是有可能顺便进行中转访问的地区;目的地则对旅游者的出游形成强大的吸引激发,对旅游业发展起着拉力的作用,由于它是感受旅游影响最大的地区,旅游规划与管理战略的执行主要发生在这个地区。旅游业泛指参与者提供旅游产品的企业和组织,其中各行业的活动均可在各个要素中找到归宿,如旅行社主要活动位于客源地,旅游景区(景点)和食宿行业主要位于目的地,旅游交通业的活动主要发生于途经地,等等。这个理论不仅说明了多学科研究旅游学的必要性,而且为旅游研究的范围划定了一个基本框架。由此,旅游学的理论体系如下(见图1-6)。

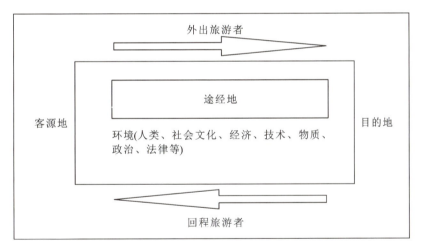

图1-6 旅游学的学科体系

(二)国内旅游学学科体系的研究

1. 对象论

对象论以王德刚为代表。他按照旅游学研究对象和所涉及内容的不同,把旅游学分为若干分支学科,并认为现代旅游学的理论体系是对旅游的三要素及其相互关系研究而形成的相关内容,它分为以下五个分支体系,由此构成旅游学学科的理论体系。

(1)旅游经济学:旅游统计学、旅游产品设计学、旅游市场营销学、旅游商品学、旅游会计学。

(2)旅游管理学。

① 旅游行业管理:引进标准和质量管理、产业发展计划管理、政策法规管理、旅游活动和规模控制;

② 旅游企业管理:旅游饭店管理、旅行社经营管理、风景区经营管理、旅游交通管理;

(3)旅游开发与规划学:旅游规划学、旅游开发学、旅游景观设计学、旅游资源学、旅游地理学。

(4)旅游社会学:旅游心理学、旅游美学、旅游文学。

(5)旅游史学:旅游发展史、旅游学术史、旅游经济史。

2. 体验论

体验论以谢彦君为代表。他将旅游的本质归结为个体追求愉悦或体验,由个体的旅游活动引发各种旅游现象和影响,由此形成旅游学学科的理论体系。

(1)旅游体验研究。

① 个体研究:行为学、美学、心理学、伦理学。

② 群体研究:旅游经济学、文化学、生态环境学、人类学、社会学、地理学。

(2)旅游流研究。

① 微观研究:企业管理、旅游市场营销、目的地管理、旅游会计学、统计学。

② 宏观研究:旅游规划、资源管理、形象策划、城市经济管理。

(3)旅游影响研究与学科共性研究:可持续发展。

3. 基础论

基础论以申葆嘉为代表。他把旅游现象的研究分为基础理论、专业理论和应用理论三个层次,三个层次合在一起组成一个总体的旅游学学科体系。

(1)基础学科:旅游学。

(2)专业学科:旅游人类学、旅游社会学、旅游文化学、旅游心理学、旅游经济学、旅游管理学、旅游地理学、旅游环境和生态环境学、旅游政治学等。

(3)应用学科:饭店经营与管理、旅行社经营与管理、餐饮经营与管理、景区经营与管理、旅游行政管理、市场营销、信息技术应用、旅游目的地开发与管理、吸引资源开发与评价等。

4. 系统论

系统论以吴必虎为代表。他从系统的理论出发,建立了游憩系统,其构架包括以下四个部分。

(1)客源市场系统:它是由旅游者及其活动背景等因素构成的子系统,包括本地客源市场、国内客源市场和国际客源市场。

(2)出行系统:它是由促使旅游者离家出行、前往旅游目的地的众多工具性或保障性因素构成的子系统,包括旅游交通、旅行服务、信息服务和目的地营销。

(3)目的地系统:它是为已到达出游终点的旅游者提供游览、娱乐、经历体验、食宿、购物或某些特殊服务等旅游需求的多因素综合体构成的子系统,包括旅游吸引物、旅游设施和旅游服务。

(4)支持系统:它是由政策保障、环境影响评价与保护计划以及专门人才教育和培训等因素构成的子系统。

5. 实用论

一些学者认为旅游学是一种具有实用性的科学,他们关注旅游业界的前沿领域。

(1)宏观领域:中国经济奇迹与旅游发展、旅游在新时期的地位和作用之变化、科学发展观对旅游发展的指导、"十四五"旅游规划、从旅游经济到休闲旅游等。

(2)中观领域:区域旅游发展、边境旅游长廊建设、中国旅游企业集团化、跨国旅游集团的进入与中国旅游跨国集团的培育、旅游就业与扶贫、旅游目的地竞争力、创造新的文化遗产、"三农"旅游的发展等。

(3)微观领域:旅游产品系列化、旅游企业提高经济效益、从旅行社管理到旅行业务管理、酒店业系列创新活动、景区的分离、公共化与市场化等。

◇ 同步案例1-3

旅游学

旅游的一些分支学科与其母科学中的其他分支学科的最大差别就在于,其研究的是在特定时空条件和特殊状态下的人或社会事实。旅游经济学不同于一般的消费经济学,不是将旅游者简单地看作一般的消费者,旅游者在非惯常环境下的消费心理和行为是有别于他在惯常环境下的,这是属于旅游经济学研究的独特对象。现有的旅游经济学研究都是在旅游者是一个理性人的基础上套用西方古典或新古典经济学理论的。事实上,近现代西方经济学也已经吸收了心理学、社会学的研究成果,有的学者也摒弃或修正了古典经济学中关于理性人的假设。新制度经济学家科斯、威廉姆森则用"现实的人"和"实际的人"来替代"理性人"的假设,而实验经济学和行为经济学家弗农·史密斯和丹尼尔·卡曼尼则通过实验心理学和人类行为学方法证伪了"理性人"的合理性。而旅游作为一种在特定的非惯常环境下的体验,更有可能异于在惯常环境下的消费行为,如所谓的"穷家富路"就是一个例子。此外,在非惯常环境下,身份匿名化也往往使一些在惯常环境中经济社会地位较低的旅游者,在旅游消费(包括支付小费等)时会显得格外的慷慨大方,即炫耀性消费。也就是所谓的凡勃伦效应。还有受参团的其他团友互相影响,在购物时缺乏自主决策能力,受他人心理暗示,而采取从众行为及出现羊群效应。旅游消费中除去一部分固定消费外,随机消费占较高的比例,人们的消费偏好和行为往往与在惯常环境中迥然不同。而作为供给方的旅游目的地和旅游企业的经营和管理活动也是在此基础上构建旅游宏观经济学。所以说,旅游者在非惯常环境下的消费心理和行为应该成为重构旅游经济学研究的微观基础。

此外,旅游社会学的研究对象也是大致如此,只是研究内容、视角和方法不同而已。其研究层次结构也可类似经济学那样分成宏观和微观两大类:宏观层面是研究旅游者个体和群体在旅游地(非惯常环境下)的体验中,在两种不同环境之间产生的功能、冲突、交换、符号互动等客观的社会现象。在旅游地,由于旅游者处于其非惯常环境下和身份匿名化,其行为可能会逾越惯常环境下的道德规范和法律规定,如信手涂鸦、品尝受法律保护的野生动物等失范和越轨行为。这些旅游者回到自己的惯常环境中,较少出现这些行为。旅游社会学研究的微观层面是在亚文化层内,如旅游团队、旅游企业、旅游目的地的管理机构(DMO)、非政府组织(NGO)、非营利组织(NPO)等组织之间和内部的社会互动和社会结构;而旅游心理学是研究旅游者个人及其群体在非惯常环境中特殊的心理和行为过程;旅游政治学是研究一个国家或地区在两种环境叠加时,机构和组织的权力是如何分配的,是通过何种方式实现的;旅游地理学是研究惯常环境和特定的非惯常环境之间、特定的惯常环境和非惯常环境之间的空间行为和组织系统,以及往返于这两个环境之间的游客流的空间特征;旅游人类学是研究那些经济相对落后、地方性文化符号鲜明(具有地方象征意义)且较为脆弱的地区,在非惯常环境中的游客与同时作为惯常环境中的先住民产生文化碰撞、冲突、变迁和演化所造成的后果。

当然,这里只是采取了对这些学科研究对象和内容的最粗糙、最简要的描述,只有在这些旅游分支学科发展到一定阶段后,旅游学才能自下而上地构建起来,旅游学研究才会有自己独立的对象和研究内容。概括地说,旅游学就是研究由于旅游者在非惯常环境里的体验所引起的现象和关系总和的科学。

■ *资料来源:旅游学研究的新框架:对非惯常环境下消费者行为和现象的研究*[EB/OL].[2021-06-28]https://doc.mbalib.com/view/717b14c470977b3aa31f65f514fb29f0.html

思考题:
旅游学是一门成熟的学科吗?目前人们对旅游学的研究主要涉及哪些领域?

第四节　旅游学的研究现状和趋势

如前所述,旅游学研究至今只有百余年历史。旅游学历史虽短,但它与其他学科一样,也经历了深刻和多变的演进过程,它从肤浅到深刻,从单一到丰富,从关注旅游经济现象的研究逐渐扩展到多学科、跨学科研究,使旅游学有了自己的研究对象和独立的理论体系,成为一门年轻的综合性的边缘学科。

一、国外旅游学研究的发展历程

纵观国外的旅游学研究,其发展历程可分为三个阶段:20世纪40年代以前的旅游学研究的早期阶段,即经济研究阶段;20世纪40年代至60年代旅游研究的过渡阶段;20世纪60年代至今的旅游研究大发展阶段。

（一）旅游学研究的早期阶段

旅游研究首先开始于旅游经济研究,其最初的主要原因是旅游活动和旅游业给人们带来了显著的经济效益,人们从经济意义上开始关注旅游现象,并借助经济学的方法从经济的角度研究旅游现象和旅游问题。

关于旅游学的研究最早出现于19世纪末的意大利。1899年,意大利政府统计局的鲍迪奥发表了《在意大利的外国人的移动及其花费》一文,是可见的最早的研究旅游经济现象的文献。其后,另外两位意大利人尼塞福罗和贝尼尼分别发表了《外国人在意大利的移动》(1923)和《关于游客移动计算方法的改良》(1926)。这种从统计角度对游客人数、逗留时间和消费能力等方面的研究,反映了人们早期对旅游现象的经济层面的认知以及获得经济利益的需要,这种研究一直持续到20世纪20年代初。

20世纪20年代末,第一次世界大战后,欧洲经济逐渐恢复,来欧洲的北美游客数量增加很快,旅游收入成为当时迫切希望摆脱战争厄运的一些欧洲国家的重要财源,旅游活动的经济价值普遍为人们所认识。旅游现象的研究开始进入实质性阶段。

首次从经济学角度对旅游现象做出系统剖析和论证的是罗马大学讲师马里奥蒂,他于1927年出版了《旅游经济讲义》,对旅游活动的形态、结构和活动要素做了研究,得出旅游活动的本质是一种经济现象的结论。1933年,英国学者奥格威尔出版了《旅游活动》,他用数学统计方法科学地研究了旅游者的流动规律,并从经济的角度给旅游者下了定义。

同一时期,持不同意见的有柏林大学教授葛留克斯曼,1935年他出版了《一般旅游论》,把旅游活动定义为"在旅居地短时间旅居的人与当地人之间关系的总和"。他运用不同的方法观察旅游现象,得出了与马里奥蒂不同的观点,认为研究旅游现象是研究旅游活动的基础,其发生的原因、运作的手段及对社会的影响等问题,还有其涉及得非常广泛的领域,需要从不同学科去研究,而不应仅仅从经济学的角度去观察它。由于当时旅游活动的范围相对来说还很小,社会影响有限,还不足以引起学者们对跨学科的研究兴趣,但葛留克斯曼的思想方法开拓了以后研究旅游现象的道路。

(二)旅游研究的过渡阶段

20世纪30年代后,全球爆发严重的经济危机,再加上接踵而至的第二次世界大战,多数国家的旅游活动和旅游研究处于停顿和沉寂状态,但是在瑞士,旅游研究却出现了重大意义的理论突破。1942年,瑞士学者汉泽克尔和克拉普夫出版的《旅游总论概要》一书提出了旅游现象多方位、多层面结构的思想,指出研究旅游现象需要通过多学科综合研究。更重要的是,他们提出了旅游活动的概念性定义——旅游现象是非定居者的旅行和暂时居留而引起的各种现象和关系的总和,这些人不会导致长期定居,并且不从事任何赚钱活动。这一定义后来被称为艾斯特(IAEST)定义。它把旅游活动描述为一种综合性的社会现象,并且排除了旅游作为营利工具的可能性。他们认为,旅游现象本质上是具有众多相互作用要素和方面的复合体,这个复合体是以旅游活动为中心,与国民保健、经济、政治、文化技术等社会中的种种要素和方面相互作用的产物。这个定义是前期关于旅游概念的科学小结,指出了旅游活动的形态结构和它的非经济的性质。此后,在旅游活动的理论和应用研究中,发展出了经济和非经济两个领域。

这一时期,有代表性的学者和研究成果除了《旅游总论概要》外,还有许多,如:1950年,日本学者田中喜一教授的论著《旅游事业论》,它从经济基础学的角度研究国际旅游;1954年,德国学者克拉普特的著作《旅游消费》,它对旅游消费的动力和过程进行了专题研究;1955年,意大利学者特罗伊西的论著《旅游及旅游收入的经济理论》,它对旅游经济的概念、旅游收入及旅游经济效益做了较深入的论述。

(三)旅游研究大发展阶段

第二次世界大战结束后,世界各国经济恢复和发展很快,同时喷气式民航客机的应用大大缩短了旅游的时间,节省了金钱。旅游迅速普及,旅游进入大众化阶段。国外旅游研究也进入了一个迅速发展的时期,人们开始全面、综合地研究旅游活动,并试图建立旅游研究的理论体系和学科体系。

从20世纪60年代以后,国外旅游研究开始跳出单纯的经济领域,转而探索旅游现象的本质和旅游的社会影响问题。经济学、社会学、地理学、生态环境学、心理学、历史学、人类社会学、管理学等众多学科的学者对旅游现象展开了多个领域的研究,旅游研究进入了一个新的全面发展阶段,并且逐步形成了三个重要的研究领域:旅游经济研究、旅游社会文化研究、旅游生态和环境研究。

20世纪60年代开始盛行,并于70年代延续下去的旅游经济影响研究成为这个时期旅游经济学研究的重要领域。这个研究领域包括之前大都属于宏观旅游经济学范围的旅游国际收支、旅游就业、旅游收入乘数效应、政府旅游政策等。研究热点是旅游收入乘数效应、旅游就业和旅游卫星账户(TSA)。重大议题是货币问题、土地利用、能源危机以及恐怖事件和危机管理等。

◇ **知识活页1-1**

拓展阅读:旅游卫星账户(TSA)

在开展旅游经济影响研究的同时,出现了非经济因素影响的研究,这种研究实质是旅游经济影响研究的延伸和补充。旅游现象内核的非经济性质在市场经济条件下的产业化运行过程中,受到其经济性质外壳的冲撞,给目的地社会的稳定带来许多不利影响,产生种种"悖论",如传统文化衰退、伪民俗文化出现、传统伦理受到冲击、社会和家庭的凝聚力减弱、环境和生态破坏,影响目的地的社会基础。这种现象广泛存在于包括中国在内的发展中国家,促使旅游学的研究必须把旅游活动运行的非经济因素纳入研究范畴。

在20世纪60年代末,由社会学家和人类学家发起的旅游社会文化影响研究虽稍晚,但发展较快,到20世纪七八十年代都已获得了重要的系统研究成果。

20世纪80年代末,出现了环境和资源可持续发展与利用的概念,是旅游环境生态影响研究十分活跃的发展时期。

以上趋势一方面反映了人们开始注意旅游现象的复杂内涵,进入了较高的理论研究层次;另一方面反映了跨学科研究方法受到了普遍的重视。这种研究趋势在20世纪60年代后已经构成旅游学研究的主流。

这一时期,代表性学者和研究成果有:1977年,美国学者罗伯特·麦金托什和夏希肯特·格波特的著作《旅游学——要素、实践、基本原理》,它对旅游学的发展影响和有关理论进行了较为完整和深入的研究;1975年,日本学者盐田正志的《观光学研究》,它提出作为应用科学范畴的旅游学,可以包括旅游经济学、旅游营销学、旅游地理学、旅游社会学、旅游心理学等;1977年,美国人类学家史密斯的《主人与客人:旅游人类学》,它提出了旅游人类学的概念,被《旅游研究纪事》称为"旅游社会文化研究的里程碑";1982年,英国的阿利斯·马斯逊和费济阿里利·华尔的著作《旅游业效益学——旅游地经济、自然和社会影响研究》,它从经济、社会和自然等不同领域对旅游现象和旅游业进行了综合研究。

近年来,旅游者与目的地居民关系、生态旅游、旅游市场营销、旅游接待业管理成为国外旅游研究的热门领域。2008年,比蒙特认为旅游是两类人群的对接,一类是更好的已知且稳定的人群(居民),另一类是事前不知道的可变的人群(旅游者)。泉恩和沃尔特认为,以社区为基础的生态旅游可视为可持续发展的一种形式,有利于提升当地的生活水平,也有利于环境的保护和文化的传承。

(四)国外旅游研究的主要特征

 1. 从单一学科向多学科、多视角演进

在旅游学的研究历史上,最初的切入点是运用统计方法进行比较直观的描述和考察。19世纪70年代以后,英国和欧洲其他重要国家以及北美洲的美国,有的已经建立了市场经济体系,有的正在形成和加强这个体系,中产阶层开始出现,并且成为这些国家社会经济发展的主要力量。在这个时期,蒸汽机的运用早已从工业生产部门延伸到交通部门,火车和轮船已成为当时陆上和水上的重要交通工具。而欧洲、北美洲诸国在食宿、观光方面的服务质量也有了较大的提升。这些因素使欧美之间的旅游流量迅速增加,旅游者在目的地的逗留时间和支出水平都有大幅度增长,旅游业开始成为引人注目、容易赚钱的新兴行业。在这种背景下,人们开始了对旅游现象的研究,但由于缺乏适当的理论指导,这时的研究大都是从旅游者人数、逗留时间和消费能力等方面进行认知性的观察,所采用的方法主要是统计学方法,而这种研究的目的和意义就主要体现在对旅游的外部形式(空间运动特征和一般数量特征)及其直观的经济效应的认识。

从20世纪20年代中后期直到60年代,旅游学研究一直是在功利性的观念指导下进行的,因此表现出非常突出的依赖经济学方法的时代特征。这种状况的发生,也是有其社会背景的:在近40年时间里,整个世界处于近代史上两次大规模战争的恢复阶段,对于各国来说,发展经济无疑具有非常重大的意义。

人们在为外国旅游者提供服务的同时很快意识到,发展旅游活动可以获得巨大的经济利益。受这种功利性认识的支配,各国政府、企业界特别关注旅游所产生的经济价值。这种思想自然也影响到学术研究,甚至使人们普遍认为旅游内核具有经济属性,这样一来,旅游现象就被认为是一种旅游业的经营活动。这种思想几乎影响了几代人对旅游现象性质的认识,极大地限制了旅游研究向深层次发展。

但是,这种情况在20世纪60年代却发生了根本性的变化。从这个时期开始,全球性的大众旅游广泛兴起,由此产生的对旅游目的地的影响也日益复杂化,这种影响在量的积累上也达到空前的程度,这样,相关学科就很自然地介入了旅游活动的各个研究领域,从而形成了空前规模的多学科共同研究旅游现象相关问题的学术局面。在这期间,经济学、人类学、心理学、地理学、生态环境学、生态学、管理学、美学等学科的理论和方法,甚至其他的一些概念都在旅游研究中有了用武之地,旅游学研究终于露出了实现其理论综合的曙光。

2. 侧重应用研究，对基础理论研究重视不够

一方面由于已有的旅游理论缺乏系统性，另一方面由于旅游发展实践的迫切需要，旅游研究在西方学术界形成了一种传统，即人们倾向于应用研究而不大重视理论研究，而基础理论方面的研究就更少了。这种状况反映在各种旅游刊物上，即占有较大比例的是各种案例研究以及对各种相关学科成形理论的嫁接应用，却缺乏对旅游现象本身的深刻的理论思考。因此，直到今日，人们对旅游的概念和本质以及特征等核心问题还不能形成共识。

3. 研究方法重视定量研究与定性研究的结合

研究方法多样，如空间分析法、投入产出法、层次分析法、神经网络法、聚类分析法、问卷法、德尔菲法等。这些方法的运用，大大丰富了旅游研究方法，拓宽了旅游研究的视野和领域。

> ◇ 知识活页1-2

二维码1-2

拓展阅读：国外主要旅游期刊

二、中国旅游学研究的发展历程

中国旅游活动开始得较早，但是旅游研究历史很短。20世纪70年代末，借着中国改革开放的东风，中国现代旅游业和旅游研究开始起步。在短短的40余年时间里，中国旅游研究经历了从无到有、从描述到诠释再到阐释的发展过程。

中国旅游研究的中心和基地是中国的高等院校。中国旅游教育开始于20世纪70年代末80年代初，上海旅游高等专科学校和北京旅游学院率先以独立的旅游院校的形式开始了我国的高等旅游教育。此后，旅游教育如雨后春笋般蓬勃发展起来，截至2016年年底，全国旅游院校（包括完全的旅游院校和开设旅游系或旅游专业的院校）共计2614所，其中高等院校1690所，中等职业学校924所，在校生达到67.2万人，遍布全国所有的省、自治区和直辖市，形成了研究生、本科生、专科生和中职生四个层次的完整的教育体系。

在此期间，为适应旅游教育的需要，我国大量翻译了国外有关旅游学的著作和教材，但是由于旅游研究缺乏基础，起点很低，主要探讨旅游基本概念，对旅游行业的认证占了主要

位置,但是也由此构建了早期中国旅游教育体系和旅游研究的基本框架。20世纪90年代后,国内旅游学研究的方向仍以旅游服务诸行业经营管理和资源的开发利用等微观现象为主,但是随着中国旅游教育逐渐走向成熟,旅游研究也从最初的模仿和学习走向创新和发展,逐渐形成了具有中国特色的旅游学科体系。

中国旅游发展走的是发展中国家的发展模式,具体表现为:在目的上,旅游发展以经济利益为导向;在过程上,选择先发展国际旅游,后发展国内旅游的次序;在战略上,采取适度超前和发展策略。这种发展模式深刻地影响了中国的旅游研究,中国旅游研究内容的选择主要基于旅游是一种应用研究性学科的认识,主要建立在"六要素"(食、住、行、游、娱、购)和"三要素"(旅游主体、旅游客体和旅游媒体)理论基础上,多是从旅游业的角度而不是从旅游活动的角度构架旅游学科的内部研究框架,旅游研究带有明显的功利性。虽然旅游研究成果分布于各个领域,但大部分集中于应用领域,包括旅游业管理、地方旅游业发展、资源开发、市场开发、旅游规划和旅游产品营销等。

与国外旅游研究相比,中国旅游研究有很大的不同:

① 从事理论探索、有较高学术水平的作品很少;

② 学术研究的发展滞后于旅游活动的发展;

③ 大部分的论文趋向微观的、业务性的议题;

④ 绝大多数作品是诠释性的论证,缺乏独立见解的理论演绎;

⑤ 学术研究的主要力量来自旅游高等院校的专业教师,而国外旅游学术研究的主要力量来自旅游院校以外,如经济学、地理学、心理学、社会学、人类学、法学、政治学、环境与生态科学等相关专业的科研人员。

随着信息技术与旅游的结合,旅游信息化、智慧旅游、旅游大数据成为旅游研究新的热门领域。旅游研究领域不断拓展,旅游研究方法不断改进。可以预见,旅游研究会在世界范围呈现蓬勃发展的新局面,旅游学研究将在未来的20年中有更大的进展。

◇ 思考与练习

一、单项选择题

1.(　　)是一个国家或地区旅游业是否成熟的标志之一。

A. 观光旅游　　　　　　　　　　　B. 团体旅游

C. 散客旅游　　　　　　　　　　　D. 商务旅游

2. 世界著名的艾斯特定义是由(　　)提出的。

A. 世界旅游组织　　　　　　　　　B. 太平洋亚洲旅游协会

C. 国际旅游联盟　　　　　　　　　D. 国际旅游科学专家协会

3. 目前最普遍最重要的旅游活动是(　　)。

A. 度假旅游　　　　　　　　　　　B. 观光旅游

C. 商务旅游　　　　　　　　　　　D. 生态旅游

二、多项选择题

1. 观光旅游的特点有（　　）。
 A. 比例最大　　　　　　　　　　　B. 季节性强
 C. 对价格不敏感　　　　　　　　　D. 停留时间较长
2. 按旅游组织的形式划分,旅游活动可分为（　　）。
 A. 观光旅游　　　　　　　　　　　B. 团体旅游
 C. 散客旅游　　　　　　　　　　　D. 商务旅游
3. 商务旅游的特点有（　　）。
 A. 比例最大　　　　　　　　　　　B. 季节性弱
 C. 对价格不敏感　　　　　　　　　D. 目的地选择的自由度较小

三、判断题

1. 旅游活动的季节性完全是由自然环境的季节变化引起的,与人类的社会、文化活动无任何关系。（　　）
2. 人类的旅游活动是一种高级消费活动。（　　）
3. 现代旅游方式正向多元化方向发展。（　　）
4. 旅游从本质上讲是一项具有经济性的活动。（　　）
5. 国内旅游与国际旅游的根本区别在于经济作用的不同。（　　）
6. 旅游活动的三要素是旅游交通、旅行社和旅游饭店。（　　）
7. 旅游学就是研究旅游业的学科。（　　）
8. 旅游是一种社会现象,因此旅游学是一门社会学科。（　　）
9. 大多数发展中国家旅游业的发展模式是先发展国内旅游,后发展国际旅游。（　　）

四、名词解释

1. 旅游
2. 奖励旅游
3. 旅游学

五、简答题

1. 简述旅行与旅游的主要区别。
2. 简述国际旅游与国内旅游的区别。
3. 简要说明观光型旅游者和商务型旅游者的特征。
4. 简述一个成熟的学科应当具备什么条件。

六、实训题

结合本章学习内容,讨论旅游学科与旅游业的关系。

◇ 本章知识链接

[1] 李天元,张朝枝,白凯.旅游学[M].4版.北京:高等教育出版社,2019.
[2] 黄安民.休闲与旅游学概论[M].北京:机械工业出版社,2007.
[3] 谢彦君.基础旅游学[M].4版.北京:商务印书馆,2015.
[4] 李洁,李云霞.旅游学理论与实务[M].4版.北京:清华大学出版社,2008.
[5] 刘住.旅游学学科体系框架与前沿领域[M].北京:中国旅游出版社,2008.

第一章
案例、思考与练习
参考答案

第二章　旅游发展历程

◇ **学习目标**

知识目标：
1. 了解古代旅行、近代旅游和旅游业产生的背景条件；
2. 掌握古代旅行的主要形式和特点；
3. 掌握近代旅游的主要形式和特点；
4. 掌握现代旅游发展的背景和特点。

能力目标：
1. 能够正确分析旅游活动的发展规律；
2. 能够正确比较中外古代旅行的类型和特点；
3. 能够正确分析工业革命和文艺复兴在旅行向旅游转化中的重要作用；
4. 能够正确分析中国现代旅游业的主要成就。

情感目标：
1. 了解中国古代旅行发展史，增强文化自信和民族自豪感；
2. 通过对比中外近代旅游业的诞生，认识到科技对生产力的促进作用；
3. 了解中国现代旅游业的主要成就，理解改革开放和建设中国特色社会主义对中国旅游业的重要意义。

◇ **学习重难点**

1. 旅行和旅游的联系和区别；
2. 近代旅游业诞生的前提条件；
3. 中国古代旅行、近代旅游和现代旅游的主要特点。

◇ **本章关键词**

古代旅行；近代旅游；现代旅游业；托马斯·库克；产业革命

导入案例

旅游起源研究的若干观点

1. 人类行迹说和迁徙说

这种观点认为旅游起源于史前传说时期,"人猿相揖别"既是人类历史的开端,也是人类旅行史的开始,可作为旅游史的开端。对此,王淑良认为,人类行迹的开始就是中国旅游的开端,古猿走出森林,为生存所做的探索,是旅游的发端;元谋猿人的发现,揭开了我国历史的序幕,也揭开了中国旅游史的开端。邵骥顺认为,原始社会先民们为了谋取生活资料,或为此所做的迁徙旅行是最原始的旅行。以上两种观点可以归纳为旅游起源的"人类行迹说"和"迁徙说"。对于上述观点,不少学者予以否定,因为旅游、旅行和迁徙有着本质上的不同。原始人类的迁徙是原始人类对来自自然环境生存压力的被动反应,这种情况在动物界中也可以看到,它既不具有时间上的暂时性,也不具有旅行呈现出的复杂的社会属性,因而无法被视为人类旅行活动的起点。

2. 原始探险说

这种观点认为旅游起源于原始探险,在原始社会末期兴起的探险之风拉开了中国旅游史的序幕。对此,章必功认为:"原始探险由脱离集体生产劳动的少数人承担,从某地区出发又回到原来的出发点,这是我国历史上最早形成的完整长途旅行,也是我国历史上最早兼有旅游性质的旅行活动。"目前这种观点虽未获得人们的广泛认可,但也没有受到普遍的否认。

3. 商贸起源说

这种观点认为旅游起源于古代的商贸旅行。随着社会的发展,在原始社会末期,出现了剩余劳动物,尤其是在第三次社会大分工出现后,出现了商人。商业的发展促使商人四处奔走,开旅行之先河,旅行活动开始萌芽了。因此商人的旅行是旅游最原始的形态。我国出版的旅游学论著大多采用这一观点,认为旅行最初实际上远不是度假和消遣活动,而是为产品交换正常进行所必需的经济活动。

4. 游览起源说

这种观点认为旅游起源于古代的游览活动,是旅行发展多元化的产物。在原始社会末期,随着商务旅行的发展,旅行呈多元化发展趋势,逐渐出现了具有"游览"和"享乐"性质的旅行,这是旅游的最初形态。谢彦君指出:"新石器时代晚期以祭祀为目的的旅行发展起来。随着人类旅行活动的发展,带有游览性质的旅行开始出现,这是旅游的最初形态。"这种观点目前已得到大多数人的认可。

5. 市场起源说

这种观点认为古代不存在旅游活动,旅游从游乐性旅行发展而来,现代性质的旅游起源于 19 世纪初期或 19 世纪中叶。持这种观点的主要是李天元和申葆嘉。李天元认为:"就整个世界的发展状况来看,到了 19 世纪初期,旅行在很多方面都已具有了今天意义上的旅游的特点。"申葆嘉指出,旅游是市场经济发展的产物,他认为人类早期的旅行,是一种生产性活动,古代的少数特权阶层利用旅行追求游乐玩赏的活动。虽然作为经济性质的旅行中出现了非经济性质的活动,但旅行在当时仍旧是一种追求财富、追求经济利益和人们生存的手段。旅行的性质取决于它对整个社会所产生的广泛经济作用,而不取决于少数人的游乐活动,因为少数人的活动仅仅是旅行中的个别现象,并不具有普遍的社会意义。

■ 资料来源:陈才,耿旭,张晓磊.旅游起源探析[J].渤海大学学报(哲学社会科学版),2007(6):115-119.

思考题:
关于旅游的起源,你认同哪一种观点?试说明理由。

第一节　古代旅行的产生与发展

一、原始社会人类的迁徙和旅行的产生

在原始社会早期,我们的祖先主要使用石块等简陋的生产工具,靠采集、渔猎为生。由于生产工具落后和生产力低下,他们的生存无时无刻不受到饥饿与自然灾害的侵扰。为了生存,为了寻找更好的生活环境,原始人类被迫经常从一个地方迁往另一个地方。到新石器时代中期,人类社会这种落后的生活状况尚未改变,人类也就不可能产生有意识地外出旅行的需要。

因此,在人类客观上无旅行物质基础,主观上无旅行愿望的条件下,所进行的带有求生和被迫性质的迁徙活动,虽然含有行的因素,但与以后出现的旅行活动,有着本质的区别,并不是今天意义上的旅游活动。

我国有文字记载的历史是从商朝开始的,但最早的旅行活动应该比有文字记载的历史要早得多,这从我国古代的神话传说中明显地反映出来。

传说中华民族的始祖黄帝经常外出旅行,"作舟车以济不通,旁行天下"。因而他一生没有固定的居住地,曾先后到达南方的衡山、北方的恒山、东边的大海和西边的沙漠。

不仅仅是黄帝,中国神话传说中的许多人物都是旅游爱好者。据说黄帝之孙颛顼曾东达海岛,西至陇西,南抵交州,北至幽州,足迹遍及四方。而黄帝的后裔、尧、舜、禹都曾巡游过四方。如尧曾"身涉流沙,地封独山,西见王母"。舜登位后的第一件事就是"辟四门,明四目,达四聪"。他二月巡泰山,五月去衡山,八月访华山,十一月到恒山,这些旅行活动对开辟道路、发展交通起了重要作用。大禹为了治理洪水,"久旅忘家",走遍了九州大地,领略了不同的山川风貌、民俗风情,见到了许多奇人奇事。据说他曾到过东方日出的榑木,南方的交趾,西边的巫山和北方的犬戎国,以至于皮肤被吹成黑色,七窍五脏因疲劳而不舒畅(《吕氏春秋·求人篇》)。当他登上衡山时,曾杀了一匹马祭天地,这就是衡山白马岭的由来;当他经过庐山时,曾召集部下制定治水方案,留下了禹王崖的地名;治服了洪水后,禹依然四处巡视,不幸病死在会稽山,现在浙江绍兴会稽山下的大禹陵仍吸引着无数的中外游客。大禹治水所进行的旅行活动,是我国原始人类为征服自然、改造自然而进行旅行活动的高峰。虽然它尚未脱离生活的被迫性,不属于真正意义上的旅游,但为后人旅游活动的开展留下了一笔珍贵的历史文化遗产。

原始社会末期,随着金属工具问世,农业和畜牧业有了较快的发展,促使手工业从家庭生产中分离出来,逐渐成为专门性行业。人类历史上出现第二次社会大分工,即手工业与农业、畜牧业分离。"以所有易所无,以所工易所拙",社会劳动生产率进一步提高,产品有了剩余,并最终导致私有制的形成和第三次社会大分工,商业从农、牧、手工业中分离出来。社会上开始出现不从事生产,专门经营商品交换的商人阶层,商品经济得到发展。炎帝在他的部落联盟中规定:"日中为市,致天下之民,聚天下之货,交易而退。"(《易·系辞下》)这说明,在神农氏活动区域内,已经有定时定点的物物交换活动。随着产品交换的普及和交换地域的不断扩大,人们需要了解其他地区生产情况,需要到其他地区交换自己的产品或商品。人们产生了外出交换产品旅行经商的需要,而交通工具的发明和原始道路的改造,使这一需要的满足有了可能。

橇是人类最早使用的交通工具之一。它是车的前身,主要用于雪地、土地或草地。原始社会末期,人们在地上放块平板,平板下垫上原木,靠原木的滚动拖运物件。久而久之,原木演变成圆轮,于是就有了车。中国是最早使用车的国家之一。相传我们的祖先,在黄帝时代已经创造了车。夏禹时代以造车闻名的薛部落中,名叫奚仲的人曾任夏朝"车正",主管车的制作、保管和使用。为便于橇、车通行,人们又平整路面,拓宽路幅,改造原来仅适应步行的羊肠小道为大道。以后在大道上又出现了最早的私营旅店——逆旅。

人类最早的水上交通工具是独木舟。《易·系辞下》说,古人"刳木为舟,剡木为楫"。也就是说,古人掏空巨型树干制成独木舟,砍削树干成扁平状做桨。中国历史博物馆里,至今珍藏着一条长十一米、宽九十厘米的古老独木舟,据测定它制成于六千年前。有了舟,人们可以跨越水域,开拓新的活动天地。

远离大海的西宁考古发现贝壳化石,山东大汶口文化遗址中挖掘出来自他乡的玉石、象牙化石,足以说明当时商人经商活动范围的广阔。这种脱离求生的被动性,主动寻求新的进一步发展的经商旅行,开创了人类最初的旅行道路。

古代西方的神话传说中,也提到过不少爱好旅行的人物。根据古希腊罗得岛诗人阿波罗尼奥斯的长诗《阿尔戈船英雄纪》描述,为了寻找金羊毛,夺回属于自己的财产和统治权,一个名叫伊阿宋的人走遍希腊各城邦,号召以丰功伟绩而著名的英雄们,与他一起乘船到遥远的科尔喀斯做一次寻找金羊毛的旅行。这次旅行据阿波罗尼奥斯所述,"经过了许多国家,看到了许多人民"。古希腊的英雄们沿途不仅欣赏到了美丽的海景,见到了各种奇异的海上动物,如哈尔皮埃怪鸟、巨大的鹫鹰、"羽箭鸟群"等,而且经历了不少惊心动魄的海上冒险。

人类最初的旅游活动远非游览、消遣和度假活动,而是适应生产和社会发展需要,为扩大对其他地区的了解和交流,所产生的一种人际交往行为。原始社会末期,商人的商旅活动揭开了人类旅游史的第一页,并在日后旅游活动发展中占有重要地位。

人类最初的旅行活动首先在古埃及、古巴比伦、古印度、古中国、古希腊和古罗马等这些较早进入文明时代的国家兴起。一般认为,在公元前 3000 年就在地中海和爱琴海上进行通商贸易的腓尼基人是世界上最早的旅行者。他们周游各地,西越直布罗陀海峡,东到波斯湾、印度,北至北欧波罗的海各地,其旅行目的在于贸易。

◇ **知识活页2-1**

拓展阅读:希伯来人的大迁徙
二维码 2-1

二、奴隶社会人类旅行活动的初步发展

在奴隶社会中,奴隶制国家的发展与繁荣客观上为旅行的发展提供了便利的物质条件。公元前 21 世纪到公元前 2 世纪,是我国文明史上夏商周三代及春秋战国时期,这期间,交通的发展为华夏古代交通的形成打下了最初的基础。

夏代主要靠人力挽车,当然也有"驭马"记载,但"服牛马"(《管子·轻重》),大量用牛、马等畜力为动力来驾车、负重运输及作为骑乘工具,组成浩浩荡荡的商队,进行远距离贸易,则是殷商人的一个伟大创造。周朝除两轮车外,还有四轮车,且制作精美。春秋战国时期,以齐国"广乘"车为代表,造车技术又有了新的改进,特别是车辕由单辕改为双辕,车结构更加牢固,载重量也明显增加。

西周周公时代,周人在镐京(今西安)与洛邑(今洛阳)之间,修建了一条宽阔平坦的大道,史称"周道"。《墨子·兼爱(下)》描写道:"王道荡荡,不偏不党;王道平平,不党不偏。其直若矢,其易若砥。"周道有九条纵向大道,九条横向大道,每条道幅宽"九轨"(合今 16.3

米)。它西起今西安古城,向东一直延伸至今河南、山东地区,是我国最早的东西干道,与今天陇海线中段走向一致。

我们的祖先在开拓陆路的同时,在黄河、长江和珠江等天然河道中,由独木舟发展到木板船,开始较大规模的内河航行。春秋战国时期,造船业已相当发达,越国专门招集大批"木客"(船工),开办"船宫"(造船工场),有计划地打制各种船。

同时,人们慢慢懂得挖掘人工运河,连接天然河道,扩大航行范围。我国最早的人工运河是春秋时期吴国开凿的邗沟。它的开通,使人们可以由长江入淮,再沿古泗水、济水入黄河到齐鲁,或西去中原各地。邗沟是南北大运河最早开发的一段,以后又与魏国修建的人工运河鸿沟相连,把长江、淮河、黄河三大水系连成一片,使长期隔绝的水道系统地连接起来,大大便利了人们交往,也奠定了日后大运河开通的基础。华夏古代交通初具雏形。

此外,在这一时期出现了早期的旅店。《周礼·地官·遗人》写道:"凡国野之道,十里有庐,庐有饮食。三十里有宿,宿有路室,路室有委。五十里有市,市有候馆,候馆有积。"这种分布在都城、交通干线及边境线上,由国家设立、野庐氏经管,供国家各级各类公务旅行人员使用的庐舍候馆,是我国古代最早的官办招待所。

在原始烽火传送消息的基础上,周王室出于诸侯邦国之间、诸侯各国之间传递信息的需要,首先建立置邮传命制度,即由行夫专职负责邮递,国家设立传舍,为他们提供车马与食宿。到春秋战国时期,各诸侯国纷纷建立自己的邮驿网络,而且有国际通用邮路和制度。人们将步行之邮称为传,乘车马谓之驿,邮用车马叫作驿车、驿马或传车、传马,将供邮驿人员食宿的场所统称为驿。这种驿也是官办招待所的一种。

中国的私营旅店——逆旅出现得很早。到西周后期至春秋战国时期,随着商旅增多,私营小客店十分普遍。秦、魏等国还制定有关管理法令,向全国推行。此外,当时还有一种非营业性的私人旅馆,它也被叫作传舍、馆舍,由贵族承办,专门用来接待"士"(春秋战国时期特殊的知识阶层)。

奴隶社会时期,商人的经商旅行,是当时主要的旅游活动之一。

随着奴隶社会经济发展,在最初以物易物的商品交换形式基础上,商代出现了以货币为媒介的交换形式。我国最早的货币是贝,它以"朋"为单位。货币的使用,大大便利了商品交换。商人赶着牛车、载着货物,走南闯北,从事经商活动。《诗经·商颂·长发》中有"相土烈烈。海外有截"的颂辞,说明殷周商人的足迹直达海滨,"走遍了他们所知道的世界"[①]。

◆ **知识活页2-2**

二维码2-2

拓展阅读:周穆王西游

---

① 翦伯赞.中国史纲要(第一卷)[M].北京:商务印书馆,2010:186-187.

在西方,古埃及约在公元前3000年就建成一个统一的国家,古王国时代(约为公元前27世纪到公元前22世纪)就确立了以法老(国王)为主的中央专制政体,并大规模地兴建金字塔和神庙,吸引了大批前来参观游览的人。古埃及的宗教旅行很发达,每年都要举行几次重大的宗教集会,许多男女都来参加这些大规模的活动。到新王国时代(前1553—前1085),古埃及已成为地中海区域著名的旅游胜地,这实际上也是人类最早的旅游胜地。古埃及与邻国的交往也十分密切。据记载,公元前1490年,古埃及荷塞特女王访问旁特地区(索马里),这是世界上第一次为了和平、游览观光目的而进行的旅行活动。

公元前8世纪以后,古希腊的兴盛、城邦通货的交换和希腊语的广泛传播,为当时的旅行提供了客观的便利条件。提洛岛、特尔斐和奥林匹斯山是希腊人的宗教圣地。奥林匹亚庆典是最负盛名的。奥林匹克运动会(第一届于公元前776年举行)是世界上最早以寻求乐趣为目的的群众性旅游活动。地处希腊首都西南332千米的奥林匹亚村,是古代世界七大奇观之一宙斯神像的诞生地。它自从成为宗教圣地以后,每4年都要举行一次盛大的祭祀宙斯神的活动,同时举行大规模的运动会。每次集会,人们都来此朝拜宙斯神庙并观看角斗、赛车、赛跑等各种竞技运动。公元前5世纪,古希腊的公务、经商和宗教考察旅行者络绎不绝。古希腊著名历史学家希罗多德,曾游历了中近东、南欧、北非的广大地区。在这一过程中,他除了研究考证历史问题外,还广泛收集了各时代、各民族有关古代旅行的情况。他所写的旅游文学作品的数量,超过了其历史著述。为此,当代一些研究人类旅游史的学者称他为旅游文学作品之父。希罗多德认为,人类早期的旅游活动大都与宗教信仰有关,古代萌芽状态的信仰曾是人类旅游行为的动力之一。由此可见,古代的旅行大都与宗教朝圣、通商贸易、帝王巡游结合在一起。

波斯帝国(前550—前330)修建了第一条公路,称为"御道",全长约2400千米,有驿站和旅舍110座。另一条道路起自巴比伦城,横贯伊朗高原,直达大夏和印度边境,成为后来"丝绸之路"西段的基础,一经修好,商贾、学者、游客络绎不绝。

罗马帝国时期是世界古代旅行的全盛时期。因为罗马帝国疆域辽阔,北部国界达到现在的欧洲的英国、德国、奥地利、匈牙利和罗马尼亚等地,东部达到西亚的幼发拉底河,南面包括非洲的埃及和苏丹北部,西边濒临大西洋。此时其大规模的侵略扩张已经停止,帝国的秩序相对稳定,从而促进了社会经济在原有基础上的进一步发展。在生产技术方面,这一时期出现了带轮的犁和割谷机,水磨也广泛使用。建筑上应用复滑车起重装置和矿山应用排水机,技术分工比较细致,手工行业已生产和使用一些简单的机械。航海技术也比较发达。埃及和北非一带改善了灌溉系统,扩大了耕地面积,粮食生产大为发展。欧洲的高卢(今天的法国)和西班牙等地兴起了矿业、手工行业和葡萄种植业。地中海变成了帝国的内海,海上运输十分畅通。全国境内修筑了许多宽阔的大道,这种全国道路网络的兴建虽然是出于政治和军事目的,但客观上也为人们沿路旅行提供了方便。罗马帝国时期的旅店主要是在沿途由政府所设驿站的基础上发展起来的。设置这些驿站的最初目的是供政府公务人员中途歇息使用,后来也开始接待往来旅客。随着过路旅行者人数的不断增多,官方又在沿路开设民办旅店,更多的私人旅店也因此发展起来。当然,当时的旅行基本上都是在本国境内进行,特别是以较近距离的旅行为主。但国际性的经商亦经常发生,大宗贩运的货物有粮食、酒、油、铅、锡和陶器等基本商品。此外也有各地生产的奢侈品,如北欧的琥珀、非洲的象牙、东方的香料、宝石等。我国的丝绸经过著名的"丝绸之路",运销于罗马帝国各地。我国史书曾有罗马使节商人多次从陆地和海路到达中国的记载。例如《后汉书》记桓帝延熹九年(166年)大秦王安敦(大秦即指罗马,安敦是安敦尼王朝的第四个皇帝马可·奥里略·安敦尼)遣使经日南(越南中部)送来象牙、犀角,并和中国政府建立通商关系。三国和晋代也有罗马遣使的记载。此时的旅行活动虽然只牵涉到少数人,但标志着人类旅行活动在发生着重要的转变,即旅行的目的已经明确地超越了宗教信仰的范围,由此诞生了以鉴赏艺术、保健疗养等为目的的多种旅行。

但是,随着公元5世纪罗马帝国的衰亡,社会秩序的动荡使旅行发展的条件相继消失。一是由于国内各地贸易数量减小,商务旅行者数量急剧减少;二是由于道路路面无人管理,日渐毁坏;三是由于沿途上盗匪横生,安全条件不复存在。

就整个世界而言,人类有意识的外出旅行活动应该始于原始社会末期,并在奴隶社会时期得到了迅速的发展。但这种活动并非消遣和度假活动,主要是由于产品或商品交换,从而推动了人们对旅行的需要。

◇ **知识活页2-3**

拓展阅读:世界古代的七大奇迹

二维码2-3

三、封建社会人类旅行活动的发展

(一)我国封建社会人类的旅行活动

中国的封建社会历时2000多年。在这2000多年中,特别在各统一朝代期间,由于社会政治比较安定,生产技术和社会经济较之前都有很大的发展。无论是以都江堰和灵渠为代表的水利工程和由此带来的农业生产的进步,还是后来在手工业、矿业、纺织、造纸及瓷器生产等方面的发展,都使近代以前的中国在科学技术和社会经济方面领先于西方世界。据西方学者研究,在世界科技发明中,有100多项世界第一出自中国,其中大都发明于中国的封建社会时期,并且近代前中国经济的发展也领先于当时的西欧国家。生产技术和社会经济的发展与繁荣为当时旅行的发展增添了新的物质基础。

水、陆交通的便利是中国古代旅行得以发展的重要基础。旅行与交通是密不可分的。隋代在发展水路交通上的贡献最大。隋文帝时期首先开凿山阳渎,打通淮水,连通长江的水路。到隋炀帝时期,又相继开凿了通济渠(由黄河连接汴、泗两河通淮水)、邗沟(即山阳渎,以通长江)、永济渠(通至黄河以北的涿郡)和江南河(由镇江经苏州至杭州,以连通长江与钱塘江),从而构成华北与江南的运河网,由此水路交通日盛。陆路交通建设也有很大的发展。秦朝修建了"驰道""直道""五尺道""新道"等,形成了以咸阳为中心的四通八达的道路网。随着历朝道路的建设,驿站制度不断发展。以唐代的驿制为例,当时每隔三十里设一驿。据《新唐书·百官志》记载,唐朝设驿站计1639所。照此推算,仅设有驿站的道路里程便将近25000千米。随着以后朝代疆域的扩大,道路的通达范围也不断发展。到清朝时,驿站的设置范围已扩展到内蒙古、外蒙古、新疆和西藏地区。

经济和交通的发展为封建时期旅行的发展提供了必要的经济基础和物质条件。参加旅行的人数和范围无疑都有了重大突破。但是其中占支配地位的仍是商人的商务旅行。如果说中外封建时期在旅行发展上有什么不同,那便是中国封建社会以经商为目的的旅行活动在很大程度上远胜于西方封建时期的发展。

中国封建社会的旅行具有形式多样、专业性强和人文色彩浓厚的特点。如果将这些特点放到旅游目的方面来分析,便可以把中国古代旅行归纳为几种特色极为鲜明的类型,这样我们可以更加清楚地看到中国古代社会所发生的旅游现象的繁荣景象和发展规律,明确它和现代旅游的区别、联系及其影响。

1. 帝王巡游

历代君王为宣扬权威、震慑臣民,同时为了享乐,通常要离开国都到境内各诸侯领地进行巡游(见图2-1)。

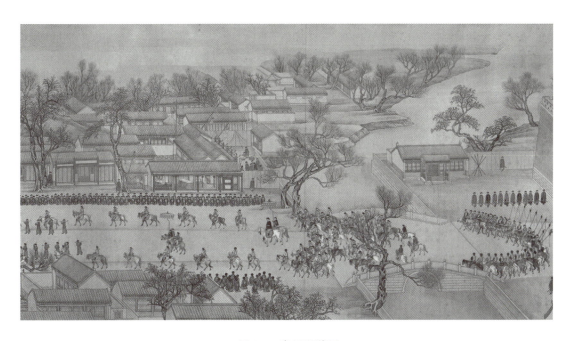

图2-1 帝王巡游图

公元前221年秦始皇统一中国后,用十年时间五次出巡,足迹遍及中华大地,并七次立碑刻石记功。在巡游中,秦始皇发现道路不宽,车子不易行走,立即下令在全国修建"驰道"和"直道"。"驰道"以咸阳为中心,一条通往河北、山东,一条通往江浙两湖。"直道"从咸阳北的云阳至九原郡(今包头西南),全长一千八百里。这有利于巩固秦王朝的统治,当然也有利于旅游。

同时,古代中国的帝王巡游还有一个突出的特点,即热衷于封禅和祭祀活动。据记载,历代有72位君王曾到泰山进行封禅和祭祀活动。周穆王、秦始皇、隋炀帝、康熙、乾隆都是帝王巡游的代表人物。封建帝王的巡游活动,都是规模宏大,场面壮观,或立碑记功,或挥毫题词,兴宫殿庙宇,建亭台楼阁。所到之处,留下大量古迹,这些都已成为开发现代旅游的宝贵资源。

2. 政治游说

各个时代都有一些有才能的知识分子,他们为了实现其政治主张,达到某些政治目的而四处奔走。如战国时期,苏秦游说"合纵",张仪宣讲"连横",到处奔走,议论风生,纵横捭阖,变化异常,演出了战国时代一幕幕波澜壮阔的历史场面。

3. 学术考察

凡是在中国历史上取得巨大成就的学者、科学家、发明家,都是在广阔天地里成长起来的。他们进行艰苦的实地考察,访问探求,扩大视野,增广见识,积累了大量的材料,才有所成就。

西汉时期伟大的史学家司马迁,就是学术考察旅游的最早代表。他"南游江、淮,上会稽,探禹穴,窥九疑,浮于沅、湘;北涉汶、泗,讲业齐、鲁之都,观孔子之遗风,乡射邹峄;厄困鄱、薛、彭城,过梁、楚以归"(《史记·太史公自序》)。后来,他奉命去西南地区招抚"西南夷",之后北上洛阳,沿途调查名胜古迹、风物人情。后又随武帝封禅泰山,游历山东半岛,北上碣石,巡辽西,历北边,至九原,循直道回长安。所到之处,集史实逸事,采风土人情,其伟大的实践精神,终于成就了《史记》这部不朽的著作。

地理学家徐霞客是明代一位伟大的旅行家(见图2-2),他从小就有遍游五岳的志愿,最不愿意参加科举考试。十九岁那年,他想外出游历,但老母在堂,心中踌躇不决。母亲了解儿子的心愿,勉励他说:"身为男子,应该志在四方,怎么能为了母亲的缘故羁留家园,好像是圈在篱笆里的小鸡,套在车辕上的小马一样?"她亲手为儿子整理行装,促子成行。在三十年间,徐霞客的足迹遍及我国十六个省及北京、天津、上海等地。他凭着坚忍不拔的毅力,克服了种种艰难险阻,对我国广大地区的山脉、水道、地貌等进行考察研究,特别是对西南地区石灰岩地貌的考察取得了重大成果,在我国和世界科学史上都占有非常重要的地位。

图 2-2　路未尽、人不老的徐霞客

顾炎武是明末清初的学者、思想家,在抗击清兵失败后,他长期从事学术考察旅游,遍游华北,十谒明陵,到处访问考察,了解民俗民情。又周游西北二十年,"遍行边塞亭障,无不了了而始成"。据说他出游时用二骡二马驮书,遇到书上记载与实地考察不符的情况,就按事实对书籍予以改正,最后写成《天下郡国利病书》和《肇域志》。

4. 商务旅行

旅行,特别是古代旅行,往往发端于经商贸易,人们为做生意而远走他乡。商务旅行是中国古代旅行的一个重要形式。

丝绸之路是古代连接我国和中亚、西亚、印度及欧洲的桥梁,是中外经济文化交流的友谊之路。这条道路的开拓者张骞,就是西汉时期著名的外交家、旅行家。公元前 139 年和公元前 119 年,他两次接受汉武帝的派遣出使西域,开辟中国通往西方的经商道路。他亲自到达现在的阿富汗等地;他的副使和其他使节又陆续到达现在的印度、伊朗以及阿拉伯半岛和里海之滨。张骞游踪之广,见闻之富,在两千多年以前是举世罕见的。丝绸之路东起中国西安,经陕西、甘肃、新疆,越过帕米尔高原,再经阿富汗、伊朗,西到地中海东岸。从公元前 2 世纪至公元 14 世纪,一直是连接中国、印度、埃及和罗马的交通纽带,是中外经济文化交流的友好之道,在中国史、亚洲史,尤其是东西方交通史上,有着深远的意义和影响。

公元73年，东汉王朝又派遣班超出使西域。他在西域艰苦经营三十多年，恢复了汉朝在西域的统治地位，使丝绸之路重新畅通无阻。班超还派遣甘英出使大秦，即罗马帝国。甘英到了两河流域的条支，但行至波斯湾北端幼发拉底河河口时，听说海路险恶遥远，需带三年粮食，只得返回。虽然甘英未能到达大秦，但他对西亚和罗马帝国的情况有了进一步的了解。

秦汉时期，我国与邻国的海上贸易也很发达。北起渤海、南至两广一带的海上交通线完全开通，商务旅行也很活跃，有"海上丝绸之路"之称。

5. 士人漫游

每当中国社会阶级矛盾和民族矛盾激化，内忧外患，政治动荡时，一些文人学士由于在政治上遭受挫折，对现实不满，就寄情于山水，流连于风景，以示自己的超脱和清高。

魏晋间嵇康、阮籍、刘伶等七人，因不满时政，纵酒悠游于竹林之中，嬉笑怒骂，愤世嫉俗，文学史上称为"竹林七贤"。东晋陶渊明辞去彭泽令而退隐山林，"采菊东篱下，悠然见南山"；南北朝谢灵运被罢官后，有一次带领数百人的"旅游团"，自始宁翻山越岭到临海，队伍浩荡，使临海太守大为惊骇，竟以为是山贼到来。这可以说是中国古代士人漫游的壮举。

唐宋时期，许多怀才不遇的文人，也爱四处漫游。著名文学家李白、杜甫、柳宗元、欧阳修、陆游等都是漫游的代表。例如李白自幼就有"四方之志"，二十岁就"辞亲远游"，攀峨眉，登戴天山，游襄陵，泛洞庭，南穷苍梧，东涉滨海，至齐、鲁，游晋祠，足迹遍天涯。这开拓了诗人的思想境界，启迪了诗人的创造灵感，由此产生了许多千古传诵的诗篇。柳宗元年轻时曾参与以王叔文为首的政治革新集团，参与中唐时期的"永贞革新"。这次革新因保守势力的反对而失败，柳宗元被贬为永州司马，从而写下了著名的《永州八记》。这些山水游记思想深刻，富有诗情画意，成就极高。

◇ 知识活页2-4

二维码2-4

拓展阅读：李白一生好入名山游

这些文人在漫游过程中所创造的山水画、山水诗及散文游记，不但丰富了祖国的文艺宝库，而且为祖国的锦绣河山增添了光彩。我国的旅游资源之所以具有如此巨大的魅力，就因为它的情与景、自然美与艺术美和谐地融为一体，形成了自己独特的风格。

6. 宗教旅游

佛教于西汉末年在中国兴起，在魏晋南北朝时发展到鼎盛。由于佛教宗派庞杂，教义分歧，为探明教理，解决争端，不少僧人西去佛教的发源地——印度求取真经。这样，一个"求法"的宗教旅行从六朝到唐代便形成了高潮。

东晋的高僧法显于公元399年和慧景等几位僧人从长安出发，经河西走廊、新疆，涉流沙，越葱岭，历尽千辛万苦到达印度。这一历程用时十五年，遍历约三十个国家的山川风物，后法显把旅游中的见闻写成了《佛国记》，这是中国与东南亚交流的最早记录，也是研究东南亚古代史的重要资料，受到中外学术界的极大重视。法显是中国僧人到印度留学求法的先驱者。唐代高僧玄奘和义净到印度取经的事迹在我国更是广泛流传，他们为发展中外文化交流做出了不可磨灭的贡献。当时的唐朝是个强盛的帝国，在经济、文化方面对邻国都有重大的影响。日本曾几次邀请唐高僧鉴真东渡，把佛教的律宗带到日本。鉴真经历五次东渡失败，在67岁时终于成功，抵达日本京都奈良，并在奈良建造了唐招提寺，将中国的建筑和雕塑艺术介绍到日本。唐招提寺及鉴真塑像现在成了象征中日两国人民友好关系的珍贵纪念物。

"天下名山僧占多"，"山不在高，有仙则名"，这些都说明僧侣在中国旅游史上占有重要的地位。他们在名山胜地、幽岩绝谷中开山创寺，修林壑，建道路，开辟了许多旅游点。寺院为旅游者提供膳宿，僧侣是热情的导游者，可以说，他们是中国旅游业的先驱。

7. 航海旅游

中国也是航海业发展较早的国家之一，航海旅游在世界古代旅游史上也占有突出的地位。

秦朝统一后，就与当时的日本、高丽、安南有海上交往的历史记载。隋唐时，中国造船业和航海技术都已达到较高水平，海外旅行和移民已有发生。宋元时期，由于指南针的应用和造船技术的发展，中国造的船只最大载重量为30万斤，可容纳五六百人。明初，为适应政治和经济的需要，海外交通频繁，郑和"七下西洋"就是最重要的代表。他率领官兵27000余人，分乘62艘船只出使西洋。前后七次，历时二十余年，共经历亚非三十多个国家和地区。郑和航海旅行纵横于太平洋、印度洋上，涉沧海十余万里。他的航行比1486年葡萄牙航海家迪亚士发现绕过非洲南端的好望角，通过印度洋的新航线要早半个多世纪。郑和是我国也是世界历史上伟大的航海家。

◇ **知识活页2-5**

二维码2-5

拓展阅读：郑和下西洋

(二)西方国家封建社会人类的旅行活动

同中国封建社会时期的旅行发展相比,欧洲封建社会时期的旅行发展明显落后。有西方学者曾经指出,在欧洲,有可靠的证据表明,从罗马帝国衰亡,直到19世纪中叶这段时期内,是没有多少人外出旅行的。这一情况无疑与欧洲当时的社会经济状况有关。欧洲在公元5世纪开始其封建化进程。随着罗马帝国的衰亡,战乱和社会秩序的动荡及其对社会经济的影响使得旅行发展的条件陆续消失。这主要表现在:第一,各地间贸易数量缩小,商务旅行者数量急剧减少;第二,道路无人管理而日渐破损,行路不再方便;第三,道路沿途盗匪横生,旅行安全不复存在。因此,此时欧洲的旅行活动的规模甚至不如罗马帝国时期。

到了11世纪,西欧封建时期的社会经济有了明显的发展。生产力水平有了一定的提高,剩余农产品增多,并且社会分工的发展使交换活动逐渐经常化。特别是到了13—14世纪,西欧的社会经济有了较大进步。农业技术的改进和荒地的开垦使农业产量进一步增加,随着城市的形成和发展,工商业也逐渐兴盛起来。但是由于封建混战的影响以及教会的思想统治,旅行活动的开展始终远不及罗马帝国时期的水平。

西欧中世纪初期,因社会生产力水平低下、商品经济不发达以及农奴被紧紧地束缚在封建庄园里没有人身自由,世俗的旅行活动比较少见,商务旅行虽不能说绝迹,但数量甚微。但自公元4世纪基督教被罗马帝国定为国教之后,基督教在西欧中世纪初期得到了前所未有的发展,并取得万流归宗的地位,这就为宗教旅行的发展提供了条件。

◆ **知识活页2-6**

二维码2-6

拓展阅读:马可·波罗及其《马可·波罗游记》

从16世纪中叶起,旅行活动在西欧开始出现新的发展,其中最突出的现象之一便是温泉旅行热的出现。1562年,一位英国医生发表研究成果,指出天然温泉对人们的体痛病症具有疗效。该成果引起很大的轰动,不仅当时已有的温泉顷刻间闻名全国,而且促使人们在欧洲各地找寻新的温泉。最初是体痛病患者纷纷慕名前来,继而大批的寻求保健者也蜂拥而至,从而形成了温泉旅行的潮流。这一潮流此后一直延续了近两个世纪才开始向海水浴转移。

除了这种以保健为目的的温泉旅行之外,以教育和社会考察为目的的旅行活动在这一时期也开始发展。人们从一些名人的经历中,认识到旅行在增加对异国他乡事物的了解和开阔眼界方面所起的作用。当时有一个名叫利普西斯的人曾经记载:"古往今来,伟人名士皆有旅行经历。而通过这种求知旅行,使其增加了对异国他乡风土民情、生活方式以及政体组织等方面的了解,从而开阔了见识"。这种以教育和求知为目的的旅行活动在以纯消遣娱乐为动机的旅游流行之前延续了好几个世纪,并在不同程度上延续至今。

公元8世纪,当西欧封建社会四分五裂、战乱不已、道路遭到严重破坏、旅行与旅游处于低谷之时,崛起于阿拉伯半岛的阿拉伯帝国,却凭借社会的统一与稳定、空前发展的交通运输使旅行得到空前的发展。这不仅表现在旅行交通设施较为完善、旅行活动甚为活跃,而且出现了国际旅游大师和较为珍贵的旅游文献。阿拉伯半岛自古以来就是商旅往来最为频繁、最为集中的地区。尤其是阿拉伯半岛西部红海沿岸,有一条狭长地带,称"汉志",自古以来就是东西交通要道之一。它东通印度,西达地中海沿岸,中国的丝绸、印度的香料、非洲的黄金和奴隶、本地的产品等都经过此地区运到地中海东岸,再转运到欧洲。汉志地区的商路兴盛,带动了路两旁商业城市的兴盛,其中以麦加和雅特里布最为重要。麦加是地处商路中途的重要城镇,处在也门到叙利亚、埃塞俄比亚到美索不达米亚两条商路的交叉点上,手工业和商业都很发达,是当时城镇中的佼佼者。麦加主要居民是古莱西(意为收集财物)部落,主要经营商业和服务行业。

此外,阿拉伯国家的统一与帝国的建立都与伊斯兰教密切相关。伊斯兰教产生以前,阿拉伯人信仰多神教,崇拜自然神,也有接受外来移民影响,信仰犹太教和基督教的。建立统一国家的社会要求,促成了伊斯兰教一神教的形成。而伊斯兰教产生以后,它的一神教义,对统一阿拉伯人民的思想起了很大作用,缓解了当时社会上的阶级矛盾,起到了促进阿拉伯统一国家建立的伟大历史作用。伊斯兰教还对阿拉伯国家一系列征服扩展的胜利有着极其重要的影响。正是在"圣战"的召唤下。阿拉伯人英勇善战的精神得以充分地显示出来,从而建立起地跨亚、非、欧三洲的大帝国。阿拉伯帝国就其政权性质而言,属于政教合一的帝国。这一性质决定了伊斯兰教在国家政权中具有举足轻重的地位,也决定了阿拉伯征服者必然在自己统治之下的区域推行伊斯兰教,使其统辖下的国民成为信仰安拉的穆斯林教徒。根据伊斯兰教规定,每个穆斯林都有"朝圣"或瞻仰圣迹的义务。政教合一的阿拉伯帝国的建立为宗教旅行的兴盛提供了良好的环境,而伊斯兰有关"朝功"的规定,则有力地刺激了宗教旅行的发展。

四、古代旅行活动的特点

在这几千年的漫长历史时期中,人类社会经历了奴隶社会、封建社会、资本主义社会前期等几个不同性质的社会形态,生产力水平有了很大提高。但是,从旅游活动的内容和方式来看,它们有着共同的特点。

(1)社会生产力的发展还没有引起交通工具的重大变化,交通仍不发达,主要是依靠以自然力、人力、畜力为主的船、车等。人们外出旅游都是步行、木船、风帆船、骑马等,即使到了19世纪上半叶,最高级的交通工具还是四轮马车和大型船只。

(2)参加旅游的人数很少,多半是皇室、贵族、僧侣等特权阶层。这些人由于攫取了群众的劳动成果,拥有旅游所必需的自由时间和多余钱财。而一般劳动者都在为生存而忙碌,他们被排除在旅游的行列之外。

(3)旅游的活动范围很小。不发达的交通工具,不允许人们到很远的地方去旅游,类似于今天的洲际旅游和国际旅游是很难发生的。只有极个别的人,出于探险和经商的目的,用毕生的精力和生命,创下那个时期长途旅游的历史。

第二节 近代旅游及旅游业的诞生

人类的旅游活动发展成为社会的一个经济行业——旅游业,是文艺复兴、工业革命和资本主义社会生产力发展的必然结果。

一、近代旅游及旅游业诞生的时代背景

(一)近代旅游活动的发展

就整个世界而言,到了19世纪中叶,旅行的发展在很多方面都已开始具有今天意义上的旅游的特点。这主要表现在以下几点。

(1)因消遣目的而外出旅行观光或度假的人数大量增加,超过了传统占主导地位的商务旅行。

(2)火车和轮船的问世,使商业性客运业务开始发展起来,人们大都借助这类专业性的商业服务来完成自己的旅行和游览活动。

(3)随着消遣旅游市场的不断扩大,团体旅游开始出现,而这在19世纪以前是不存在的。

(4)旅游市场扩大而带来的商机,旅游供给活动迅速发展,旅游设施和旅游服务不断完善,旅游业开始兴起。

正因为如此,英文中旅游一词即tourism于19世纪初问世。tourism一词的最初含义是指以消遣为目的的旅行和游览活动,说明当时消遣性旅游活动已经发展到具有社会意义的规模。造成这一转化的根本原因是社会生产力的发展。

(二)近代旅游业诞生的时代背景

 1. 文艺复兴运动为近代旅游业的诞生奠定了思想基础

所谓文艺复兴运动,指的是由欧洲新兴资产阶级于14—16世纪期间所发起的一场影响

深远的思想文化运动。14—15世纪,由于经济社会的发展,资本主义生产关系已经在欧洲封建制度内部逐渐孕育形成,新兴的资产阶级为谋取自己的利益以满足本阶级的要求,以复兴古希腊、古罗马文化为标榜,提出了人道主义,即人本主义思想体系,反对中世纪的禁欲和宗教观,试图摆脱教会对人们思想的束缚。文艺复兴运动的展开,沉重地打击了中世纪的愚昧、专制、压迫人性的封建宗教势力,是人类进入现代社会前一次重要的思想启蒙运动,它在欧洲先后延续了300年之久。

文艺复兴运动的重要影响之一是它改变并重塑了人们的观念意识,尤其是人们的价值观念。此后,神权让位于人权,人成为社会的中心,人类需要的存在、发展、满足成为社会发展的终极目标,人终于成了自己的主人。到18世纪中叶,在资产阶级个性解放思潮的影响下,文艺复兴所带来的人本主义思想通过人们对自然美的追求和向往而体现出来。在当时一批社会名人(诸如卢梭、海涅、歌德等)的引导下,欧洲大地上掀起了一股"回归自然"的旅游热潮。这种酷爱自然、崇尚自然、回归自然的浪漫主义时代精神,成为近代旅游活动发展的思想基础。

2. 产业革命为近代旅游业的诞生奠定了物质基础

产业革命即工业革命,指的是资本主义机器大工业代替工场手工业的过程,它是资本主义社会政治经济发展的必然产物。产业革命最先发生于18世纪60年代的英国,首先从纺织业开始,到80年代,随着蒸汽机的使用,产业革命逐渐普及到许多其他工业部门。到19世纪30年代末,产业革命最早在英国完成,英国成为当时资本主义世界最发达的国家。其他国家,如美国、法国、德国和意大利等也先后在19世纪内、日本在20世纪初完成了产业革命。产业革命既是生产技术的巨大革命,也促使生产关系发生了深刻的变革,它给社会发展带来的影响涉及社会的诸多层面。它对近代旅游活动的发展也带来了极其深刻的影响,具体体现在以下几个方面。

(1)产业革命加速了城市化进程。很多人从农村转移到城市,他们的工作和生活环境因此发生改变。产业革命发生之前,人们大多生活在广阔的农村,随着城市化进程不断加快,越来越多的农民变成了产业工人,他们的工作和生活环境从农村转移到城市,但城市却因为塞进了太多的居民而变得越来越拥挤不堪。人均生活空间被不断压缩,紧张、拥挤、嘈杂的城市生活给居民造成了越来越大的身心压力。在巨大的压力之下,人们会产生暂时离开给其造成压力的生活环境、回归大自然的需要。据此,由于产业革命,民众的生活和工作环境发生改变,这是刺激以后旅游活动发展的重要因素。

(2)产业革命改变了大多数人的工作性质。产业革命发生之前,大多数民众生活在农村,以从事农业生产为生,他们的工作随季节变化而忙闲有度、张弛结合。产业革命以后,这些人大多进入城市,成为产业工人,工作地点由田野进入车间,大工业生产单调、重复而又节奏非常紧张。长期枯燥乏味而又紧张的工作会使人身心俱疲,这将促使人产生强烈的休假要求,以逃离紧张的工作和生活环境,给自己以喘息和调整的机会。

(3)产业革命扩大了旅游者群体。产业革命之前,从事旅游活动的主要是地主和封建贵族阶级,只有他们才有足够的时间和金钱从事非经济目的的消遣旅游活动,因此旅游活动的规模较小,不具有社会性。产业革命后,资产阶级作为新的统治阶级登上历史舞台,这意味着社会财富也越来越多地流向了资产阶级,这些资产阶级的新贵们思想开放,又拥有足够的时间和经济能力,拥有足够的外出消遣旅游所需要的支付能力,他们的出现无疑会扩大旅游者的群体。此外,产业革命在造就资产阶级的同时,也造就了靠出卖自己劳动力为生的工人阶级。工人阶级由于身份的变化,已经没有了对土地的依附。随着生产效率不断提高和不懈抗争,他们的工资在不断地增长,劳动时间也逐渐减少并出现了带薪假日,加上社会福利制度趋于完善,不仅基本生活得到了保障,而且越来越多的民众逐渐具备了从事消遣旅游的支付能力,在工作和生活压力等因素的促使下,他们也会加入旅游者的行列,旅游者的队伍也因此得到进一步的扩大。

(4)产业革命推动了交通运输工具的革新,使大规模的人员在不同区域之间流动成为可能,为近代旅游活动大规模扩张提供了技术上的保证。18世纪末,用蒸汽机提供动力的轮船投入使用(见图2-3),到19世纪后,蒸汽轮船得到了迅速的普及和发展,很快由河运发展到海运。1807年,美国人罗伯特·高尔顿将蒸汽机安装在"克莱蒙特"号上,开始了在哈德逊河上的定期航班载人航运业务。1816年蒸汽动力船"萨班那号"横渡大西洋成功,更是大大缩短了欧美之间的旅行距离。统计数据显示,1802年伦敦只有2万人次乘帆船去旅游胜地马盖特观光,在蒸汽机投入使用后,旅游者迅速增至1830年的10万人次。

图2-3 蒸汽轮船

铁路的发展对推进近代旅游活动的影响更大,1825年,被誉为"铁路之父"的英国人乔治·史蒂文森在斯托克顿至达林顿之间修建的铁路正式投入使用,开启了铁路运输的新纪元(见图2-4)。此后,铁路运输就逐渐取代了公共马车,成为陆上交通的主要工具。在接下来的30年间,英国的铁路长度增长了近45倍,到1875年,英国的铁路年旅客周转量已经超过了6亿人次。在英国铁路运输的带动下,欧美各地的铁路运输也先后发展起来。和传统的交通条件相比,新的交通工具和交通方式具有速度快、费用低、舒适度高等优点,为近代旅游奠定了物质基础。

图 2-4 蒸汽火车

◇ **知识活页2-7**

二维码 2-7

拓展阅读:交通与旅游

二、近代旅游业的诞生

(一)近代旅游业的产生

产业革命不仅促进了人们收入水平的提高和交通运输条件的改善,而且使人们外出旅游消遣和度假的愿望日益强烈,这一切导致有可能外出旅游的人数大大增加。但一方面人们缺乏旅游的经验,另一方面社会上缺乏必要的旅游供给和旅游服务,因此,建立相应的旅游中介体为旅游活动提供组织和便利就成为一种社会需要。英国人托马斯·库克(见图 2-5)最先认识到这种社会需要,从而开创了旅游业的先河。

1841 年 7 月 5 日,托马斯·库克利用包租火车的方式组织 570 位教友从莱斯特到拉夫伯勒出席一个重大的宗教活动——禁酒大会。参加这次活动的人来自各行各业包括家庭妇女。大家为参加这次活动而来,活动结束后即各自离去,与现代旅行社组团旅游相似。托马斯·库克不仅发起、筹备和组织了这一活动,而且始终陪团照顾,与现代旅行社全陪相似。

图2-5 近代旅游业之父——托马斯·库克

托马斯·库克组织的这次旅行活动,拉开了近代旅游的序幕,同时标志着近代旅游业的诞生。

1841年的这次旅游活动的成功,使托马斯·库克名声大振。在此后的几年中,他又多次应邀组织旅游活动。1845年,托马斯·库克决定开办旅行代理业务,并于当年夏季首次组织了一次由350人参加的由莱斯特到利物浦的团体消遣旅游,为期一周,按人收取费用。这次活动实际上是托马斯·库克创办的、于1865年正式挂牌的旅行社——"托马斯·库克父子公司"业务活动的开始。这次活动具有以下几个特点。

(1)组织这次旅游是出于纯商业目的。托马斯·库克以往所组织的旅游活动,包括1841年的火车团体旅游,均不是出于商业目的,正如他自己所说的是属于业余活动。而此次活动却与以往不同,它不再是出于义务的业余活动,而是以营利为目的的商业活动。所以,如果说他在1841年组织的旅游为以后1865年"托马斯·库克父子公司"的正式成立打下了基础,那么,1845年的这次活动则是该公司业务的实际开端。

(2)以前托马斯·库克组织的旅游都是当天往返的一日游,而此次则是在外数天的长途旅游。

(3)组织这次旅游前,托马斯·库克沿途进行了大量的先期考察,以确定沿途要停留的参观游览地点,了解廉价旅馆的行情。这些活动实际上是后来旅行社进行线路设计的开始。

总之,托马斯·库克的这次活动从考察和设计线路、组织产品、宣传广告、销售组团,直至陪同导游,都体现了现代旅行社的基本业务,开创了旅行社业务的基本模式。

(二)早期的旅游业活动

1865年,"托马斯·库克父子公司"正式成立,该公司成为当时英国和欧洲最大的旅游代理企业,在美洲、非洲和亚洲都设有分公司。由于托马斯·库克本人在旅游业上的巨大成就,其名字也几乎成为旅游的代名词。

在这一阶段,欧洲和世界其他国家也成立了许多类似的旅游组织。1850年,英国的托马斯·内尔特成立的一个"旅游者组织",向旅游者提供日程安排、车辆、食品以及旅游用具等。1857年英国成立登山俱乐部,1885年成立了帐篷俱乐部。法国、德国都于1890年成立了观光俱乐部。1850年美国运通公司兼营旅游代理业务。1893年日本设立了专为接待外国游客的"喜宾会";1912年这个组织开始以招待外国旅客和代办旅游业务为主,改建为"日本观光局"。意大利旅行社是1927年建立的,苏联国际旅行社于1929年成立。

到20世纪初,英国的托马斯·库克旅游公司、美国的运通公司、比利时的铁路卧车公司,成为世界上旅游代理业的三大公司。

旅游指南是具有导游性质的工具书,是旅游活动不可缺少的,也是旅游业走向正规化的表现之一。

世界上第一本旅游指南出现在 1839 年。这一年,德国人贝德克尔出版了一本专门介绍荷兰和比利时旅游线路的旅游指南。贝德克尔是步行旅游的爱好者,对旅途中的见闻详加记录,包括何处设有咖啡馆、糖果店等,并绘出了城市旅游图。1844 年,贝德克尔又出版了瑞士导游指南,以后又连续出版了几本类似的书。

贝德克尔出版旅游指南无论是对旅游活动还是对旅游业的发展,都具有开创性的意义。因为他的这一贡献,他与托马斯·库克并列,被誉为旅游业的创始人。

专业导游员的出现也是旅游产生的重要表现。1845 年托马斯·库克组织的从莱斯特到利物浦的团体消遣旅游,托马斯·库克本人自任"陪同"或"导游",并且在沿途雇用"地方导游"。从形式上说,这已预示着导游员作为旅游活动和旅游业中的专职人员出现的必要性和必然性。但该次活动中,无论是托马斯·库克本人,还是他所雇佣的"地方导游",均非专业导游员。

专业导游员出现在 1851 年。这一年,在英国的伦敦举行了第一届世界博览会,有 16 万人参加了旅游活动。会议期间,出现了专门为旅游者提供向导服务的专业人员,导游服务这一新的行业和专职导游员由此开始。

旅游过程中携带大量现金,既有兑换、使用上的不便,又不安全,这是长期困扰旅游者的一个现实问题。1891 年,世界金融业为了适应旅游者的这一现实问题和旅游事业的发展,开始发行旅行支票。人们再也不用携带大量现金去旅游,只要带上一本旅行支票,就可以在世界各地支付消费,既方便又安全。

总之,社会经济的发展和科技水平的提高,带来了整个人类文明的进步。交通条件改善了,住宿业的服务水平提高了,随之便出现了旅行社,又有了旅游指南和专职导游员,再加上旅行支票、信用卡等支付工具,现代意义上的旅游服务的内容已日臻完善,于是,作为人类文明的一大进步,现代意义上的旅游便由此开始了。

(三)中国近代旅游业的产生和发展

中国近代旅游是指自 1840 年鸦片战争开始,至 1949 年新中国诞生之前这个时期的旅游。鸦片战争之后,帝国主义凭借其坚船利炮打开了旧中国闭关锁国的大门。从此,中国由一个独立的封建国家逐步沦为半殖民地半封建社会国家。一时间,西方帝国主义列强从政治、经济和文化等方面纷纷入侵中国,与之相伴的是大批资本主义国家的商人、传教士、学者和冒险家来到中国这片古老的土地上,从事他们的冒险活动。他们在风光优美的地方,如北戴河、庐山、青岛等地建造房屋,以供他们消遣。与此同时,在"师夷之长技以制夷"等思潮的影响下,也有大批国人加入出国考察和求学的行列。在此期间,中国的旅游因受到列强侵略的影响而出现了新的变化,平民阶层加入旅游者队伍,交通条件不断发展,旅游活动的空间范围也逐步拓展,国际旅游交往愈加频繁;与此相适应,为旅游者服务的民间旅游组织逐渐形成了一个独立的行业。

在此期间,外国的旅行社纷纷抢滩中国,通过其特权抢占和瓜分中国的旅游市场。英国的通济隆旅行社、美国的运通公司、日本的国际观光局先后在中国开设机构,承揽中国的旅游业务。20世纪初的上海由于经济相对发达、交通业比较便利,也是外国旅游代理商最先进入中国的城市。

图2-6 中国近代旅游的开创者——陈光甫

1923年8月,为了扩大收入来源,同时更是为了开办自己的旅游业务,上海商业储蓄银行总经理陈光甫先生(见图2-6)在其所在的银行下设立了"旅行部",专门经营旅游业务,为出游者安排行程及办理各种相关事宜,这标志着中国近代旅游业在上海诞生。该旅行部于1924年组织了第一批国内旅游,由上海赴杭州观光游览。1925年,该部承办了出国旅游业务,组织20余人赴日本观赏樱花。1927年,该旅行部编印出版了中国第一本《旅行杂志》,专门宣传祖国的风景名胜。1927年6月,旅行部申请营业执照,从银行中独立出来,改名为"中国旅行社",旅行社下设七部一处,即运输、车务、航务、出版、会计、出纳、稽核部和文书处。旅行社的业务宗旨是:"导客以应办之事,助人以必需之便。如舟车舱之代订,旅舍卧铺之预定,团体旅行之计划,调查游览之人手,以致轮船进出日期,火车往来时间,在为旅客所急需者。"[①]其所经营的业务范围也相应扩大,包括代理国内外各种交通票据;办理和提供餐饮与住宿;组织国内外团体旅游;出版期刊和编译各种宣传品;代办各项旅游手续和证件等。此外,它还提供旅途服务、接待前来当地旅游的游客、提供导游和各项旅行服务、代办邮政电报、经售上海银行的旅行支票及各地的土特产、代办货物运输报关和运输保险,并代理海陆空运输业务等。在此后的数年中,中国旅行社的规模、业务均有一定的发展。随着业务的扩大,中国旅行社在国内的苏州、镇江、蚌埠、济南、天津、沈阳、武汉、南昌、广州、无锡、北京、杭州、青岛、徐州、西安15个城市和香港地区设立了分社或者办事机构;在国外的纽约、伦敦、河内、新加坡、马尼拉等设立了办事处,承办外国人来华旅游事宜。在1947年首届伦敦国际旅游博览会上,中国旅行社还以巨幅"中国名胜图"为主题,参加了此次展览。

除中国旅行社之外,这一时期,在中国其他地方也出现了以组织旅游为业务的地方性旅行社,如中国汽车旅行社、浙江名胜导游团、现代旅行社等,这些旅行社的规模一般较小,发展情况与中国旅行社大致相同。

随着近代旅游的发展,在中国内地逐渐形成了一些著名的旅游度假地,如庐山、北戴河、莫干山、鸡公山等。中国也曾于1929年和1930年分别在杭州和上海举办了具有相当规模的西湖博览会和国货博览会,以此推销中国的旅游。

---

① 梵吉.交通与旅行社[J].旅行杂志,1927(春季号)。

至新中国成立之前,中国近代旅游虽已出现并有所发展,但是由于当时的中国处于内忧外患之中,加上连绵的战火,经济落后,民不聊生,各种社会基础设施条件差,中国近代旅游业始终未能发展成为一个重要的经济部门。

三、近代旅游活动的特点

(1)火车和轮船发展完善,相当发达的交通使旅游的规模、范围和内容都发生了巨大变化。1825年,当第一条铁路在英格兰通车时,贵族们的宁静生活被打乱了,他们抱怨道:"整个王朝的脸被刺上了令人厌恶的花纹。"而对女演员范尼·坎布来说,乘坐火车旅游是一次神奇的经历。她说:"如果你不亲眼看一下,你就无法相信那具有魔术般奇迹的机器是如何急驰在白色的烟雾中,用那和谐的节奏、一成不变的速度前进的。"

(2)旅游的队伍扩大了,中产阶级加入旅游者的行列。产业革命使中产阶级取代了原来的贵族,财富不断增加,他们也产生了享受乐趣的需求,其中包括旅游。

(3)出现了作为经济行业的旅游业。火车的出现使参加旅游的人数增多,英国牧师托马斯·库克,最先有组织地带领人们外出旅游,受到普遍欢迎,他于1865年创立了世界上第一家旅行社,此后在欧洲各地出现许多类似的组织,作为经济行业的旅游业应运而生。

第三节 现代旅游及旅游业的大发展

一、现代旅游及旅游业发展概况

现代旅游是指第二次世界大战结束以来,特别是20世纪60年代以来迅速普及世界各地的社会化旅游活动。

根据世界旅游组织的统计,从1950年到2019年,全球国际旅游人数从2528.2万人次增长到了13.71亿人次,50年间约增长了53.2倍,国际旅游收入则从21亿美元猛增至1.7万亿美元,约增长了808.5倍,旅游业的发展令其他经济部门望尘莫及。

世界范围内国际旅游发展的第一个高峰产生于20世纪60年代。1964年,世界国际旅游人次数首次突破1亿大关。到1965年,国际旅游收入突破了100亿美元。进入20世纪70年代,世界旅游业有了新的发展。1975年,国际旅游人次突破2亿,旅游外汇收入达386亿美元。到了20世纪80年代,世界国际旅游人次更是达到了创纪录的3亿(1984年),国际旅游外汇收入也超过了1000亿美元。20世纪90年代初，虽然世界经济不景气，但世界旅游业仍以年均4.4%的速度增长。1990年，世界国际旅游人次数超过了4亿，旅游外汇收入达到了2690亿美元。到20世纪90年代末，世界旅游发展迎来了第5个高峰，国际旅游人次突破了6亿，而国际旅游收入则超过了4500亿美元。2004年全球入境过夜旅游人次数达到了7.6亿，总收入达到6220亿美元。2010年，虽然受到2008年以来的全球金融危机的影响，但当年国际旅游人次数依然达到9.4亿，实现国际旅游收入9190亿美元，这表明国际旅游业虽然面临多重挑战，但仍在稳健发展。① 2019年，全球入境旅游人次数为13.71亿，较2018年增长3.46%，全球入境旅游总收入为1.7万亿美元，较2018年增长1.1%。②

目前，在国际旅游业的发展过程中，基本上形成了东亚与太平洋、欧洲、美洲、非洲、南亚、中东六个大的旅游区域，形成了亚太、欧洲、美洲三足鼎立的国际旅游客源地域格局。其中，欧洲和美洲由于经济较为发达，旅游业开始得较早，发展水平也最高，目前是世界上旅游发展最为成熟的区域。而东亚与太平洋地区以及中东地区等发展中国家和地区，则凭借着快速增长的经济，在20世纪90年代中期以后成为世界上旅游业发展最快的区域，目前已发展成为国际旅游市场的重地。

20世纪60年代以来，全球旅游经济增速总体高于全球经济增速，旅游业逐渐发展成为全球最大的新兴产业，甚至已经超过石油和汽车工业，成为世界第一大产业。20世纪90年代开始，国际旅游收入在世界出口收入中所占比重达到8%以上，超过石油、汽车、机电等出口收入，旅游产业正式确立了世界第一大产业的地位并保持至今。2019年，全球旅游产业收入为5.8万亿美元，相当于全球GDP的6.7%；能够提供3亿个工作岗位，占全球就业总量的9.20%；全球旅游总人次数为123.1亿，较2018年增长4.6%，为全球人口规模的1.7倍，全球范围内参与旅游的群体不断扩大，旅游消费已然成为全球民众的重要生活方式。③ 近年来，世界旅游业发展呈现出如下特点和趋势。首先，随着经济发展和生活水平的提高，人们对精神文化的需求进一步上升，旅游成为人们的基本生活方式，是人们使用休闲时间的最佳选择之一。其次，以新兴国家为代表的旅游目的地不断出现，世界区域重心正向东方转移。中国正是这一趋势的代表，从国际游客接待量上看，2004年以来，中国成为居法国、美国、西班牙之后的全球第四大旅游目的地国家，其中2010—2012年中国一度超过西班牙，位列全球第三大旅游目的地国家。最后，个性化、自由化成为新的趋势，传统观光旅游、度假旅游已不能满足旅游者的需求，各种内容丰富、新颖独特的旅游方式和旅游项目应运而生。

目前，世界经济环境、政治环境以及其他社会环境都为旅游业的进一步发展提供了有利的条件。一方面，全球经济保持增长态势的延续，信息技术和交通技术在不断发展和完善；另一方面，全球一体化进程大大加快，人们对社会文化和环境的保护意识不断增强，虽然21世纪的头10年遭遇了严重的全球经济危机，但旅游业仍然保持了强劲的发展势头。可以预计，随着世界范围内经济社会的不断发展，国际旅游业将有更为广阔的发展前景。

---

① 张金霞.旅游学导论.北京：北京大学出版社，2012：46-47.
② 世界旅游城市联合会.世界旅游经济趋势报告（2020）[R].2021-01-09.
③ 世界旅游城市联合会.世界旅游经济趋势报告（2020）[R].2021-01-09.

二、现代旅游迅速发展的原因

其一,第二次世界大战后世界经济迅猛发展,几乎所有的国家国民经济增长速度都大大超过第二次世界大战前。世界发达国家国民收入按人均计,1960年为520美元,1979年增加到2690美元。经济的发展使得众多国家的人均收入,或者更确切地说,使得众多国家居民的家庭平均收入迅速增加,在那些原先经济基础就较雄厚的西方国家中更是如此。到20世纪60年代,这些国家开始形成所谓的"富裕社会"。人们收入的增加和支付能力的提高对旅游的迅速发展和普及无疑起到极其重要的刺激作用。

其二,现代科技革命的成功极大地提高了劳动生产率,工人阶级个人收入普遍增加。人们对精神文化生活的要求也发生了急剧的变化。生产、生活的节奏加快,城市环境条件恶化,消除这种疲乏的最好办法莫过于离开城市外出旅游,以寻求新鲜空气和幽静环境。这一切都使人们的旅游愿望变得十分强烈。

其三,第二次世界大战后世界人口迅速增加。在第二次世界大战刚结束后,全世界人口仅约25亿人。到20世纪60年代,已增加到36亿人。在短短的20年中,世界人口约增加了44%。世界人口基数的扩大成为第二次世界大战后大众旅游人数增加的基础。[1]

其四,生产单个产品的社会必要劳动时间大大减少,从而增加了社会闲暇时间。特别是到20世纪60年代以后,很多国家都在不同程度上规定了带薪假期制度,这些变化使人们的闲暇活动更多地开展。据统计,1840年,美、英等国的工人每周劳动70小时,现在则劳动35小时,另外家务劳动时间也因家庭用品的现代化而大大缩减。20世纪40年代,每个美国家庭主妇一日三餐要花360分钟,现在只要90分钟。5%的日本主妇在30分钟内能做出一席丰盛的晚餐。[2] 人们外出旅游有了时间上的保证。参加旅游活动的人数迅速增加,并且出游的距离和在外逗留的时间也大大加长。

其五,交通运输工具的进步缩短了旅行的时间和距离。第二次世界大战结束以后,在经济发达的工业化国家中,拥有小汽车的家庭比例不断增大,私人小汽车逐渐成为内陆旅游的主要交通工具,铁路和公共道路运输已经渐渐失去其原有的重要地位。与此同时,航空运输发展迅猛,使人们有机会在较短的时间内做长距离旅行。航空旅行成为人们最重要的远距离旅行方式。现代化交通运输工具的不断出现,使国际和洲际等远距离旅游空间运输成为普通人也能享用的快速、安全、廉价的工具,使旅游活动的空间在全人类和全世界范围内迅速发展起来,这是使旅游活动趋向群众性的基本物质条件。

影响第二次世界大战后旅游业迅速发展的其他因素当然还有很多。上述这些只是从需求方面观察而归纳出来的主要推动因素。实际上,第二次世界大战后旅游的迅速发展是需求和供给两方面因素共同推动和促成的结果。如果从供给方面继续进行分析,那么至少还有两项重要因素推动了第二次世界大战后旅游业的蓬勃发展:一是廉价的团体包价旅游的

---

[1] 李天元.旅游学[M].北京:高等教育出版社,2006:26.
[2] 张立明.旅游学概论[M].武汉:武汉大学出版社,2003:30.

发展;二是很多国家的政府为了发展本国的旅游业,特别是为了吸引和便利国际旅游者来访而采取的支持态度和鼓励措施,例如支持和参与旅游资源的开发、放宽出入境限制、支持和组织旅游宣传等。

三、现代旅游活动的特点

现代旅游和旅游业是在古代和近代旅游的基础上发展起来的,是一定的社会经济条件的产物,也是当前人们物质文化生活的组成部分。在世界上许多国家和地区,旅游业已经成为第三产业的支柱产业,并且对整个社会政治、经济、文化产生了深远的影响。

现代旅游和旅游业的特征可归纳为以下几点。

(一)大众性

当一个国家的经济发展水平和现代化交通、旅游设施条件达到某种程度时,旅游活动已不再是少数人的孤单的无目的的行为,而成为广大人民群众的大规模的暂时性移动,成为一种社会性浪潮,成为一般居民活动的普遍现象。这在一些经济比较发达的国家和地区尤为突出。据统计,全世界旅游人数在迅速膨胀。1980年全世界有16.5亿人参加了旅游,平均每2.7人中有1人参加旅游,1981年有26亿人参加了旅游,平均每1.77人中有1人出游;1983年旅游人数达32亿,平均每1.4人中有1人出游;1984年旅游人数为40亿,平均每1.1人中有1人出游。1985年世界旅游组织在马德里开会讨论20世纪旅游发展趋势时,认为1990年时,世界旅游总人数将会达到46亿~48亿人次。此数字与世界当时人口完全相等。这些惊人的发展数字统计,表明旅游已成为世界上最普遍的社会潮流,旅游变成了人类生活中必不可少的内容。[①]

在工业发达国家,这种旅游的普遍性就更为突出。如对欧洲14个国家进行调查发现,现在每年有1/3~2/3的人离家度假。世界上最发达的两个旅游地区欧洲和北美,在世界国际旅游和国内旅游总数中分别占80%和60%。德国2003年出国旅游的人次为7460万,比2002年增加130万;英国2003年出国旅游人次达6142万,从20世纪70年代中期开始每年平均增长率为10%以上。法国人口5320万,每2人中有1人出国旅游。2003年日本出国旅游人次1329万,比1983年增加10.1%,比1970年增加了6倍。美国近年来出国旅游人次一直在迅速增加,2003年有5617万人次。上述数字还未包括国内旅游者。如1982年,法国共接待了国内旅游者2300万人;1981年美国国内游客达12亿人次,是国家总人口的5~6倍。日本国内旅游人次在1981年为2.6亿,几乎平均每人每年外出旅游两次以上。[②]

我国旅游业虽然起步较晚,但是近年来发展速度很快,反映了我国人民生活水平和消费水平的提高。广大人民在满足了吃、住、穿、用等生活基本需要后,必然要追求更丰富的生活

[①] 张金霞.旅游学导论[M].北京:北京大学出版社,2012:48-49.
[②] 张金霞.旅游学导论[M].北京:北京大学出版社,2012:48-49.

内容和更高级的精神享受,从而把消费形式转移到国内旅游上来。正如万里同志在1984年指出的那样:过去中国人忙于吃饱肚子,穿好裤子,住上房子,请他们旅游也不会去。现在是不请而至,就要玩,要旅游,这是必然的趋势。据国家文化和旅游部统计公报,2019年我国国内旅游人次数为60.06亿,实现国内旅游收入57251亿元,国内旅游出游人均花费953.2元。

据有关专家研究,我国国内旅游已出现了以下几个趋向或规律。① 人数将持续增长。有组织的团体旅游将不断增加,散客游将成为市场的主流。② 旅游路线由短线向长线发展。跨省跨地区乃至跨越国界、洲界的旅游人数越来越多。随着老百姓的收入不断提高,越来越多的人加入旅游活动以增长见识、开阔眼界。③ 活动内容由单一向多样发展。过去旅游以观光旅游为主,内容比较单一。而近年来各种新兴旅游形式不断涌现,如度假旅游、生态旅游、探险旅游、养生旅游、考察旅游、乡村旅游等日渐增多。人们要求体验更多的异乡情调,增加更多的生活乐趣,获得更多的美好经历。④ 旅游消费从低级向高级发展。我国人民现在不仅要看风景,长见识,而且要体验高级的、文明的生活。要吃好、住好、乘舒适的车子,买有纪念意义的东西。如一些农民强烈要求坐飞机、软卧等外出旅游。这些都反映了国内旅游对消费的要求越来越高。

以上事实证明,我国旅游正在出现群众性热潮。大众化、社会化的特点越来越明显。

(二)经济性

旅游业是社会经济部门之一。它的本质是以出售劳务和风景为特征的服务性行业,是第三产业的重要支柱,被人们誉为"无形贸易""风景出口业"。

旅游业的经济性主要表现在其产品受商品生产、商品交换等一系列经济发展的客观规律支配,是属于社会经济范畴的内容。首先它是一种特殊的商品生产,既具有商品的两重性,又拥有商品的生产性。前者指它的产品(劳务和风景)具有价值和使用价值两种属性;后者指它具有生产行业投入(货币投入和实物投入)、运营(物化劳动的价值转移和新创价值的增加)以及产出(实物产出和价值形态产出)三个阶段。众所周知,旅游产品是供旅游者消费的全部要素的总和,其本质在于满足旅游者食、住、行、游、购、娱六个单元的消费需要。旅游业为生产满足这些需求的产品(大部分为物质形态的产品),必然要经历投入、运营和产出等生产过程,说明它具有一切生产行业的共同性。但是旅游业又具有它自身的生产特点,如:多方投入,综合产出;有形投入,无形或半无形产出;部分产品不能移动,交换中不转移所有权;部分构成要素为生产和消费同步进行等。旅游业的这些特点反过来又模糊了旅游业的生产性,这样就使人们产生了多种质疑。其实,只要分析一下旅游产品的物质形态和价值形态,便可一目了然。从物质形态看,物质形态产品占其产品的绝大部分;从价值形态看,生产性收入是旅游总收入的主体,而纯劳务性收入只占很小的比重。例如,2018年我国国际旅游总收入中,36.16%为出售商品收入;26.24%为旅游交通;14.25%为住宿收入;11.22%为餐饮收入;12.13%为文娱及其他收入。由此可见,占收入主体的是生产性收入。旅游业的生产性、经济性特点,无疑是很明显的。

旅游产品不仅受商品生产规律支配,而且受商品交换规律约束。旅游商品交换的过程是:旅游经营者为旅游者提供劳务,出卖风光等产品,旅游者通过消费和购物等形式,向旅游经营者交付服务满足费和风景观赏费。支配二者之间交换的是商品等价规律。它是调节旅游价格高低的主导因素。如果旅游经营者定的交通费、房费价格不合理,便达不到成交的目的,也就是说无法招徕旅游者。因此,它受市场消费需求状况的制约,并有强烈的竞争性。这就要求旅游经营者提供有吸引力的旅游项目,并提供优良的服务和舒适、安全、方便的交通住宿条件,以及公道的价格。

(三)综合性

旅游业是一项具有高度综合性的事业。从理论上,它涉及许多社会科学和自然科学,是一门综合性、交叉性和应用性均很强的学科,在实践上,它包括或涉及几十个行业和部门的工作。现代旅游业综合性强,横向联系广,具有新兴产业多层次、全方位、网络状的特点。它包含政治、经济、科学和文化多方面的因素,涉及城乡建设、环境保护、国土整治与开发、文物考古、园林、交通、文化、商业、工业、农业、畜牧、饮食、服务、医疗、体育、外事、民航、农副产品生产等多个部门和行业。发展现代旅游业,实际上是实施一项内容广泛的社会系统工程。要实现一定社会经济条件下的旅游业,必须协调好与它相关联的各部门、各行业的发展规模、比例、速度,使之能够互相配合、互相促进。旅游业带动其他行业,其他行业又为旅游业提供条件。

旅游业为其他各部门的发展提供了资金,这直接或间接地推动了这些部门和行业的发展。如夏威夷在1959年成为美国的一个州时,那里的产业主要是制糖业和菠萝种植业,旅游业处于微不足道的地位,每年只接待旅游者25万人次。后来夏威夷政府采取一系列措施,加快扶持旅游业的发展,至1980年,它接待旅游者达到400万人次,年收入22亿美元,不但没影响到制糖和菠萝生产,相反,还带动了许多部门,促进了国民经济的综合发展,解决了其他部门裁减下来的人员的就业问题,旅游业给夏威夷州经济带来了繁荣。

(四)多样性

旅游业的多样性主要表现在复杂繁多的旅游项目。它包括观光、文化、休疗、体育、宗教、度假、避寒、探亲访友、潜水、划船、登山、滑冰、狩猎、垂钓、观鸟、野营、访古、文学、探险、民俗等几十种旅游项目。这些多种多样、五花八门的旅游类型和项目,是由旅游者的旅游动机决定的,而旅游动机又包括多种多样的因素。根据部分旅客抽样调查,旅游动机大致可以归结为下列几方面。一是社会方面,如探亲访友,旧地重游,寻根溯源,了解异国社会制度和生活方式等。二是文化方面,如考察异国异地的风土人情、文化历史,观赏风景名胜,搜集资料,进行文化和艺术交流。三是身心方面,如偶尔改变环境,避暑避寒或疗养治病,开展体育活动,解除疲劳,增进身心健康。四是经济方面,如洽谈贸易,购买物品,签订投资合同等。五是科学方面,如考察别国各项科研成果,或进行专项课题的调查。六是其他方面,如为了满足特殊的兴趣等。

上述这些旅游动机,是由复杂的因素支配的。主要因素如下。

(1)心理因素。人们长期待在某一环境中,如上班时单调的机器轰鸣,下班后大城市的汽车嘈杂声,单调的生活方式,严重的环境污染等原因,都促使人们产生改变生活环境、外出旅游的动机。另外,人们在物质条件得到满足后,希望在精神上获得一些高级的享受,体验高度文明生活的乐趣,得到自然和艺术等美感。

(2)旅游动机受国度、民族、年龄、职业、性别、文化水平及生理特征等影响。生活在寒冷湿润地区的人,渴望到温暖、阳光充足的海滩避寒;生活在干燥炎热地区的人,喜欢到凉爽宜人的海滨、山地避暑;生活在城市的人愿到幽静的郊野,生活在农村的人想去大城市看一下热闹场面。总之,生活在不同国家和地区的人,都想改变一下司空见惯的环境和生活方式。不同职业的人,旅游动机更不一样,如科学家喜欢对他从事的专业进行考察;商人致力于交易、买卖商品、联系商务等活动;猎人喜欢去异地狩猎;体育运动爱好者喜欢参加登山、马拉松、划船、滑冰等旅游。不同旅游者的年龄差别对旅游动机影响也很明显。如青年学生喜欢郊野旅游,以扩大眼界,增进智力思维;中年人工作最艰辛,希望在忙碌之余,得到度假休憩、调节身心的机会;老年人则热衷于探亲访友、旧地重游。此外,还有一些特殊的旅游动机,如疾病患者,希望到空气清新的地方锻炼身体,治疗疾病。一些婚前的女人,希望通过出国观光,购置一些结婚物品;美国、德国的一些人,为了抬高自己的身价,争得名誉,获得社会尊重而去国外旅游,因为这些国家有一种奇特的观念,认为出国次数越多,走的地方越远,越受人尊重。

(3)社会制度对旅游动机的影响。不同的社会制度有不同的道德标准。资本主义社会,利用资产阶级的道德标准和社会风气,引诱一些人为了纵乐,寻求刺激去旅游。

由上可见,旅游业是一项复杂的多层次的经济事业和社会活动。认识这一特点可帮助我们从不同角度研究、设计旅游项目和活动。旅游经营者要注意根据旅游者的心理、动机及年龄、职业、经历、爱好、性别,有的放矢地安排旅游活动方案和计划,扬长避短,发挥优势,开创我国多种多样的、反映中国特色的旅游道路。

(五)地域性

旅游业的地域性特点,主要表现在旅游资源分布的地域差异、旅游流地域分布的差异和旅游业的地区差异三个方面。

1.旅游资源分布的地域差异

旅游资源分布的地域差异是指在自然地理环境各要素长期作用下形成的地域景观的差异。如天然动物园多集中在非洲坦桑尼亚、肯尼亚等国家;和煦阳光和清净的海滩多集中在中低纬度、气候温暖的地中海沿岸、黑海之滨、加勒比海地区、美国佛罗里达、加利福尼亚州、夏威夷及暹罗湾、中国和日本沿海;闻名世界的奇峰异洞——岩溶地貌景观以中国西南各省、斯洛文尼亚和美国的西部最集中;山地滑雪首推阿尔卑斯山和北美加拿大的洛基山等;登山运动主要集中在喜马拉雅山和阿尔卑斯山一带。

历史文化旅游资源是在长期历史中形成的。大量文化古迹围绕几个古老文化发祥地,形成极具特色的人文地理旅游区。如中国、印度、希腊、意大利、墨西哥等地。各地区的宗教建筑也不同,如在西欧主要是以基督教为特色的古堡建筑;在阿拉伯则以伊斯兰教建筑为主;中国、日本、印度及东南亚国家则充满了佛教建筑的色彩。其中佛教建筑中,以寺庙、石窟、塔类居多。

2.旅游流地域分布的差异

世界上有几个旅游流的分布区,其一,是由欧洲流向地中海沿岸一带的旅游流,也是世界上最大的寻找阳光、海滩的避寒旅游流;其二,是由北美流向欧洲的旅游流;其三,是日本及西欧、北美流向太平洋沿岸各国的旅游流;其四,是北美、欧洲流向加勒比海一带的旅游流;其五,是世界各地流向澳大利亚、太平洋群岛的旅游流;其六,是欧洲、北美流向非洲东部观赏天然动物的旅游流。每个旅游流都有各自的景观观赏内容和方式,是世界旅游景观分布的规模及其他接待因素决定的。

3.旅游业的地区差异

旅游资源的地区差异是造成旅游业发展不平衡的重要因素,但不是唯一的因素。其他因素还有旅游客源市场、劳动力素质、旅游地的基础设施、旅游区域的经济发展水平等方面。旅游资源指能激发旅游者旅游动机、为旅游业所利用,并由此产生经济价值的因素和条件;旅游客源市场指提供大量旅游者来源的地区;劳动力素质指旅游从业人员的劳动技能、受教育程度、文化素养等;旅游地的基础设施指道路交通、邮电通信、供水设备、空调设备和其他有关生活服务设备;旅游区域的经济发展水平指旅游区域经济的发展程度、经济结构和发展方向等。以上五个因素共同构成了旅游业的主要区位因子,使各地区的旅游业呈现不平衡性特征。

(六)季节性

如果说地域性反映了旅游空间分布的差异性,那么季节性就反映了旅游时间分布的不平衡性。旅游的季节性是由旅游地所处的纬度位置和地理环境决定的。如北戴河海滨,夏季气温比同纬度的北京平均低2℃,早晚海风习习,是避暑消夏的好地方,每到旅游旺季,这里人山人海,呈现高度饱和状态。可是到了冬季,旅游者寥寥无几,它也失去了旅游价值。广东、海南是另一番景象,一年四季,郁郁葱葱,花香沁人,是我国著名冬季避寒度假游览胜地。东北黑龙江和吉林省,每到冬季,冰封千里,雪原茫茫,一派银装素裹。当地就利用这个特点开展冰雕、冰会,以及滑冰滑雪游,吸引了不少旅游者,使原来冷门旅游地一下变成热门旅游地。由此可见,旅游地位置及地理环境的影响,使之产生了旺季与淡季之分。根据影响淡旺季的因素,一般可把旅游地分为三类:① 夏游型,即具有避暑消夏的旅游功能,旅游旺季是夏天;② 春秋游型,即春、秋二季为游览的黄金时期,是旅游旺季,夏季过分炎热,旅游者大减。③ 冬游型,即具有避寒和冰雪体育运动旅游功能,旅游旺季是冬季。冬游型旅游点又可分两种亚类:一是以冰雪为造景因素的冬游型,多分布于高纬度地带和高山区,如中国的哈尔滨和吉林松花湖滑雪胜地,欧洲的阿尔卑斯山等;二是以气温阳光决定的冬游区,如我国的海南岛三亚旅游区、广西北海市等。

旅游地的季节性,除地理位置造成的淡旺季外,还有地形、度假日期等因素所造成的淡旺季。

四、中国现代旅游业发展的成就

在 20 世纪 50 年代,世界旅游已经进入了现代旅游发展阶段,而在中国,旅游的发展要晚得多。1949 年中华人民共和国成立后的一段时间内,由于国内和国际的经济、政治等各种原因,没有发展旅游的条件。实际上,我国旅游的发展是在 1978 年后开始的。1986 年初,国务院把旅游业正式纳入国民经济和社会发展计划,确立了旅游业在我国国民经济中的产业地位。1988 年,我国成立了国家旅游事业委员会,以加强对旅游工作的领导和协调。2018 年,我国成立文化和旅游部,加强文旅融合。经过改革开放后 40 多年的发展,中国旅游业成绩斐然,引起了国内外的瞩目。我国旅游业取得的巨大成就,具体表现在以下几个方面。

(一)从中央到地方建立起一套旅游管理体制

为了加强对旅游工作的领导,1978 年,经国务院批准,中国旅行游览事业管理局改为中国旅行游览事业管理总局,1982 年,更名为中华人民共和国国家旅游局,简称国家旅游局,各省、市、自治区也相应成立了旅游局。对旅游业具有重要意义的是 1984 年的旅游工作会议和 1985 年国务院批转国家旅游局《关于当前旅游体制改革几个问题的报告》,确定在管理体制上实行"政企分开,统一领导,分散经营,统一对外"的原则。工作要实现"四个转变":一是从过去主要以旅游接待转变为开发建设旅游资源与接待并举;二是从只抓国际旅游转变为国际、国内旅游一起抓,相互促进;三是以国家投资为主建设旅游基础设施转变为国家、地方、部门、集体、个人一起上,自力更生与利用外资一起上,加快旅游设施的建设;四是旅游经营单位从事业型向企业型转变,自主经营,参与行业竞争。这四个转变的提出和实施,说明中国旅游业改革迈出了重要一步,也是中国旅游业发展史上的重大转折,标志着中国旅游业走上兴旺、持续发展的道路。2018 年成立中华人民共和国文化和旅游部,推动文化和旅游业融合发展。

（二）旅行社迅猛发展

这一时期，旅游者大量增加，使得旅行社如雨后春笋般发展起来。国际旅行社增加了地方分、支社，扩充了人员编制，同时新成立了一些派生机构，如1982年国旅总社成立了国际会议处。外联权下放以后，一大批新的一类、二类和三类旅行社应运而生。1979年7月，全国青联组建旅游部，1980年6月，中国青年旅行社成立，1984年成立中国青年旅行社总社，成为继中国国际旅行社、中国旅行社之后中国的第三家全国规模的大旅行社。截至2019年末，我国旅行社总数达到38943家。

（三）旅游涉外饭店迅速增长[①]

我国旅游业的迅速发展与旅游饭店建设的迅速发展是密不可分的。1978年，我国仅有旅游涉外饭店431家，客房74583间，床位164790张。由于各级旅游管理部门在发展旅游业中首先注意加快旅游涉外饭店建设，到1991年底，全国拥有旅游涉外饭店2130家，客房321116间，床位679458张，为进一步扩大对外开放创造了良好的前提条件。1988年8月，经国务院正式批准，由国家旅游局正式颁布了《中华人民共和国评定旅游（涉外）饭店星级的规定》，并由国家旅游局的全国旅游涉外饭店星级评定委员会统一负责旅游涉外饭店星级的评定工作。我国的旅游涉外饭店星级评定标准是根据国际上的通行做法并结合我国国情制定的，凡是从事接待涉外人士的国有、集体、合资、独资、合作、个体的饭店、酒店、宾馆、度假村、餐馆等，不分其隶属关系，均应参加评定和接受旅游行政管理部门的统一管理。据文化和旅游部《2019年上半年全国星级饭店统计报告》，截至2019年6月30日，全国共评有星级饭店10284家，其中五星级饭店846家，四星级饭店2542家，三星级饭店4961家，二星级饭店1862家，一星级饭店73家。

（四）旅游交通设施得以完善[②]

我国交通运输业发展迅速。为了建立航空枢纽，调整航线网络结构，促使航线网络进一步优化，2000年民航开始逐步取消由支线飞机执行的多点经停航班，严格控制航空公司跨区域经营支线航班，为最终形成以枢纽航线为主、城市对航线为辅的航线结构打好基础。2019年民航定期航班航线总数为5521条，其中国内航线4568条（含港澳地区航线111条），国际航线953条。为适应我国旅游事业蓬勃发展的需要，铁路部门积极采取措施，努力增加旅游专线和旅游专列，而且形式多样。铁路运输经过几次提速，运行速度大大加快。2001年10月21日，全国以京九线、浙赣线、沪杭线、汉丹线、襄渝线、京广线和哈大线为重点，实现了第四轮大面积提速。这次提速后，在京广线上开通了全路8分钟追踪的高等特快列车，特快列车和夕发朝至列

[①] 张立明.旅游学概论[M].武汉:武汉大学出版社,2003:32.
[②] 张立明.旅游学概论[M].武汉:武汉大学出版社,2003:32-33.

车数量大量增加。另外,截至2019年12月底,中国国内时速200千米以上的高速铁路里程达到3.5万千米。公路运输是发展旅游的重要交通方式。据交通运输部《2021年交通运输行业发展统计公报》,截至2021年底,全国公路总里程528.07万千米,其中四级及以上等级公路里程506.19万千米,占公路总里程比重为95.9%,高速公路里程16.91万千米,占公路总里程比重为3.2%。年末全国拥有公路营运汽车1231.96万辆,其中拥有载客汽车58.70万辆。

(五)旅游产品得到进一步开发

1978—1985年,我国主要是恢复历史文化古迹和打造主要风景名胜等传统观光产品;1986年,我国开始提出开发特殊旅游项目;1991年开展了评选旅游胜地四十佳活动,促进了旅游产品质量的提高;1991年开始筹备并于1992年开始的"'92中国友好观光年",推出了249处国家级旅游线路景点、14条专项旅游线路、100项节庆活动,使我国旅游产品开发上了一个新的台阶。1992年8月,国务院决定试办11个国家旅游度假区,以使我国旅游产品从观光型向观光度假型综合发展。2009年国家旅游局推出"丝绸之路""香格里拉""长江三峡""青藏铁路""万里长城""京杭大运河""红军长征""松花江鸭绿江""黄河文明""长江中下游""京西沪桂广""滨海度假"12条中国国家旅游线路。2019年7月,中央全面深化改革委员会审议通过了《长城、大运河、长征国家文化公园建设方案》,强调整合具有突出意义、重要影响、重大主题的文物和文化资源,实施公园化管理运营,实现保护传承利用、文化教育、公共服务、旅游观光、休闲娱乐、科学研究功能,形成具有特定开放空间的公共文化载体,集中打造中华文化重要标志。

◇ **知识活页2-8**

二维码2-8

拓展阅读:我国首批旅游专线

(六)旅游人才的培养方面成绩显著

当代旅游业的迅速发展,对旅游行业从业人员的素质提出了更高的要求,为了有计划、有组织地培养人才,上海旅游高等专科学校、北京旅游学院率先以独立的旅游院校的形式开始了我国的高等旅游教育。同时,南开大学、西北大学和杭州大学等,也设立了旅游系(专业)。此后,受旅游产业蓬勃发展的吸引和国家政策的鼓励,大量院校开始兴办旅游专业。截至2016年年底,全国旅游院校(包括完全的旅游院校和开设旅游系或旅游专业的院校)共计2614所,其中高等院校1690所,中等职业学校924所,在校生达到67.2万人,遍布全国所有的省、自治区和直辖市,形成了研究生、本科生、专科生和中职生四个层次完整的教育体系。

◇ **思考与练习**

一、填空题

1. 旅游业是社会经济部门之一,被人们誉为_____、_____。
2. 第二次世界大战后旅游迅速发展的供给方面因素主要有_____、_____。
3. 人类最早的旅行活动主要产生于_____、_____、_____、_____、_____等几个文明古国。
4. 旅游业的地域性主要表现为_____、_____、_____。

二、判断题

1. 旅游活动出现于原始社会中期。（　　）
2. 现代旅游开始于产业革命时期。（　　）
3. 世界上第一家旅行社是托马斯·库克组织的"通济隆旅行社"。（　　）
4. 近代旅游产生的标志是内燃机的发明。（　　）

三、选择题

1. 世界古代旅游的全盛时期在（　　）。
   A. 阿拉伯帝国　　　　　　　　　　B. 奥斯曼帝国
   C. 罗马帝国　　　　　　　　　　　D. 奥匈帝国
2. （　　）年,托马斯·库克组织的第一次旅行活动拉开了近代旅游的序幕。
   A. 1841　　　　　　　　　　　　　B. 1845
   C. 1851　　　　　　　　　　　　　D. 1865
3. 中国近代旅游业出现于（　　）年。
   A. 1923　　　　　　　　　　　　　B. 1924
   C. 1926　　　　　　　　　　　　　D. 1927
4. 西欧中世纪时期主要的旅行活动是（　　）。
   A. 商务旅行　　　　　　　　　　　B. 宗教旅行
   C. 消遣旅行　　　　　　　　　　　D. 疗养旅游

四、简答题

1. 为什么说人类早期的迁徙活动不属于旅游活动?
2. 人类最初的旅行需要是如何产生的?
3. 近代以前的旅行发展有哪些特点?
4. 试分析文艺复兴和产业革命对近代旅游发展的影响。
5. 试分析第二次世界大战结束后现代旅游迅速发展的原因以及认识这些原因的意义。
6. 改革开放后我国旅游业发展所取得的成就有哪些?

五、实训题

结合本章学习内容,讨论旅游业产生的前提和基础。

◇ 本章知识链接

[1]王淑良.中国旅游史:上册[M].北京:旅游教育出版社,1998.

[2]邹树梅.旅游史话[M].天津:百花文艺出版社,2005.

[3]彭勇.中国旅游史[M].郑州:郑州大学出版社,2006.

[4]王永忠.西方旅游史[M].南京:东南大学出版社,2004.

[5]彭顺生.世界旅游发展史[M].北京:中国旅游出版社,2006.

第二章
案例、思考与练习
参考答案

第三章 旅 游 者

◇ **学习目标**

知识目标：

1. 了解旅游者的基本概念；
2. 掌握旅游者的分类；
3. 掌握旅游者产生的主观条件和客观条件；
4. 掌握旅游者不同的特征；
5. 了解旅游者消费行为。

能力目标：

1. 能够正确分析国内外旅游统计中对旅游者范围的划分；
2. 能够正确解释旅游者的不同定义；
3. 能够运用相关理论正确分析影响旅游者形成的主观条件；
4. 能够正确分析旅游者的消费行为对旅游业的重要意义。

情感目标：

1. 了解旅游者的概念和分类，激发探索欲望；
2. 理解旅游者形成的主客观条件，明白发展的重要意义；
3. 掌握旅游者的不同特征，培养细致观察和思考的能力；
4. 了解旅游者消费行为，明确旅游对象的复杂性，掌握认识事物的基本规律。

◇ **学习重难点**

1. 旅游者的基本概念和分类；
2. 旅游者形成的主观条件和客观条件；
3. 旅游者的消费行为。

◇ **本章关键词**

旅游者；旅游者消费行为；旅游需要；旅游动机；收入水平；闲暇时间

◇ **导入案例**

我想去桂林（歌词节选）

我想去桂林呀我想去桂林
可是有时间的时候我却没有钱
我想去桂林呀我想去桂林
可是有了钱的时候我却没时间

在校园的时候曾经梦想去桂林
到那山水甲天下的阳朔仙境
漓江的水呀常在我心里流
去那美丽的地方是我一生的祈望
有位老爷爷他退休有钱有时间
他给我描绘了那幅美妙画卷
刘三姐的歌声和动人的传说
亲临其境是老爷爷一生的心愿

我想去桂林呀我想去桂林
可是有时间的时候我却没有钱
我想去桂林呀我想去桂林
可是有了钱的时候我却没时间

思考题：
成为旅游者需要具备什么条件？

旅游活动是以旅游者为主体的。旅游者的行为对旅游活动的发生、发展和结果起着决定性作用，也直接关系到整个旅游业的发展。旅游业的一切接待服务工作、一切设施设备建设，都是针对旅游者的。可以这样认为，没有旅游者便没有旅游活动，更不会有旅游业的蓬勃发展。因此，作为旅游活动主体的旅游者，是旅游学研究的主要对象之一。深入研究旅游者的概念、旅游者产生的客观条件和主观条件、旅游者行为方式等问题对旅游业的发展具有重要的理论和实践意义，也是旅游学走向完善的不可或缺的一环。

第一节 旅游者的概念和类型

1876年瑞士出版的一部字典上出现了"The History of Tourism"(旅游的历史)这一条目,其中将旅游者解释为:旅游者就是出于一种好奇心,为了得到愉快而旅行的人。这种解释显然比较简单。

20世纪以来,不断有人对"旅游者"提出新的见解。如英国人奥格威尔在1933年出版的《旅游活动》一书中,从经济角度对"旅游者"进行了定义。从经济目的来看,旅游者是指具备两个条件的人:第一,离开自己的久居地到外面任何地方去,时间不超过1年;第二,离开久居地期间,把他们的钱花在他们所到的地方,而不是在其所到的地方去挣钱。

伴随着社会经济的繁荣,参加旅游活动的人越来越多,旅游的类型也日益多样化,制定一个比较符合实际、便于旅游统计和科学研究的共同标准成为旅游学的一个重要研究课题。从国际联盟到联合国组织、世界旅游组织乃至各国政府有关部门,都曾为旅游者的界定做了大量的工作。对于国际旅游者的定义,目前世界各国在理论上已有了基本统一的认识,研究和制定了共同的标准。

一、旅游者的概念

什么样的人才算旅游者?旅游者从汉字概念上解释是旅行游览的人,分为国际旅游者和国内旅游者。但是,对旅游者的科学认识和标准确定有一个发展过程。"旅游者"一词最早见于1811年英国的《牛津词典》,英文是"tourist",意思是"以观光游览为目的的外来旅客"。简单地讲,旅游者就是离家外出到异国他乡旅行的人。上文提到的1876年瑞士字典里解释旅游者就是出于一种好奇心,为了得到愉快而进行旅行的人。这种解释显然有悖于科学的旅游定义,因为它没有将非消遣性旅游包括进去。然而这些说法或定义不论确切与否,都属于概念性定义。对于旅游业以及关心旅游业发展问题的国家有关政府部门来说,所需要的乃是旅游者的技术性定义,即将一些可以量化或者可借以区别限定的标准纳入旅游者的定义,以便统计和研究工作。但是旅游学科发展较晚,大多数有关旅游和旅游者的定义都是人们出于不同学科角度,为了适应各自的工作或研究目的而提出来的,因此很难统一。

（一）国际联盟定义

1937年，国际联盟专家统计委员会对"国际旅游者"或"外国旅游者"做出规定：旅游者就是离开自己的驻在国，到另一个国家访问至少24小时的人。

国际联盟专家委员会特别界定下列情况为旅游者。

① 为了消遣、娱乐、家庭事务，包括为了健康方面的目的而进行出国旅行的人；
② 为参加国际会议而出国旅行的人；
③ 为商务原因而出国旅行的人；
④ 在航海环游途中停靠，即使停留时间不足24小时的人。

根据该委员会建议，下列人员不属于旅游者。

① 去异国就业谋职，不管是否订有合同；
② 到国外定居者；
③ 到国外学习，寄宿在学校的学生和青年人；
④ 住在边境的居民及定居者，越过边界到邻国去工作的人；
⑤ 临时过境而不停留的旅行者，即使在境内超过24小时。

国际联盟专家统计委员会对"国际旅游者"这一定义和规定对旅游者的统计和市场的研究都发挥了重要的作用。

（二）罗马会议定义

1963年，在罗马举行了联合国旅行和旅游会议，会议对上述定义做了修改和补充。出于统计工作的需要，会议提出采用"游客"（visitor）这一总体概念，然后把游客划分为两大类（一类是旅游者，或称为过夜旅游者，即 tourist；另一类则是游览者，或称为不过夜的当日往返旅游者，即 excursionist），并继续承认国际联盟专家统计委员会规定的不属于旅游者的五种人。具体定义如下：游客是指除为获得有报酬职业以外，基于任何原因到一个不是自己常住国家去访问的人。游客包括过夜旅游者和当日往返旅游者。过夜旅游者指在访问国至少逗留24小时的人，其旅行目的可属下列之一：闲暇的消磨（包括娱乐、度假、保健、学习和运动等）；商业业务、探亲访友、公务出差、出席会议等。当日往返旅游者指在访问国停留不足24小时的人（包括航海环游的旅客）。

这一概念有三个重要特征：一是清楚地区别了游客与到某国永久定居或就业的人，在对过夜旅游者进行解释时，具体规定了消闲和工商事务两种目的；二是确定了对游客的分类不是因游客的国籍，而是因其访问的居住国而定；第三，根据停留时间是否超过24小时，将游客划分为旅游者和游览者。1991年联合国统计委员会专家小组建议将游览者改为一日游游客。

当然，作为旅游者的定义，这个定义仍不免有其不足之处，因为它本身所指的是国际旅游者，而未将国内旅游者考虑在内。

1967年联合国统计委员会专家研究小组采纳了1963年罗马会议对游客下的定义。1968年该委员会与国际官方旅游组织联盟(世界旅游组织的前身)都通过了这个定义。1970年欧洲经济与发展组织旅游委员会也采纳了这个定义。

(三)世界旅游组织定义

世界旅游组织在1981年出版的《国内与国际旅游统计资料收集与提供方法手册》一书中,使用排除法,对国际旅游者的统计专门做出界定,并向全世界推荐。它首先规定了国际旅游者的范围。

列入国际旅游者的人员范围如下。

① 为了娱乐、医疗、宗教、家庭事务、体育活动、公务、学习或过境进入另一国家者;
② 外国轮船船员或飞机机组成员中途在某国短暂停留者;
③ 停留时间不足1年的外国商业或公务旅行者;
④ 负有持续时间不足1年使命的国际团体雇员或回国进行短期访问的旅行侨民。

不能列入国际游客的人员范围如下。

① 向目的国移民或在该国谋求职业者;
② 以外交官身份或军事人员身份进行访问者;
③ 上述任何人员的随从人员;
④ 流亡者、流浪者或边境上的工作人员;
⑤ 打算停留1年以上者。

世界旅游组织在1984年参考国际旅游者的定义给出了国内旅游者的定义,采用的界定标准与国际旅游者的界定标准基本一致。

世界旅游组织对国内旅游者作了下列规定:"任何以消遣、闲暇、度假、体育、商务、公务、会议、疗养、学习和宗教等为目的,而在其居住国,无论国籍如何,所进行的24小时以上的、1年之内旅行的人,均视为国内旅游者。"

(四)我国对旅游者的界定

我国旅游业起步较晚。从1978年起,我国对外开放政策的实施吸引了大批海外旅游者,国际旅游业迅速发展。随着改革开放和国民经济的快速发展,人民生活水平的提高,国内旅游业也出现了方兴未艾的局面。在这种形势下,1979年我国统计局根据我国的实际情况,从统计工作的需要出发,对国际旅游者做了如下规定:"国际旅游者是指来我国探亲访友、度假、观光、参加会议或从事经济、文化、体育、宗教等活动的外国人、华侨、港澳台同胞。"同时,还规定下列8种人不属于国际旅游者。

① 应邀来华访问的政府部长以上官员及其随行人员;
② 外国驻华领事馆人员;
③ 常驻我国1年以上的外国专家、留学生、记者、商务机构人员等;

④ 乘坐国际班机直接过境的旅客、机组人员和在口岸逗留不过夜的铁路员工以及船舶驾驶人员和其他人员；

⑤ 边境地区往来的边民；

⑥ 回大陆定居的华侨、港澳台同胞；

⑦ 到我国定居的外国人和原已出境又返回在我国定居的外国侨民；

⑧ 归国的我国人员。

关于上述规定有两点需要说明：其一，该规定主要是从入境者的定居地、来访目的加以划分的；其二，该规定虽然没有明确的停留时间限定，即是否以超过 24 小时作为旅游者的标准，但是因为除个别与港澳地区接壤的地区（如深圳、珠海等）及其他边境城镇之外，绝大多数来访者进入内地都要逗留 24 小时以上，所以这个规定和国际上对国际旅游者的定义内容基本相符。

我国原国家旅游局在 2001 年给国内旅游者下的三个定义分别如下。

国内旅游者指报告期内在国内观光游览、度假、探亲访友、就医疗养、购物、参加会议或从事经济、文化、体育、宗教活动的本国居民，其出游目的不是通过所从事的活动获取报酬。统计时，国内旅游者按每出游一次统计 1 人次。国内旅游者包括国内（过夜）旅游者和国内一日游旅游者。

国内（过夜）旅游者指国内居民离开惯常居住地在境内其他地方的旅游住宿设施内至少停留一夜，最长停留时间不超过 12 个月的国内游客。国内旅游者包括在我国境内常住一年以上的外国人、港澳台同胞，但不包括到各地巡视工作的部级以上领导、驻外地办事机构的临时工作人员、调遣的武装人员、到外地学习的学生、到基层锻炼的干部、到境内其他地区定居的人员和无固定居住地的无业游民。

国内一日游旅游者指国内居民离开惯常居住地 10 千米以上，出游时间超过 6 小时，不足 24 小时，并未在境内其他地方的旅游住宿设施过夜的国内游客。

在对国内旅游者定义的理解上，容易产生混乱的关键问题是，对"居住地"或"常住地"一词区划范围的认识。这一点突出地表现在对当日往返的国内一日游的认识上。一般来说，城市居民前往该城郊游或远足不宜算作旅游而应划入娱乐范围，因为一个城市的郊区和市区在地域和经济上有着密不可分的整体性联系。也就是说，在旅游研究中，对来自城市的国内旅游者的居住地或常住地的界定范围包括其定居城市的市区和郊区。而城市市区居民前往该城市下辖县、市访问活动则应列入旅游范围。这不仅是因为其旅行距离相对较远，更重要的是，这些下辖县、市在经济上具有较大的相对独立性。就来自农林地区的国内旅游者而言，他们的居住地范围一般应以其日常生活所在的县、市为界。

二、旅游者的类型

世界旅游组织将旅游者分为纳入旅游统计者和不纳入旅游统计者两部分。根据 1963 年联合国罗马旅行和旅游会议的划分规定，旅游者主要访问目的分为以下几种：

① 度假；② 商务；③ 医疗保健；④ 求学；⑤ 公务会议；⑥ 家庭事务；⑦ 宗教；⑧ 体育活动；⑨ 其他。

根据上述按旅游目的归属划分的基本旅游类型,可将旅游者划分为三种基本类型:消遣型旅游者、差旅型旅游者、家庭及个人事务型旅游者。

这三种类型旅游者的特点如下。

（一）消遣型旅游者的特点

(1)消遣型旅游者在全部旅游人数中所占比例最大。从历年我国旅游统计年鉴公布的数据来看,在全国有组织接待的旅游者中,消遣型旅游者所占比重最大。就世界旅游情况看,这种类型的旅游者在全部旅游者中所占比重最大。

(2)消遣型旅游者外出旅游的季节性很强。除退休者外,所有在职人员几乎都是利用带薪假期时间外出旅游。此外,旅游目的地的气候条件也是助长或阻止消遣型旅游者季节性访问的重要因素。

(3)消遣型旅游者在对旅游目的地和旅行方式的选择以及对出发时间的选择方面难度较大。例如,北京某年夏季气温持续突破40摄氏度,传媒报道北京的空调一时脱销,旅游者便会临时改变去北京旅游的计划,改选去青岛、大连等处旅游。

(4)消遣型旅游者在旅游目的地的停留时间一般较长。例如,去山东曲阜参加国际孔子文化节的旅游者,总会去相近的泰山、济南大明湖等处走走。即使仅在曲阜停留,由于消遣度假的原因,停留时间仍会较长。比如对孔庙、孔府、孔林做仔细观赏,到附近的孟子纪念地去走访,甚至到当地的曲阜师范大学去参观等。

(5)由于自费的原因,消遣型旅游者对价格较为敏感。当航空或火车卧铺票价过高时,他们会选择其他旅行方式。

（二）差旅型旅游者的特点

差旅型旅游者在全部外出旅游人数中所占比例也较大,是旅游业的另一重要市场部分。当今世界,各国之间在经济、技术和文化等方面的交流日益频繁,这些都导致国际间及地区间有关人员必要交往数量的增加。就我国来说,自实行改革开放政策以来,尤其是近几年,每年前来我国办理工商贸易事务及参加各种会议的国际人士快速增加,国内地区间这些方面的人员交往的数量也不断增加,从而构成我国旅游业市场的重要部分。

差旅型旅游者除了在基本旅游动机方面不同于消遣型旅游者之外,还具有以下一些特点。

(1)虽然他们目前在人数上相对较少,但是他们出游次数较为频繁,这就被很多旅游行业重视。例如,就全球航空客运市场而言,差旅型旅游者在其中所占的比重高达50%;在全球饭店业所接待的客人中,特别是在四星、五星级饭店中,差旅型旅游者在客人中所占比例高达60%。

（2）由于他们的旅行是出于工作或业务等需要，因而不受季节影响，或者说出游没有季节性。只是在本国某种旅游度假旺季，也许出差旅游办事的可能性小些，因为他们要同家人一起度假。而在短程出差情况下，他们的往返途中及在目的地的停留，多数是在星期一至星期五的工作日，尽可能不占用双休日时间。

（3）他们对目的地的选择自由度较小，或者没有选择余地。因此，各旅游目的地在这一部分市场经营上基本不存在竞争。

（4）在对旅游服务的要求方面，他们较强调方便和舒适，因而消费较高。例如，他们尽可能乘飞机，而且不去购买附有限制条件的廉价机票，同时，他们通常都住宿在档次较高的地方，既为舒适和方便，也为展示本企业形象。

（5）他们在价格方面不太敏感。这是因为他们的外出旅游并非自费，也没有选择和更改目的地的自由。

这里介绍的差旅型旅游者特点，主要是商务旅游者的一般特点。至于其中的会议旅游者，则另有一些特点。例如，会议旅游对举办地点的选择是由会议组织者参照各地的设施条件、价格等方面的情况决定的，因而各目的地在会议旅游市场方面存在着激烈的竞争。

（三）家庭及个人事务型旅游者的特点

这类旅游者的需求特点比较复杂，他们在需求方面既不同于前面所述两类旅游者，又兼有前述两类旅游者的某些特点。例如，在出游时间上，他们中虽有不少人利用带薪假期出游，但相当多的人都选择传统节假日出游，而各国传统节假日又不尽统一。此外，由于很多家庭及个人事务，如出席婚礼、参加亲戚间重要聚会、送子女到外地上学等，假期限制较紧，这类人员对出游的季节性考虑不多。就这一点来说，他们与差旅型旅游者的特点相类似，但由于对价格的敏感性，又与消遣型旅游者的特点相似。然而，在旅游目的地的选择方面，他们又与差旅型旅游者的特点相同。比如，送子女到外地某大学，就没有选择出行目的地的自由。所以对这类旅游者的情况，只能根据具体情况做具体分析，难以预测。

第二节　旅游者形成的主观条件

著名的社会心理学家库尔特·列温曾经提出过关于人的行为的著名公式：$B = f(P, E)$。其中 B 代表行为（behavior）；P 代表个人（person）；E 代表环境（environment）；f 代表上述三者之间的函数关系。这个公式说明了一个深刻的道理：人的行为是他本人的主观因素（包括心理的和生理的需要）和他所处的客观环境因素（包括个人环境、旅游商业环境、群体、社会等）共同影响的结果，只有二者兼备，人才能有所行动。

旅游是人的主观能动的实践活动。一个人能否成为旅游者,不仅需要经济发展和社会进步等客观条件,而且需要旅游者自身的主观条件,即人的旅游需要和旅游动机。只有客观条件和主观条件达到了和谐统一,旅游活动才得以实现,旅游者才可能产生。

一、旅游需要

旅游需要是人的一种心理现象,是旅游者或潜在的旅游者对旅游环境中某种目标的渴求或欲望,是人的不满足之感和求满足之欲两种状态结合而形成的一种心理现象。

人的需要是多方面的:人类在发展过程中,因生存和发展的要求,形成了对某些事物的自然需要,如对食物和营养、自卫、繁殖后代的需要;在社会生活中,为了提高物质和精神文化水平,形成了高级的物质和精神文化需要,如对社交、工作、文化、科学、艺术、娱乐、政治生活的需要等。旅游需要是人的全部需要的一个组成部分。要正确认识人的旅游需要,就必须对人的全部需要有一个全面、正确的分析和理解。人的需要是复杂的、多种多样的,至于究竟有多少种需要,心理学家迄今为止并未达成一致意见。

(一)需要的概念

需要是指个体在生活中由于生理或心理上的某种缺失或不平衡而力求获得满足时所引起的一种内心紧张状态。

需要是个体对内外环境的客观需求的反映,是人所共有的心理现象。生命不息,需要不止。一些需要得到满足后,新的需要就会产生。人类为了自己的生存和发展,总要对客观事物有一定的需要,诸如吃饭穿衣、养儿育女,从事各种社会实践活动,并在这些活动中结成各种关系,进行人与人之间的交往等。它通常以意向、愿望、动机、兴趣等形式表现出来。人们模糊地意识到的需要叫作意向,明确地意识到并想实现的需要叫作愿望。当个体的愿望激起并维持人的活动时,就成为活动的动机。

(二)需要的产生

需要是个体生存和发展的基本推动力。在个体意识到的内部或外部环境中新异刺激的影响下,个体感受到生理上或心理上的缺失或不平衡而力求获得满足时,人的需要就产生了。其中生理需要是人与生俱来的,社会需要是随着人类社会历史的发展,在生理需要的基础上形成和发展的。

个体需要的产生主要来自以下三个方面。

1. 生理状态引起的需要

生理状态会直接使人产生某些需要,其生理基础是无条件反射。例如,当人体饥饿缺乏营养时,血液里的血糖就会下降,这时,人体的生理体系就会失去平衡状态,就会自动地把血糖降低的信号传至大脑皮层,使人产生进食的需要。又如,当人体发育到一定年龄阶段时,内分泌系统产生的性激素会激发其对性的渴求,进而促进恋爱、婚姻需要的产生。

2. 心理触动引起的需要

最基本的是感觉器官不断接受适宜刺激的需要。人的心理活动要保持健康的发展,就必须保证感觉器官组织受到足量的适宜刺激。这已被感觉剥夺实验所证实,如人们为了提高自己的知识和技术水平,适应社会的发展变化,产生学习的需要。

3. 外界刺激引起的需要

外部环境对人的需要的产生起着巨大的诱发作用。例如,人们看见漂亮的服装时,容易引起购买它的需要;看到或嗅到食物时,容易产生进食的需要等。

人的需要是其生理状态和社会生活环境对个体要求的反映,客观的社会生活现实是人产生需要的源泉,需要获得满足后又会进一步促进新的需要的产生,如马克思和恩格斯在《德意志意识形态》中指出:已经得到满足的第一个需要本身、满足需要的活动和已经获得的为满足需要而用的工具又引起的新的需要的产生。

(三)需要的种类

人的需要是多种多样的。为了便于理解和表述,可以根据不同的标准对需要进行分类。

1. 根据需要的起源,可以把需要分为生理需要和社会需要

生理需要是与维持个体的生长发育及种族延续相联系的,是保护、维持有机体生存和延续种族所必需的,是一种本能的需要。其主要包括:维持有机体内部平衡的需要,如对饮食、运动、睡眠、排泄等的需要;回避伤害的需要,如对有害或危险的情景的回避等;性的需要,如配偶、嗣后的需要。生理需要又称生物性需要、天然需要或自然性需要,它往往带有周期性,是人与动物共有的需要,但二者有着本质的区别。人的生理需要具有社会性质,是推动人们行动的强大动力。正如马克思所说的:饥饿总是饥饿,但是用刀叉吃热食来解除的饥饿不同于用手、指甲和牙齿啃生肉来解除的饥饿。

社会需要是与人的社会生活相联系的,是社会存在和发展的必要条件,是个体在后天环

境中习得的需要。在社会生活中,社会不断向个体提出各种要求,当个体认识到接受这些要求的必要性时,社会的要求就会转化为个体的需要,如求知需要、成就需要、尊重需要、交往需要、劳动需要等。社会需要是在人的生理需要的基础上,在社会实践和教育条件下形成和发展起来的,受社会生活条件的制约。社会需要是人类所特有的,是社会发展的基本动力。物质生活资料的生产是人类社会存在的基础,所以人类对生产劳动的需要应该是最重要的社会需要。

2. 根据需要的对象,可以把需要分为物质需要和精神需要

物质需要是个体对生存和发展所必需的物质生活的需要,如对衣、食、住、行等有关物品的需要,对劳动、学习、科研等用品的需要。人的物质需要既包括生理需要,也包括社会需要。随着生产力的发展和社会的进步,人的物质需要也会不断地发展。

精神需要是个体对生存和发展所必需的精神生活的需要,例如,交往需要、道德需要、学习需要、美的需要、尊重的需要等。其中,交往需要是人类最早形成的精神需要,在人类历史的发展进程中十分重要。至今,交往需要仍然是人的精神发展的最重要的条件。精神需要有高尚与低级趣味之分。高尚的精神需要可以使人不断取得进步,而低级趣味的精神需要则会消磨人的意志,使人走向歧途。

(四)马斯洛的需要层次论

人的需要是多种多样的,许多心理学家对此进行了研究。在众多的研究中,美国心理学家马斯洛的需要层次论可谓独树一帜,是最富影响力的需要理论。他最初将人类多种多样的需要归纳为七个基本的层次(见图 3-1)。

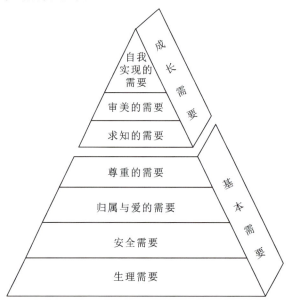

图 3-1　马斯洛需要层次论图示

1. 生理需要

生理需要是指维持生存及延续种族的需要，如对食物、水分、氧气、性欲、排泄和睡眠等的需要。这是人类维持个体生命和群体生命的基本需要。如果没有这种需要，人类的生命都无法存在，更无法去谈其他的需要。所以这种需要是所有需要中最基本、最原始，也是最强有力的需要，是其他一切需要产生的基础。

2. 安全需要

安全需要是指需求受保护与免遭威胁从而获得安全感的需要。典型的安全需要有以下几种。① 生命安全。每个人都希望自己的生命不受到内外环境的威胁，或者说希望在一个安全的环境中生长、发育、成熟、发展。即使那些探险的人或铤而走险的人也都希望尽最大的努力脱险。个人有了病痛之后去求助医生也是出于生命安全的需要。② 财产安全。每个人都不希望自己的财产受到他人的破坏，如果遭到他人的破坏希望能够寻求保护。③ 职业安全。人们都希望自己所从事的职业有安全感，不固定的职业常常使人焦虑不安，等等。

3. 归属与爱的需要

归属与爱的需要是指每个人都有被他人或群体接纳、爱护、关注、鼓励及支持的需要。人是具有社会性的动物，因此具有团体归属感，社会是以群体的方式划分的，每个人都希望能够找到自己所属的社会群体，如家庭、学校、工作单位等。不仅如此，人们还希望在自己所生活的群体中得到接纳、爱护、关注、鼓励、支持，并建立和谐关系等。

4. 尊重的需要

尊重的需要是在生理、安全、归属与爱的需要得到基本满足后产生的对自己社会价值进行追求的需要。尊重的需要包括自尊与他尊两个方面。自尊是指个人渴求力量、成就、自强、自信和自主等。自尊需要的满足会使人相信自己的力量与价值，使人在生活中变得更有能力，更富有创造性；相反，缺乏自尊会使人感到自卑，没有足够的信心去处理面临的问题。他尊是指个人希望别人尊重自己，希望自己的工作和才能得到别人的承认、赏识、重视和高度评价，即希望获得威信、实力、地位等。他尊需要的满足会使人相信自己的潜能与价值，从而进一步产生自我实现的需要，反之，缺乏他尊会使人丧失自信心，怀疑自己的能力和潜力，难以产生最高层次的需要，即自我实现的需要。

5. 求知的需要

求知的需要又称认知和理解的需要,是指个人对自身和周围世界的探索、理解及解决疑难问题的需要。马斯洛将其看作克服障碍的工具,当认知需要受挫时,其他需要的满足也会受到威胁。如何找到食物,如何摆脱危险,怎样得到别人的好感等,都离不开认知。

6. 审美的需要

审美的需要是指对对称、秩序、完整结构,以及对行为完美的需要。审美需要与其他需要是相互关联、不可截然分开的,如对秩序的需要既是审美的需要,也是安全的需要、认知的需要(如数学、数量方面)。

7. 自我实现的需要

当上述几种需要都获得基本的满足之后,人们就会产生最高层次的需要——自我实现的需要。所谓自我实现的需要,即指个人渴望自己的潜能能够得到充分的发挥,希望自己越来越成为自己所希望的人物,完成与自己能力相称的一切活动。简而言之,人们的潜能得到了充分的发挥。满足自我实现需要所采取的途径却是因人而异的。

后来,马斯洛将求知的需要、审美的需要和自我实现的需要合并为自我实现的需要。马斯洛认为,人的需要具有层次的关系,从低级到高级。即生理的需要得到满足以后,安全的需要才会产生,低级的需要满足之后,高级的需要才会产生。这种需要依次递增的现象称为需要的层次。这些层次中,生理的需要在最底层,比较容易满足,而其他的四种需要均为心理需要,且越来越高,很难达到完全的满足(见图 3-2)。虽然马斯洛的需要层次理论仅是一个典型模式,其理论有不足之处,但它对我们研究旅游需要还是具有积极的借鉴作用的。

人的旅游需要实际上是一种较高层次的心理需要,如社会交往的需要。不少旅游者是为了探亲、访友等社交需要而安排旅游活动的,而且旅游活动的确有助于人与人之间,乃至民族与民族之间、地区与地区之间、国家与国家之间的交往与了解。旅游也可以是出于受尊重的需要。受尊重的需要包括两个方面,即在他人心目中受到尊重、重视或赏识以及成就、地位和自信心等自身的感受。在西方社会中,某些旅游经历常为人们所羡慕,甚至有的人把是否有过到国外名胜地区旅游的经历当作判断成功的标志,因而外出旅游(特别是出境旅游)的确有满足受尊重需要的作用。由于各国发展水平的差异,一些在本国或本地区不受尊重的人到某些落后的旅游地区会感受到不曾有过的被人看重的感觉,使其受尊重的需要得到莫大的满足。旅游需要与人的最高层次的需要——自我实现的需要也有一定关联,例如探险旅游便是充分开发自身潜能的旅游活动。

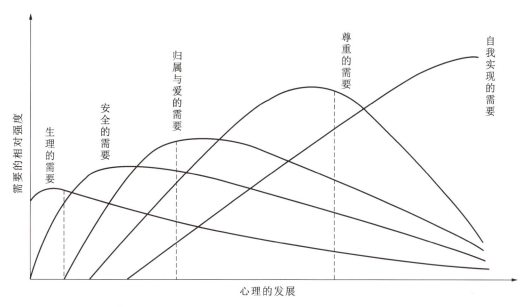

图 3-2 需要层次的演进模式图

二、旅游动机

动机与需要是紧密联系的。如果说需要是人的活动的基本动力的源泉,那么,动机就是推动这种活动的最直接的力量。

（一）动机的一般概念

动机是直接推动一个人进行活动的内部动因或动力。人的需要通常以兴趣、意向、意图、愿望、信念等形式表现出来。但光有这些意愿,人还不会立即有所行动,只有动机产生后,人的某种行为才会真正被引发。动机的产生取决于两个条件:① 某种需要成为个体的强烈愿望,迫切要求得到满足;② 客观上存在着满足某种需要的具体对象,使之有满足的可能性。例如,人有社交的需要,但若身在孤岛,缺乏交往的具体对象,这种需要就无法转化为动机,而只能以静态的形式潜存着,人也就不会有任何实际的社交行动。只有生活在人类社会中,人才会产生交往的动机,并进行社交活动。因此,动机是在需要的基础上产生的,它对行为起着激发、调节、维持和停止的作用,是行为的直接原因。

（二）动机的种类

动机对于活动的影响和作用有不同的方面,可以据此对动机进行不同的分类。
(1)根据动机的起源,可以把动机相应地分为生理性动机和社会性动机。生理性动机的基础是人的生理需要,如吃的动机、喝的动机、性的动机、休息的动机等;社会性动机的基础是人的社会需要,如交往的动机、劳动的动机、学习的动机等。

(2)根据动机影响范围的大小,可以把动机分为一般的、概括的动机与特殊的、具体的动机。如求知欲是比较广泛的动机,它对所有知识的探求都有推动作用;而有志于钻研文学、化学或电脑等专业学科,则是具体的动机,它只对某一方面知识的探求有推动作用。

(3)根据动机持续作用的时间,可以把动机分为长远的动机和短暂的动机。长远的动机持续作用时间较长,具有稳定性,不受偶然情绪变化的影响。短暂的动机则恰好相反。如一个中学生立志要在数学上取得一些成就,他就不仅会在中学、大学中认真学习,在以后长期的生活中也会自觉不懈地努力;如果学生只想在某次数学考试中得高分,那么,考试结束,他的学习活动也就停止了。

(4)根据动机所起作用的主次、大小,可以把动机分为主导动机和辅助动机。在人的活动中,特别是在复杂的活动中往往存在着多种动机,各起不同的作用。所起作用较为强烈、稳定、处于支配地位的动机就叫主导动机;所起作用较弱、较不稳定、处于辅助地位的动机就是辅助动机。主导动机和辅助动机在一定条件下是可以相互转化的。

(三)旅游动机的分类

动机是激励人们去行动的主观原因,旅游动机是推动一个人进行旅游活动的内部动因,是进行和维持旅游活动的一种心理状态,是旅游需要的具体化和表现形式。研究旅游者的旅游动机,目的在于了解人们的旅游趋向,以对旅游者的行为进行有效控制和引导。

旅游动机的确立需要相应的主客观条件。只有主客观条件同时具备,旅游动机才能确立。同时,旅游动机也是一个动态的过程,人的旅游需要产生旅游动机,并由旅游动机转化为旅游行为。在已经实现的旅游活动中,原来的需要得到了满足,却又会产生新的需要,又转化为新的动机。这样看来,旅游动机始终是一个动态的、不断上升的过程,它随着社会环境及人的实践活动的变化而变化。

旅游动机是旅游需要的表现形式。人类社会发展到今天,旅游已成为许多人生活的一部分。随着人们生活需要的多样化和复杂化,旅游需要也日趋丰富多样。而这种需要一旦被认识,便会以旅游动机的形式表现出来,如为了放松、游玩、保健、走亲访友、开阔眼界、了解异国文化等。由于旅游动机的这种多样化,其分类很难统一。英国学者约翰·A. 托马斯曾提出促使人们外出旅游的 18 种动机,美国著名的旅游学教授罗伯特·W. 麦金托什和日本学者田中喜一也从不同的角度分别将旅游动机分为 4 类。根据前人的有关成果,我们将旅游动机归纳为以下几类。

 1. 身体健康方面的动机

这种动机以身体健康为目标,包括休息、运动、保健、游戏、治疗等动机,人们通过身体的运动来消除紧张不安或疾病。

2. 文化动机

这种动机表现了求知的欲望,人们希望学习和探索异国他乡的文化、历史、艺术、风俗、语言、宗教等。

3. 交际动机

这种动机包括在异国他乡探亲访友,结识新朋友,摆脱日常的社会环境,逃避社会的压力。

4. 地位与声望的动机

这种动机产生于个人成就和个人发展的需要,主要包括考察、交流、会议及从事个人爱好所进行的研究等。人们通过旅游活动满足自尊、受人重视、施展才华、取得成就等需要。

5. 经济动机

这种动机包括商业目的和购物目的,如购买物美价廉的商品,或者进行业务谈判、商业考察、贸易往来等,进行旅游活动的同时获取经济利益。

(四)影响旅游动机的因素

动机是需要的表现形式,人的旅游需要是由其所处社会条件下多种因素综合作用的结果。在不同的经济条件下和不同的社会文化环境(包括文化传统、教育等)中,即使受同一刺激和影响,人们也会产生不同的需要,进而表现为不同的动机;反之,同样的条件和环境,不同性格的人也会产生不同的需要,反映在人的头脑中的旅游动机也会有所不同。因此,影响旅游动机的因素可分为两个方面,即社会因素和个人因素。

1. 社会因素

(1)费用、时间等因素的影响。旅游是一种高级消费活动,是满足必要生活费用支出之后才能进行的消费行为。如果没有一定的经济基础,或者旅游产品价格高昂,就会影响旅游者旅游动机的确立。

(2)年龄、身体状况等因素的影响。年轻人易于接受新思想,活泼好动,对社会和自然界充满好奇感,且不愿受社会环境的约束,多有求新、求知的欲望;中年人生活经历比较丰富,事业有成,经济条件较好,多倾向于求实、求名、求舒适享受、求自我实现等;老年人由于身体状况较差,旅游动机会大大减弱,多不愿远游,而喜欢清静且交通方便的目的地。另外,老年人多有怀旧情绪,易于产生归根、怀古、访友等动机。

(3)性别因素的影响。现实社会中,男女在家庭及社会中的地位差别会导致旅游动机的性别差异。如日本男子外出旅游多出于商业目的,而日本女子旅游多为购物。伴随着社会的进步,男女差别会越来越小,性别因素对旅游动机的影响必将越来越弱。

(4)受教育程度的影响。受教育程度高、文化修养好的人,易于了解和接受新事物、喜欢改变环境,乐于接受新东西,多具有对知识的渴求精神,对于文化、考古等文化气息较浓的旅游活动易于产生兴趣。受教育程度较低者,对外界事物缺乏了解,对陌生环境适应能力相对较弱,易产生不安全感,对于远行会产生种种顾虑,因而多选择较熟悉的旅游目的地和旅游景点。

2. 个人因素

需要和动机是人对客观世界的反映,是一种个体的心理活动,因此,个人方面的因素对旅游动机的影响是不可忽视的。个人因素主要是指一个人的个性心理因素。人的个性心理可以分为不同的心理类型,而不同的心理类型对旅游动机及旅游目的地的选择有着不同的影响。

美国学者斯坦里·帕洛格通过对数千名美国人的个性心理因素的研究,发现人们可被划分为五种心理类型:自我中心型、近自我中心型、中间型、近多中心型和多中心型。属于自我中心型的人,其特点是思想谨小慎微,多忧多虑,不爱冒险;行为上表现为喜安逸,好轻松,活动量小,喜欢熟悉的气氛和活动。同自我中心型相反的另一个极端类型是多中心型。属于这一心理类型的人,其特点是思想开朗,兴趣广泛多变;行为上表现为喜新奇,好冒险,活动量大,不愿随大流,喜欢与不同文化背景的人相处。这类人虽然也需要旅游业为其提供某些最基本的旅游服务,如交通和住宿等,但更倾向于有较大的自主性和灵活性,也有些人甚至不使用或少使用旅游企业的旅游服务。除了这两个极端类型之外,中间型属于表现特点不明显的混合型,近自我中心型和近多中心型则分别属于两个极端类型与中间型之间略倾向于各极端特点的过渡类型。不同旅游心理类型的人具有不同的旅游动机和心理特点。

旅游者个人因素对旅游动机的影响是直接的。一般情况下,旅游者的个人心理类型,或者说是其个性特征,决定着他对旅游方式、旅游目的地、旅游活动内容等的选择。人的个性因素与先天素质有关,但更主要的是在后天环境中形成的个性心理特征。因而人的心理特征虽有稳定性,却不是固定不变的,通过各种社会实践活动,人的个性会逐渐发生变化,认识这一点,对旅游业的发展也是十分重要的。

第三节 旅游者形成的客观条件

一、收入水平

一个人能否成为旅游者和实现旅游活动，往往取决于多种社会经济因素。旅游活动发展的历史证明，国际性大众旅游的兴起是同世界各国，特别是西欧和北美各国国民收入水平的提高分不开的。因而收入水平是影响一个人能否成为旅游者的最重要的因素，也是实现旅游活动的首要条件。

一个人的收入水平，或者更确切一点说是其家庭的收入水平和富裕程度，决定着他能否实现旅游活动及其消费水平的高低。所以，家庭收入达到一定的水平是实现旅游活动的前提之一，也是实现旅游活动的重要物质基础。然而，一个家庭的收入并非全部都可用于旅游。所以决定一个人能否实现其旅游的家庭收入水平，实际上指的是其家庭的可支配收入，或者更确切一点说是其家庭的可自由支配收入的水平。可支配收入和可自由支配收入是西方旅游研究中经常使用的两个术语。所谓可支配收入是指扣除全部纳税后的收入。可自由支配收入是指扣除全部纳税及社会消费（如健康人寿保险、老年退休金和失业补贴的预支等），以及日常生活必须消费的部分（衣、食、住、行等）之后所余下的收入部分。很多研究表明，当一个家庭的收入不足以购买基本生活必需品时，该家庭很少会外出旅游。然而一旦这个家庭的收入水平超过这一临界点，该家庭用于旅游的消费便会迅速增加。当然，这一收入临界点在各国并不相同。在20世纪80年代的美国，这一临界收入约为年收入15000美元。美国人口统计局、美国旅游资料中心以及很多市场调研公司的调查结果都表明，人们的外出旅游与家庭收入水平有着直接的关系。例如，在美国，年收入在15000美元以上的家庭外出旅游的可能性，比年收入低于这一水平的家庭大两倍。年收入在25000美元以上的家庭外出旅游者更多，相当于年收入在5000美元以下家庭外出旅游数量的5倍。

◇ **知识活页3-1**

二维码3-1

拓展阅读：恩格尔系数与可自由支配收入

收入水平这一因素的重要性,不仅仅表现于一个家庭外出旅游的经济条件,而且还表现在超过这一临界水平后,每增加一定比例的收入,旅游消费便会以更大的比例增加。据英国有关方面估计,旅游消费的这种收入弹性系数为1.5。国际官方旅游组织联盟(世界旅游组织前身)则估计这一系数为1.88,即收入每增加1%,旅游消费便会增加1.88%。

此外,收入水平不仅影响着人们的旅游消费水平,而且影响着人们的旅游消费构成。例如家庭富有的旅游者会在食、住、购、娱等方面花较多的钱,从而使交通费用在其全部旅游消费中所占的比例较小;而在经济条件次之的旅游者消费构成中,交通费用所占的比例肯定比前者要大。其原因在于食、住、购、娱等方面节省开支比较容易,相比之下要想在交通代步方面省钱则较为困难。

总之,收入水平意味着支付能力。它影响着一个人能否成为旅游者,影响着旅游者的消费水平及其消费构成,并且影响着旅游者对旅游目的地及旅游方式的选择等。所以,收入水平是影响旅游需求的最重要的经济因素。当然,这并不是说凡收入达到一定水平者都会外出旅游。事实上,即使是在最主要的旅游客源国中,也总会有一些人收入虽然相当高,但却不曾也不愿外出旅游。因此,收入水平只是在经济方面影响旅游需求的必要因素,并非一个人能否成为旅游者和实现旅游活动的唯一决定条件。

需要说明的是,上述关于收入水平的论述,主要是针对以消遣旅游者为代表的广大自费旅游者而言。对于各类公费旅游者、奖励旅游者和社会旅游的参加者来说,由于其费用报销或享受资助或补贴的缘故,个人或家庭的收入水平则不再是构成实现旅游活动的必要条件。

二、闲暇时间

在影响人们能否外出旅游的客观因素中,闲暇时间也占有重要的地位,是实现旅游活动的又一个必要条件。

何谓闲暇?这首先要从人生的时间构成说起。在现代社会生活中,人生时间可分为以下五个部分。

① 法定的就业工作时间,例如我国实行的八小时工作制。
② 必要的附加工作时间,例如必要的加班加点,必要的第二种职业工作时间等。
③ 用于满足生理需要的生活时间,例如吃饭、睡觉、家务等。
④ 必需的社会活动时间,例如出席必要的社交约会,学校召开的学生家长会等。
⑤ 闲暇,亦称自由时间或者可随意支配的时间。

根据上述时间构成,我们可以将全部时间划分为两大类,即工作时间和非工作时间。同时亦可将人在这些不同时间内的活动划分为必需的限制性活动和自由的随意性活动两大类。

从事休闲活动的闲暇虽属非工作时间,但并不等于非工作时间以外的所有时间。法国社会学家杜马兹迪埃对闲暇有科学的解释:"所谓闲暇,就是个人从工作岗位、家庭、社会义务中解脱出来的时间,为了休息、为了消遣,或为了培养与谋生无关的智能以及为了自发地参加社会活动和自由发挥创造力的随心所欲活动的总称。"这个定义说明,闲暇并非只可用于娱乐,而是随心所欲的自由支配的时间。因而也可用于读书、学习和消遣性的劳动。可以认为,闲暇是在日常工作、学习、生活及其他必要时间之外,可用以自由支配、从事消遣娱乐或自己乐于从事的任何其他事情的时间。

闲暇的分布情况可划分为以下几种。

① 每日闲暇,这部分闲暇很零散,虽可用于娱乐和休息,但不可用于旅游。

② 每周闲暇,即周末工休时间。我国现在实行每周五日工作制,周末假日为两天,全年周末假日累计 104 天左右,但由于分散,难以用于外出进行长距离的旅游。在经济发达的工业化国家中,例如美国,有关法案规定每年有四次为期三天的周末假日。加拿大和法国的某些地区也已经实行或准备实行全年每周三天休假的规定。由于这些国家的交通条件便利,不少人成为利用周末时间外出旅游度假的受益者。

③ 公共假日,即人们通常所说的节假日。各国公共假日的多寡不一,大都与各国民族传统节日的多少有关。我国的公共假日包括国庆节、五一节、春节、元旦等,每次假期在 3～10 天(包括周末假日在内)。西方国家最典型的公共假日是圣诞节和复活节。由于假期的延长,节假日往往是家庭外出旅游度假的高峰时期。

④ 带薪假期,目前经济发达的工业化国家中大都规定对就业员工实行带薪休假制度。这是产业革命完成后,工人阶级百余年不懈斗争的结果。法国是第一个以立法形式规定就业员工享有带薪假期的国家。它在 1936 年宣布劳动者每年可享有带薪假期至少 6 天。在 20 世纪 80 年代,各国实行带薪假期的情况仍参差不齐。例如在北欧的瑞典,职工享有的带薪假期为每年 6 周;而在美国则一般为 2～4 周。西欧各国的带薪假期平均为每年 4 周,但各国之间亦有差异。在西欧国家中,就业员工全年平均有 25%～30% 为非工作时间。由于时间长而且集中,带薪假期是人们外出旅游的绝好时机。

闲暇分布的情况说明,闲暇并非全都可以用于旅游。较长距离的旅游只能利用历时较长而且比较集中的闲暇。欧美地区游客来华访问大都利用带薪假期进行便是这个道理。当然,这里所谈闲暇所针对的是就业的人员,至于其他人员,特别是退休人士的闲暇问题,则应根据实际情况另当别论。

总之,旅游需要有闲暇。对于就业人员来说,有一定数量且连续的闲暇时间才有可能实现外出旅游活动。虽然并非所有的闲暇都可用于旅游,但闲暇,特别是带薪假期,乃是实现旅游活动不可缺少的重要条件。

同样需说明的是,这里将闲暇作为个人实现旅游活动的必要条件,也是主要针对自费的消遣旅游而言的。对于公务旅游者来说,由于其旅行外出乃是工作的需要,所占用的时间也是工作时间,他们无须考虑有无闲暇的问题。奖励旅游参加者的情况也比较特殊,有些奖励旅游活动是占用工作时间进行的,但大部分奖励旅游也是利用被奖励者的带薪假期或主要占用其带薪假期由所在单位出资组织进行的。

◆ 知识活页3-2

二维码3-2

拓展阅读:全国年节及纪念日放假办法

三、其他客观条件

一定的支付能力和足够的闲暇时间是实现旅游活动的两个最重要的客观条件,但是并非全部条件。事实上,一个人能否外出旅游,还要受到其他客观因素的影响和制约。这些因素可以分为两类。

一类是来自社会方面的因素,如社会的科技发展水平。众所周知,交通运输技术的发展极大地缩短了旅行时间,特别是长途旅行的时空距离,从而使得更多的人可以在闲暇时外出旅游,这在一定程度上推动了现代旅游的快速发展。而社会的科技发展水平,在某种程度上也决定了人们在一定时期内旅游的极限范围。举一个比较极端的例子,太空旅行是许多人的梦想,但是由于技术等因素的限制,真正能够实现这一梦想的人到目前为止是极少的。社会政治方面的因素也会影响旅游活动的实现。政府的外交政策和外交状况如何,往往可以决定出境旅游的可能性。政府对待旅游的态度,是鼓励其发展并提供尽可能的方便,还是不提倡甚至限制,以及一国或地区的政局是动荡不安还是和平稳定,都可以成为影响旅游活动的因素。类似的因素还有很多,由于这并非本章讨论的重点,在此就不一一列举了。

还有一类影响因素就是旅游者的个人因素。人口统计因素,如年龄、性别、种族、教育程度等都可能影响一个人的旅游活动的实现,但具体分析起来,只有两个因素是真正独立起作用的。首先是一个人的身体状况。参阅我国历年来的旅游统计年鉴可以发现,每一时期的来华入境旅游者中,处于20~45岁这一年龄段的人在旅游者的总数中为最多。而就一般意义而言,老年人,特别是65岁以上的老年人在外出旅游者中所占比例则不高。但是实际上,年龄并非造成这一状况的根本原因。老年人外出旅游比例偏小的真正原因之一是伴随年龄而来的身体状况问题。许多老年人是由于体力不支或行动不便,才不能参加旅游活动的,这才是实质的影响因素。而年轻人年富力强,身体状况良好,当然没有这一方面的限制。值得注意的是,随着人们生活水平的提高,医疗和保健技术的发展,人类平均寿命也在增长。当今老年人的身体状况与二三十年前处于同一年龄阶段的老年人相比,已经有了显著的提高。进入20世纪90年代后,老年人参加旅游活动的比例不断增长,已经形成了旅游业中令人瞩目的重要的市场组成部分。其次是一个人的家庭状况。很多调查结果表明,家中有4岁以下婴幼儿的家庭外出旅游的可能性很小。这一方面是由于婴幼儿需要特别的照顾,比较麻烦。另一方面是因为外出旅行时,很不容易找到适合婴幼儿生活所需要的特殊接待设施。因此,一个人所处的生命周期阶段或者说一个人所处的家庭人口状况构成了影响其旅游需要的客观因素之一。结合上述分析,可以得知,45岁以下的未婚成年人由于身强力壮,无牵无挂,加上收入等因素的影响,外出旅游的可能性最大。

◇ **知识活页3-3**

二维码3-3

拓展阅读:家庭年龄与旅游需求

综上所述,一个人的身体状况和家庭状况,以及收入水平和闲暇时间,一起构成了影响旅游需要的个人方面的客观因素。当然,从它们在促成一个人成为旅游者所起的作用来看,这四个因素是相互联系,相互作用,缺一不可的。

最后需要说明的是,同国内外旅游研究领域内的普遍做法一样,本节主要对决定个人旅游需要的有关客观因素进行讨论,针对的是非差旅型旅游需要。至于以商务旅游为代表的各种差旅型的事务旅游,从根本上是工作需要而导致的活动,因此这种性质的旅游需求与上述决定因素之间不存在必然的联系。

第四节　旅游者消费行为

一、旅游者消费行为的概念

所谓行为,是指人类在外界刺激的影响下,经由内部经验的折射而产生的、具有目的性的活动。人的行为十分复杂,受内因和外因的双重影响,也就是说,每一个个体都是相对独立的,即使在相同的环境下受到相同的刺激,不同的个体也会产生不同的行为;外部环境是行为的直接刺激因素,不同的环境条件会引起不同的行为。

人的行为如果发生在旅游产品的购买或消费过程中,自然也就产生了旅游者消费行为。所谓旅游者消费行为,是指旅游者为满足旅游需要,在旅游动机的驱使下,购买旅游产品、外出旅游的行动。旅游者消费行为是人类行为方式之一,更具体地说是人类消费行为的一种方式。从本质上看,旅游者就是消费者,旅游过程就是消费过程。不过,人的旅游行为是一种特定的消费行为,因此,旅游者与其他类型的消费者有一定的区别。其他类型消费者的消费行为多是购买决策和购买行为,购买以后对产品的使用属于另外范畴。但由于旅游产品的特殊性,旅游者在购买产品时买到的只是旅游商的服务承诺,而不是实际的产品,旅游产品的实际消费发生在旅游产品的生产过程中,也就是发生在接待服务过程中,即旅游消费与旅游产品的生产是同步的。由此看来,旅游者支出货币后其购买手续虽已结束,但并未得到应得商品,必须通过旅游过程来完成整个消费过程。因此,旅游者消费行为应包括两个过程:购买决策行为和旅游活动行为。

二、旅游者的购买决策行为

决策,简单地说就是做出决断或决定的过程,是人们为了达到某一预定目标,运用逻辑思维对几种可供选择的方案进行选择,以达到预期最佳效果。有人认为,选择就是决策,这是有一定道理的。因为进行决策是有条件的,首先,要存在几种可供选择的方案,决策是寻求最优方案以追求最优化目标,如果只有一个方案,则无从选择,决策也就无从谈起;其次,要有目标,没有明确目标也无从谈决策;最后,各种方案的实施效果能够进行预测。在上述条件均具备的情况下,才可以对几个方案进行比较和选择,确定最优方案。

旅游者旅游活动的实质,是通过购买旅游产品、享受旅游服务来满足旅游需要。旅游者作为活动主体,在购买过程中必须对不同的旅游活动方案或旅游产品进行评价、选择、判断、决定等一系列活动,这就是旅游者的购买决策。决策在旅游者购买行为中占重要地位。其一,决策的进行与否决定着购买行为的发生与否。消费者只有认定需要、选择商品、做出购买的具体决定时,购买行为才实际发生。其二,决策的内容决定购买行为的发生方式,如在购买前要确定购买什么、到哪去买、买多少等,经决策确定所购买旅游产品的种类、购买地点、购买数量及购买方式。其三,决策的质量决定购买行为的效果。

(一)购买决策方式

旅游者的购买决策方式主要有以下几种。

1. 个人决策

个人决策是指旅游者利用个人经验和自己掌握的信息,凭借个人智慧做出决策。单身的旅游者进行费用低、时间短的旅游活动或购买熟悉的旅游产品时多采用此种方式。这种方式效率高、费用低、决策迅速。

2. 家庭决策

对一个家庭来说,旅游是一项比较重要的消费行为,也是比较重大的家庭活动,对家庭全体成员都有重要意义。一般情况下,一个家庭外出旅游,是由家庭成员共同商议,凭借集体的智慧共同选择后做出决定的。在家庭旅游决策的过程中,家庭成员的地位是不一样的。以核心型家庭为例,在住宿条件及度假地点的选择方面,一般丈夫起主要作用;是否带孩子旅行、在目的地停留的时间、旅行度假的天数、交通工具选择等问题由夫妻双方商量,由一方决策;旅游活动内容安排、旅游支出等问题则由双方共同商量、共同决策。从整体上看,在家庭旅游决策的多数问题上,丈夫起决定性作用。当然这是一般情况,不可能适用于所有的家庭。每个家庭都有自己的特殊情况,也会有自己的旅游决策方式。

3. 社会协商式决策

社会协商式决策是指旅游者在购买决策过程中,借助各种社会化的渠道和手段获取信息、吸取经验来进行的决策。旅游是社会性活动,是探新求异的活动,在许多情况下,旅游者对旅游目的地、旅游活动内容、交通情况等知之甚少,难以做出最终购买决策。尤其国际旅游者,要到完全陌生的环境中,更会感到无所适从,需要在进行旅游活动之前了解目的地的情况。这样,他们就必须向旅游业有关部门或咨询机构或其他社会关系咨询、了解情况,再凭借这种社会的智慧做出最终决策。

几种决策方式在实际生活中可能是交替或混合使用的。具体到某一项旅游决策,可能是几种决策方式共同运用的结果。如一个家庭外出旅游时,可能先向有关旅游代理商进行咨询,或从广告中获得信息,然后家庭成员做出是否外出及去何处旅游的决策。

(二)购买决策程序

旅游者的购买决策程序可分为以下四个步骤。

1. 认识需要

旅游者在内外刺激因素的影响下产生旅游需要。旅游需要被认识要有一个发展过程,且受多种因素的影响。

2. 收集信息

旅游者一旦发现自己的旅游需要,便会着手咨询、了解各种信息,制订旅游活动方案。

3. 分析评价

收集到足够的信息,形成可供选择的方案后,旅游者要根据自己的情况,如收入、爱好、家庭情况等与可供选择的方案进行对比分析、评价比较。

 **4. 做出决策**

旅游者选择适合自己的目的地、活动内容、旅行方式,做出最终购买决定并进行购买。

三、旅游者的旅游活动行为

(一)心理及社会因素与旅游者行为

旅游者的心理状态是各不相同的,各种各样的外在因素对旅游者也有着直接的、重要的影响,因此在旅游活动中,旅游者的行为也是各不相同的。总的来看,旅游者行为与个人时间观念、生活方式(个性)、社会角色、文化传统等因素有关。

在旅游活动期间,旅游者应该是比较轻松自在的(公务、商务旅游者除外),因为旅游活动本身就是一种休闲和享受。但实际情况并非完全如此。在高效率、快节奏的现代社会生活压力下,旅游者也是非常讲究旅游活动效率的。人们的旅游活动越来越紧凑,如许多旅游者喜欢选择飞机作为交通工具,因为飞机的速度快,在路途上耽搁的时间少,特别是长途旅游;汽车旅游者为了节省时间,在快餐店用餐;去西欧的旅游者,为了节省时间,用12天的时间游览8个国家;来中国旅游的国外旅游者,面对如此广大的国土、众多的风景名胜,停留时间也很短。人们对绝大多数景点都是走马观花,不可能仔细欣赏。有的旅游者把所见所闻录像带回国,以便在家中利用零散的闲暇时间"故地重游"。

除了快节奏,许多旅游者还利用各种形式有效地利用时间。一些人采取公务和娱乐兼顾的方式,在办理事务的地点停留一段时间游览观光,或者一边从事公务一边带着家人旅游观光,或者特意到旅游胜地参加会议、洽谈业务,使旅游与公务能够兼顾。旅游者在旅游活动中也用"同时消费"的方式充分利用时间。如乘飞机过程中看电影、听音乐等,在进行旅游消费的同时,进行其他消费,获得多种满足。因此,充分利用时间、快节奏地行动应是现代旅游行为的突出特点。

不同生活方式或不同性格的旅游者的旅游活动也有较大差异。有的旅游者爱清静、清洁、家庭观念强、注意身体健康、反对冒险,喜欢去僻静旅游地进行全家野外活动;有的旅游者则活跃、开朗、自信,对新鲜事物充满兴趣,多喜欢游历遥远的目的地。

个人行为往往还受社会角色的影响。每个人在社会群体中都有不同的角色,在不同的环境中,也会不断地改变角色。许多旅游者的行为与其在常住地的行为大相径庭。这是因为旅游环境会使个人在扮演的角色中享有较大的灵活性。许多人在旅游的环境里行为更具有冲动性。在旅游活动中,一个人可以接受或是拒绝一整套行为准则,在扮演角色时有更大自由度,这是在常住环境中所不能有的行为。

文化传统对旅游行为也有很大影响。文化传统可以看作一种行为规范,支配个人在旅游活动中的行为。如男子在旅游中比较积极、主动,而女子则较被动、易动感情,这固然与生理因素有关,但更重要的是传统认为男女有别。不同文化传统的旅游者,其行为也有较大差异。欧美旅游者崇尚个性自由,多喜欢自由度比较大的旅游项目;而日本人提倡团队精神,日本人出国多组成团队,且团队内部组织严密,纪律性强,团队成员非常服从领导安排,极少个别活动。

(二)旅游活动行为的阶段

旅游活动可以分为三个阶段:准备阶段、旅游活动阶段和结束阶段。在各个阶段旅游者行为及心理特点各不相同。

(1)准备阶段。个人旅游决策、购买完成以后,便开始行前准备工作,该准备工作包括精神的和物质的,如进一步收集、分析资料,办理有关手续及购买物品等。旅游者心理活动比较活跃、复杂、兴奋。初游者比较紧张、激动;有经验的旅游者可能比较沉着、从容。

(2)旅游活动阶段。旅游行程开始,旅游者因乘坐交通工具多显得紧张、激动,有时由于偶然因素(如安全因素)的影响还会忧心忡忡。如果旅途较长会引起焦躁不安。到达目的地以后,旅游者处于陌生全新的环境,既有人地生疏的不安感觉,也会对新环境表示好奇、兴奋、惊讶。旅游者的反应多种多样:或东张西望、喃喃自语,或沉默寡言,或过于喧哗,这是不同心态的表露。旅游者初到目的地会急于到住宿饭店稍事休息,并希望所住的饭店设施良好、清洁卫生、交通方便、服务热情周到。参观游览活动中旅游者都非常兴奋、好奇并会提出各种各样的问题。随着对环境及人员的熟悉,旅游者会逐渐放松,变得随意。

(3)结束阶段。旅游活动即将结束时,旅游者会意识到即将恢复原来的社会角色,会出现紧张和不安。当然这种紧张和不安表现形式各不相同,有的开始思念家乡和亲人,有的忙于购物,有的留恋,有的急于处理未办完的事项。此外,旅游者还会对整个旅游活动过程做出评价,如接待地的活动内容是否丰富、服务工作是否细致周到等。在总结评价的基础上,旅游者常常会表现出自己的"满足感"或"不满足感",进而对旅游地整体情况或旅游企业的经营活动提出表扬或批评。

四、旅游者消费行为与旅游业的发展

旅游者消费行为实际上是一种特定的消费行为,从行为科学的角度看,旅游者消费行为是可以被认识和预知的。例如旅游者决定去哪个旅游目的地、怎样去、消费支出多少、在什么样的旅馆住宿等,都可以通过对旅游者分类和行为分析进行基本的预测。深入认识旅游者的消费行为特点,对旅游经营者来说是十分必要的,对整个旅游业的发展也至关重要。

(一)旅游者行为研究是旅游地开发、建设的理论依据

不同心理类型的旅游者的旅游行为有重大的差别,因而人们对各种旅游胜地的态度和

选择有很大的差异性。这正可以解释某些旅游胜地为什么时而受欢迎,时而受冷落。典型自我中心型或内向性格的人一般对著名的旅游胜地感兴趣,这些旅游地具有一致性和可预见性的特点。而多中心型或外向性格的人则希望生活中多一些不可预见的东西,要获得新的生活体验,避开预见性和千篇一律,他们对新兴的旅游胜地非常向往。由于不同的心理类型,人们在对旅游目的地的时间选择上也存在差异。一个新开辟的旅游地最先接待的是多中心型旅游者,因为只有他们才对不知名的旅游胜地感兴趣,之后才有较多的中间型及自我中心型的旅游者跟进,使旅游者人数大量增加,旅游地走向商业化。搞清楚这一点,对旅游资源有效、合理的规划、开发、利用非常重要。在旅游资源开发利用的早期,资源开发应根据多中心型旅游者的特点,开发适合此类旅游者的产品,满足他们的旅游需要。当旅游地有了一定知名度后,旅游者构成便会发生变化,中间型及自我中心型旅游者成为主体,多中心型旅游者则转向更新的旅游地。因此,旅游地的开发和建设应根据旅游者消费行为所带来的这种转变特点进行合理规划和开发利用,在不同的阶段,及时调整建设和服务的中心。

(二)旅游者消费行为特点是旅游企业招徕旅游者的依据

由于各种主客观因素的影响,人们对旅游目的地、交通工具、旅游活动内容会有自己的心理倾向——肯定或否定,也可称之为态度。旅游者消费行为是其态度的外在反映,虽说态度并不等于行为,但态度却能够预示偏爱,影响旅游者的购买决策过程。旅游经营企业可以根据旅游者消费行为特点来设计、开发和经营产品,改善服务,吸引更多游客,提高企业效益;还可以通过有效宣传引导旅游者或潜在旅游者的态度,进而诱发其旅游行为,以达到招徕旅游者、发展旅游业之目的。引导旅游者或潜在旅游者态度的方法通常有以下几种。

第一,改变产品形象。要使人们改变对产品的态度,最直接和简单的方法是使产品本身有所改变,然后设法使消费者发现和认识这种改变,这会产生很好的效果。当然,旅游产品(主要是服务)不可能在形态上做根本改变,但旅游企业可以试图改变用来提供服务的有形商品与设备,从而改变产品形象。

第二,利用知觉变化重塑企业或产品形象。企业也可以不改变自己的产品,而利用宣传和引导的方法来改变旅游者的态度。宣传和引导,既可以加强人们现有的态度,也可以促使人们改变现行的态度。

第三,激发潜在旅游动机和特定类型的旅游行为。这主要是针对那些本来对某种旅游产品不甚感兴趣或模棱两可的人,这些人的旅游欲望介于可与不可之间,虽然不否定,但也不积极,必须利用某些特定手段,激发和诱导其潜在动机,促发其旅游行为的实现。这一过程自然离不开对这种潜在旅游动机和其心理特征的分析。

(三)有助于提高旅游服务水平

旅游业最大的特点是产品生产与销售同步,旅游业的服务工作要直接面对广大旅游者。旅游者购买旅游产品,所得到的不仅是各种设施设备的使用权及由此而带来的舒适和享受,而且包括与此有关的热情、周到、细致的服务。旅游服务没有数值指标,质量好坏很大程度上来自旅游者的主观判断,来自旅游者心理需要的满足。旅游产品高质量的体现是旅游者的高度评价。优良服务的前提是对旅游者消费行为及心理特点的深刻理解。只有深入研究旅游者消费行为特点,才能针对旅游者需要做好服务工作,提高旅游产品质量。

◇ 知识活页3-4

拓展阅读：美国9·11恐怖袭击对旅游者消费行为的影响

◇ 思考与练习

一、判断题

1. 一个人只要达到了一定的收入并有足够的闲暇时间,就能成为旅游者,实现其旅游活动。（　　）
2. 旅游动机是推动和指导旅游者进行旅游活动的心理过程。（　　）
3. "口碑效应"是指旅游者的亲戚、朋友、同事等熟人的言论对旅游者的旅游决策所施加的积极影响。（　　）
4. 旅游者对旅馆的需求心理主要是干净、卫生、便利、安全。（　　）
5. 购物旅游者是以到其他地方购买商品为主要目的并结合观光都市的旅游者。（　　）

二、选择题

1. 当一国人均国民生产总值达到（　　）时,居民将普遍产生国内旅游动机。
   A. 400美元　　　　　　　　　　　　B. 800—1000美元
   C. 1000—3000美元　　　　　　　　D. 超过3000美元
2. 下列旅游者中,对价格不太敏感的是（　　）。
   A. 消遣型旅游者　　　　　　　　　B. 度假型旅游者
   C. 公务型旅游者　　　　　　　　　D. 家庭型旅游者
3. 通过旅游,访古寻友、追宗归祖、满足人际交往的感情需要属于（　　）。
   A. 身体方面的动机　　　　　　　　B. 文化方面的动机
   C. 人际方面的动机　　　　　　　　D. 地位和声望方面的动机

三、简答题

1. 旅游者形成的客观条件有哪些?
2. 说明闲暇时间的类型有哪些,并分析每一类闲暇时间对旅游活动的影响。
3. 简述马斯洛需要层次论,并结合马斯洛需要层次论分析旅游者的外出旅游需要。

4.说明旅游者的基本类型有哪些,并比较不同类型旅游者的旅游活动特点。

5.试论述旅游者消费行为研究对旅游业的重要意义。

四、实训题

结合实际谈谈20世纪90年我国国内旅游市场开始火爆的主客观原因。

◇ 本章知识链接

[1]查尔斯·R.戈尔德耐,J.R.布伦特·里奇,罗伯特·W.麦金托什.旅游业教程[M].8版.贾秀海,译.大连:大连理工大学出版社,2003.

[2]李天元,张朝枝,白凯.旅游学[M].4版.北京:高等教育出版社,2019.

[3]张立明.旅游学概论[M].武汉:武汉大学出版社,2003.

[4]王洪滨,高苏.旅游学概论[M].2版.北京:中国旅游出版社,2010.

[5]克里斯·库珀,艾伦·法伊奥,大卫·吉尔伯特,等.旅游学[M].3版.张俐俐,蔡利平,主译.北京:高等教育出版社,2007.

[6]约翰·弗莱彻,艾伦·法伊奥,大卫·吉尔伯特,等.旅游学原理与实践[M].5版.石芳芳,译.大连:东北财经大学出版社,2019.

第三章
案例、思考与练习
参考答案

第四章　旅游资源

学习目标

知识目标：

1. 掌握旅游资源的概念和特点；
2. 了解旅游资源调查的目的、内容、重点和步骤；
3. 了解旅游资源评价的方法；
4. 掌握旅游资源开发工作的原则和内容；
5. 了解旅游资源保护的意义和旅游资源遭到破坏的原因；
6. 了解旅游资源保护政策。

能力目标：

1. 能够根据旅游资源特点及其组成要素进行旅游资源分类；
2. 学会运用旅游资源调查的方法与步骤；
3. 能够根据旅游资源评价的内容对旅游资源进行定性评价；
4. 能够熟练运用层次分析法和国标评价法对旅游资源进行定量评价；
5. 能够在旅游资源调查的基础上提出相关的开发建议；
6. 学会运用旅游资源的保护措施与方法。

情感目标：

1. 了解自然旅游资源的类型，培养热爱祖国大好河山的情感；
2. 了解人文旅游资源的类型，增强文化自信；
3. 掌握旅游资源的定性和定量评价方法，培养科研精神和科研能力；
4. 了解旅游资源遭到破坏的原因及其对策，增强环保意识。

学习重难点

1. 旅游资源的含义和特点；
2. 旅游资源的定性与定量评价方法；
3. 旅游资源开发的模式和内容；
4. 旅游资源保护的具体措施。

本章关键词

旅游资源;旅游资源调查;旅游资源评价;旅游资源开发;旅游资源保护

导入案例

张家界

张家界地处湘西北武陵山脉腹地,辖永定、武陵源两区和慈利、桑植两县,总面积9563平方千米,总人口157万人,其中少数民族占73%。张家界有着独特的旅游资源,由张家界森林公园、天子山、索溪峪等几大景区组成武陵源国家级重点风景名胜区,先后被评为"中国旅游胜地四十佳""全国文明风景区""中国优秀旅游城市"。除此之外,张家界还拥有茅岩河、黄龙洞和宝峰湖等著名旅游景点。

张家界以奇峰、怪石、幽谷、秀水、溶洞的"五绝"而闻名于世。1982年,张家界被批准为我国第一个国家森林公园。1988年,国务院正式确立武陵源为国家级风景名胜区。1992年,武陵源风景名胜区被联合国教科文组织列入《世界遗产名录》,2001年被国土资源部命名为首批国家地质公园,2004年被授予"世界地质公园"称号。张家界还拥有丰富的地貌旅游资源和生物旅游资源、完整的生态系统和众多的野生珍稀动植物资源。此外,张家界浓郁的地方民俗风情也构成了吸引旅游者的重要旅游资源。

(一)砂岩峰林地貌

大约在3.8亿年前泥盆纪时,张家界地区还是一片汪洋大海,堆积了500余米厚的砖红色、褐黄色石英砂岩,这为砂岩峰林地貌的形成提供了良好的物质基础,其后又经历了亿万年的地壳上升和流水切割、侵蚀、崩塌,从而形成了今天的奇峰林立、如刀切斧劈、峥嵘峭立的砂岩峰林自然景观。自1980年以来,张家界的山光水色逐渐向外人揭开了保存良好原始状态的美丽面纱,声名迅即远扬,誉满海内外。对广大地学爱好者而言,张家界也是一个认识自然、研究地史的天然地学博物馆。

(二)张家界国家森林公园

张家界国家森林公园内,砂岩石峰,千姿百态,陡峭嵯峨。红岩绿树与清溪碧涧相映,石间山泉,悬岩飞瀑,显得格外妩媚幽深。人们称赞它"有黄山之风貌、桂林之秀色、华山之险峻、庐山之雄伟","虽非天上,也不似人间"。再加上无数美丽的神话传说,令人心驰神往,流连忘返。

(三)天子山

天子山中峰林耸立,云飘雾绕,包括黄龙泉、茶盘塔、老屋场、凤栖山、石家檐等几个主要游览区。游人临岩打坐,可一览武陵千山万壑。这里的云雾、月夜、霞日、冬雪,意境深远,韵味无穷,堪称奇观。不少游人赞叹:"谁人识得天子面,归来不看天下山。"

(四)索溪峪

栖身索溪峪,山奇、水秀、洞幽、自成一体。2000多座险峰拔地而起,怪石耸立,云霭雾障终年不散。

石灰岩溶洞群更是一个神话般的世界。著名的黄龙洞、骆驼洞、观音洞、金鸡洞等腹藏乾坤,洞内石柱、石笋、石笔等令人眼花缭乱,一步一奇、三步一绝,处处皆景,令人叹为观止。

在核心景区武陵源周围,还有被联合国列为"人与生物圈"观测站的八大公山自然保护区;被誉为"百里画廊"的茅岩河,"武陵之魂"的天门山,"亚洲第一洞"的九天洞等。除此之外,这里的人文景观也很丰富,著名的有"江南名刹"普光禅寺、道教圣地五雷山、贺龙元帅故居洪家关、湘鄂川黔革命根据地旧址等。

■ 资料来源:刘小航.张家界旅游资源的可持续开发与利用[J].国土资源科技管理,2003(5):180-183.

思考题:

以旅游资源特性及其组成要素进行分类,张家界包括哪些基本类型的旅游资源?

第一节　旅游资源的概念及特点

一、旅游资源的概念

所谓资源,即资财之源,或者说是人类创造社会财富的源泉。资源的概念源于经济学,它是作为生产实践的自然条件和物质基础提出来的。马克思认为创造社会财富的源泉是自然资源与劳动力,他在《资本论》中引用威廉·配第的话说道:"劳动是财富之父,土地是财富之母。"[1]恩格斯在《自然辩证法》中也明确指出:"劳动与自然界一起才是一切财富的源泉。自然界为劳动提供材料,劳动把材料变为财富。"[2]

旅游资源是旅游业发展的前提和基础,是现代旅游业的重要组成部分。一个国家或地区的旅游资源禀赋条件往往对旅游发展成功与否起着基础性作用。从现代旅游业发展的历

---

[1] 马克思.资本论:第一卷[M].北京:人民出版社,1963:14.
[2] 恩格斯.自然辩证法[M].北京:人民出版社,1972:50.

程来看,由于学者学科背景不同,同时人们对旅游资源本身认识的不断深入,有关旅游资源的定义表述千差万别,既有共性,也有差异。概括起来,有如下一些代表性观点。

邓观利认为,凡是构成吸引旅游者的自然和社会因素,亦即旅游者的旅游对象或目的物都是旅游资源。①

保继刚认为,旅游资源是指对旅游者具有吸引力的自然存在和历史文化遗产,以及直接用于旅游目的地的人工创造物。②

国家旅游局规划财务司将旅游资源定义为:自然界和人类社会凡能对旅游者产生吸引力,可以为旅游业开发利用并可产生经济效益、社会效益、环境效益的各种事物和因素都可视为旅游资源。③

谢彦君认为,旅游资源是客观地存在于一定的地域空间并因其所具有的审美和愉悦价值而使旅游者为之向往的自然存在、历史文化遗产和社会现象。④ 之后,他又提出旅游资源是先于旅游而客观地存在于一定地域空间,并因而对潜在旅游者所具有的休闲体验价值而可供旅游产业加以开发的潜在财富形态。⑤

王洪滨和高苏认为,旅游资源是所有能被即时或周期性欣赏,因而产生经济、社会和环境效应的自然和人文诸因素。⑥

在欧美等西方国家,学者常把旅游资源称为旅游吸引物(tourism attractions),指旅游地吸引旅游者的所有因素的总和,不仅包括传统观念的旅游资源,而且把旅游接待设施和优良的服务,甚至把快速舒适的旅游交通条件也涵盖在内。例如,国外学者霍洛韦就认为:旅游吸引物必须是那些给旅游者积极的效益和特征的东西,它们可以是海滨或湖滨、山岳风景、狩猎公园、有趣的历史纪念物或文化活动、体育活动,以及令人愉悦的舒适会议环境。

综上所述,有关旅游资源的定义表述存在较大的差异,但是可以达成以下几点共识:一是旅游资源对旅游者具有吸引力;二是旅游资源在现阶段能够为旅游业所利用,从而产生经济效益、社会效益和环境效益;三是旅游资源是客观存在的自然、文化和社会现象。

二、旅游资源的特性

旅游资源是一种特殊的资源,它既有资源的一些共性,又具有许多自身的特性。

(一)吸引性

旅游资源的最大价值在于其具有激发旅游者产生旅游动机,进而诱发旅游消费的吸引

---

① 邓观利.旅游概论[M].天津:天津人民出版社,1983:123.
② 保继刚.旅游地理学[M].北京:高等教育出版社,1993:52.
③ 国家旅游局规划财务司,中国科学院地理科学与资源研究所.中国旅游资源普查规范(试行稿)[M].北京:中国旅游出版社,1993:3.
④ 谢彦君.基础旅游学[M].北京:中国旅游出版社,1999:64-65.
⑤ 谢彦君.基础旅游学[M].3版.北京:中国旅游出版社,2011:114.
⑥ 王洪滨,高苏.旅游学概论[M].2版.北京:中国旅游出版社,2010:109.

力,因此,吸引力因素被视为"旅游资源理论的核心"[①],是衡量某一因素能否成为旅游资源的第一重要指标。欧美国家以旅游吸引物替代旅游资源,也足以表明吸引力是评价旅游资源的关键。事实证明,一个国家或地区旅游资源吸引力的大小,即旅游资源的特色、丰度、分布以及开发与保护水平等,将直接影响该国或该地区旅游产业的类型、竞争力、旅游客流的流向和流量、旅游业经营规模、效益及其发展潜力。

(二) 区域性

旅游资源产生于特定的区域环境中,其形成受特定区域环境各要素的制约,同时又体现了该区域的环境特色。旅游资源的区域性特点决定了旅游资源在空间上具有不可移动性,即为该区域所垄断,尤其表现在气候条件、地质地貌、大型工程设施、文物古迹等方面,如南美的热带雨林气候、中国的长城和江南园林、埃及的金字塔和东非的天然动物园、纽约的自由女神像等。当然,有些旅游资源诸如民族歌舞、文化娱乐、体育赛事、特色菜肴等在一定条件下可以在异地重现,如深圳的锦绣中华、民俗村,上海的北海道室内滑雪场和世界旅游资源博览会等。但是,我们也应该看到,由于脱离了特定区域的环境和历史,这种景观及文化的移植和异地再造会使旅游产品本土化信息漏损[②],从而使旅游资源失去或减弱其吸引力。

(三) 多样性

相比其他资源,旅游资源的内容和表现形式可谓丰富多样,既有有形的也有无形的,既有历史的也有当代的,不仅包括地文、水文、气候、生物等自然景观,而且包括历史、文化、宗教、民族、民俗等人文景观,还有经济发展、科技进步等社会环境以及不断产生的人造景观等。旅游资源的多样性来源于客观世界的复杂性,并与旅游者旅游动机多元化特点相对应。就一个国家或地区而言,旅游资源的种类越多,旅游产品就越丰富,旅游综合开发的潜力就越大,旅游经营的季节性波动影响也就越小。例如北京的古迹名胜、上海的都市风情、杭州的西湖风光,都是以品种繁多、综合性强、无明显季节性差异为特色的旅游目的地。

(四) 季节性

旅游资源的季节性是指景物有随季节变化的特征,旅游资源的季节性主要是由自然地理条件,特别是气候的季节性变化决定的,同时受人为因素的影响。首先,有些自然景色只在特定的季节和时间出现,例如吉林的树挂只能在入冬时才能产生,洛阳的牡丹花在4月中旬观赏最好,黄山的云海和瀑布只在夏季多雨的时候才有。其次,同样的景物在不同季节表现出不同的特征,例如同一座山,春夏秋冬四季之景不同。实际上,许多景物的命名包含了

---

① 李天元.旅游学概论[M].天津:南开大学出版社,2000:89.
② 吴必虎.区域旅游规划原理[M].北京:中国旅游出版社,2001:152.

一定的气候变化景象,如西湖十景中的苏堤春晓、曲院风荷、平湖秋月、断桥残雪等。此外,人的社会活动的节律性决定了人们出外旅游所被允许的时间,这也对旅游资源的季节性有一定影响。

(五)不可移动性

其他资源经过开发,或以其自身,或以其产品的形式输往各地以供利用。但大多数旅游资源在地域上则相对是固定的,具有空间不可移动性的特点,多数情况下是旅游者来到旅游资源所在地进行观光游览。虽然有人会认为,在当今经济技术条件下,在其他地方仿造旅游资源似乎并非完全不可能,但即便如此,这种仿造物由于脱离了特定的历史成因和空间环境而不再具有原真性,从而失去了其原物所具有的价值和意义,并随着其性质转变为当代人造景点,其吸引力和吸引对象都会发生变化。

(六)观赏性

旅游资源同一般资源最主要的差别就在于它具有美学特征,拥有可观赏性的一面。旅游活动最主要的最基本的内容就是"游","游"本身即是对美学事物的观赏。无论是名山大川、奇岭异洞,还是风土人情、文物古迹等,都是因为具有观赏性,能给旅游者以美的享受,才成为重要的旅游资源。像中国的桂林山水、法国的埃菲尔铁塔、日本的富士山等,都因为观赏性极强,成为世界著名的旅游资源,每年都吸引成千上万的旅游者来参观游览。

可以说,旅游资源的美学特征越突出,观赏性越强,在国内外知名度就越高,对旅游者的吸引力也就越大。

(七)永续性和不可再生性

永续性是指旅游资源具有可以重复利用的特点。与矿产资源、森林等资源随着人类的不断开发利用会不断减少不同,旅游产品是一种无形产品,旅游者付出一定的金钱所购买的只是一种经历和感受,而不是旅游资源本身。因此,从理论上讲,旅游资源可以长期永续地利用下去。但是,正如自然生态平衡和文化遗产容易受到破坏一样,旅游资源使用不当也会遭到破坏,而且绝大多数旅游资源都具有易于破坏、难于再生的特点。正是在这个意义上,越来越多的人把旅游业称为"资源密集型产业",其意在呼唤旅游开发者、旅游者以及当地社区树立资源保护意识,引导人们向旅游资源的永续利用迈进。

(八)时代性

旅游资源的本原在于它具有的可以满足人们旅游审美愉悦和旅游世俗愉悦需要的功能。人类的审美能力和愉悦要求是随着社会实践的发展而逐步形成、发展和丰富起来的,因此，在不同的时代，人们对自然和社会的现实存在能否构成旅游资源的价值判断表现出极大的差异。旅游资源的时代性特点概括起来有四点：一是旅游资源随时代的需求而产生、发展，品种数量正在成倍增长；二是随着时代的发展，古代部分旅游资源已经逐渐被淘汰，慢慢消失；三是旅游资源因时代的差异而评价不同；四是时代不同，旅游资源的功能也不同。

第二节 旅游资源的分类

旅游资源的分类涉及面广，因而是比较复杂的理论问题和实践问题。目前，国内众多学者从不同的角度（如依据形态、成因、旅游功能、旅游活动性质、市场特点、开发现状或特定目的等），提出了各有所长的多种分类方法。本书根据教学的实际需要，主要介绍旅游资源分类的现行国家标准，即《旅游资源分类、调查与评价》(GB/T 18972—2017)。该标准充分考虑了 2003 年颁布 GB/T 18972—2003 之后，旅游界对旅游资源的含义、价值、利用等方面的研究和实践成果。为了更加突出实际操作，突出资源与市场的有机对接以及对旅游资源及其开发利用的综合评价，更加适用于旅游资源开发与保护、旅游规划与项目建设、旅游行业管理与旅游法规建设、旅游资源信息管理与开发利用等方面的工作，它重点对旅游资源的类型划分进行了修订。《旅游资源分类、调查与评价》(GB/T 18972—2017)将旅游资源分为 8 个主类、23 个亚类、110 个基本类型、3 个层次（见表 4-1），每个层次的旅游资源类型有相应的英文字母代号。

表 4-1 旅游资源基本类型表

主类	亚类	基本类型	说明
A 地文景观	AA 自然景观综合体	AAA 山丘型景观	山地丘陵内可供观光游览的整体景观或个别景观
		AAB 台地型景观	山地边缘或山间台状可供观光游览的整体景观或个体景观
		AAC 沟谷型景观	沟谷内可供观光游览的整体景观或个别景观
		AAD 滩地型景观	缓平滩地内可供观光游览的整体景观或个别景观
	AB 地质与构造形迹	ABA 断层景观	地层断裂在地表面形成的景观
		ABB 褶曲景观	地层在各种内力作用下形成的扭曲变形
		ABC 地层剖面	地层中具有科学意义的典型剖面
		ABD 生物化石点	保存在地层中的地质时期的生物遗体、遗骸及活动遗迹的发掘地点

续表

主类	亚类	基本类型	说明
A 地文景观	AC 地表形态	ACA 台丘状地景	台地和丘陵形状的地貌景观
		ACB 峰柱状地景	在山地、丘陵或平地上突出的峰状石体
		ACC 垄岗状地景	构造形迹的控制下长期受溶蚀作用形成的岩溶地貌
		ACD 沟壑与洞穴	由内营力塑造或外营力侵蚀形成的沟谷、劣地,以及位于基岩内和岩石表面的天然洞穴
		ACE 奇特与象形山石	形状奇异、拟人状物的山体或石体
		ACF 岩土圈灾变遗迹	岩石圈自然灾害变动所留下的表面痕迹
	AD 自然标记与自然现象	ADA 奇异自然现象	发生在地表一般还没有合理解释的自然界奇特现象
		ADB 自然标志地	标志特殊地理、自然区域的地点
		ADC 垂直自然带	山地自然景观及其自然要素(主要是地貌、气候、植被、土壤)随海拔呈递变规律的现象
B 水域景观	BA 河系	BAA 游憩河段	可供观光游览的河流段落
		BAB 瀑布	河流在流经断层、凹陷等地区时垂直从高空跌落的跌水
		BAC 古河道段落	已经消失的历史河道现存段落
	BB 湖沼	BBA 游憩湖区	湖泊水体的观光游览区与段落
		BBB 潭池	四周有岸的小片水域
		BBC 湿地	天然或人工形成的沼泽地等带有静止或流动水体的成片浅水区
	BC 地下水	BCA 泉	地下水的天然露头
		BCB 埋藏水体	埋藏于地下的温度适宜、具有矿物元素的地下热水、热汽
	BD 冰雪地	BDA 积雪地	长时间不融化的降雪堆积面
		BDB 现代冰川	现代冰川存留区域
	BE 海面	BEA 游憩海域	可供观光游憩的海上区域
		BEB 涌潮与击浪现象	海水大潮时潮水涌进景象,以及海浪推进时的击岸现象
		BEC 小型岛礁	出现在江海中的小型明礁或暗礁

续表

主类	亚类	基本类型	说明
C 生物景观	CA 植被景观	CAA 林地	生长在一起的大片树木组成的植物群体
		CAB 独树与丛树	单株或生长在一起的小片树木组成的植物群体
		CAC 草地	以多年生草本植物或小半灌木组成的植物群落构成的地区
		CAD 花卉地	一种或多种花卉组成的群体
	CB 野生动物栖息地	CBA 水生动物栖息地	一种或多种水生动物常年或季节性栖息的地方
		CBB 陆地动物栖息地	一种或多种陆地野生哺乳动物、两栖动物、爬行动物等常年或季节性栖息的地方
		CBC 鸟类栖息地	一种或多种鸟类常年或季节性栖息的地方
		CBD 蝶类栖息地	一种或多种蝶类常年或季节性栖息的地方
D 天象与气候景观	DA 天象景观	DAA 太空景象观赏地	观察各种日、月、星辰、极光等太空现象的地方
		DAB 地表光现象	发生在地面上的天然或人工光现象
	DB 天气与气候现象	DBA 云雾多发区	云雾及雾凇、雨凇出现频率较高的地方
		DBB 极端与特殊气候显示地	易出现极端与特殊气候的地区或地点,如风区、雨区、热区、寒区、旱区等典型地点
		DBC 物候景象	各种植物的发芽、展叶、开花、结实、叶变色、落叶等季变现象
E 建筑与设施	EA 人文景观综合体	EAA 社会与商贸活动场所	进行社会交往活动、商业贸易活动的场所
		EAB 军事遗迹与古战场	古时用于战事的场所、建筑物和设施遗存
		EAC 教学科研实验场所	各类学校和教育单位、开展科学研究的机构和从事工程技术试验场所的观光、研究、实习的地方
		EAD 建设工程与生产地	经济开发工程和实体单位,如工厂、矿区、农田、牧场、林场、茶园、养殖场、加工企业以及各类生产部门的生产区域和生产线
		EAE 文化活动场所	进行文化活动、展览、科学技术普及的场所
		EAF 康体游乐休闲度假地	具有康乐、健身、休闲、疗养、度假条件的地方
		EAG 宗教与祭祀活动场所	进行宗教、祭祀、礼仪活动场所的地方
		EAH 交通运输场站	用于运输通行的地面场站等
		EAI 纪念地与纪念活动场所	为纪念故人或开展各种宗教祭祀、礼仪活动的馆室或场地

续表

主类	亚类	基本类型	说明
E 建筑与设施	EB 实用建筑与核心设施	EBA 特色街区	反映某一时代建筑风貌,或经营专门特色商品和商业服务的街道
		EBB 特性屋舍	具有观赏游览功能的景观建筑
		EBC 独立厅、室、馆	具有观赏游览功能的景观建筑
		EBD 独立场、所	具有观赏游览功能的文化、体育场馆等空间场所
		EBE 桥梁	跨越河流、山谷、障碍物或其他交通线而修建的架空通道
		EBF 渠道、运河段落	正在运行的人工开凿的水道段落
		EBG 堤坝段落	防水、挡水的构筑物段落
		EBH 港口、渡口与码头	位于江、河、湖、海沿岸进行航运、过渡、商贸、渔业活动的地方
		EBI 洞窟	由水的溶蚀、侵蚀和风蚀作用形成的可进入的地下空洞
		EBJ 陵墓	帝王、诸侯陵寝及领袖先烈的坟墓
		EBK 景观农田	具有一定观光游览功能的农田
		EBL 景观牧场	具有一定观光游览功能的牧场
		EBM 景观林场	具有一定观光游览功能的林场
		EBN 景观养殖场	具有一定观光游览功能的养殖场
		EBO 特色店铺	具有一定观光游览功能的店铺
		EBP 特色市场	具有一定观光游览功能的市场
	EC 景观与小品建筑	ECA 形象标志物	能反映某处旅游形象的标志物
		ECB 观景点	用于景观观赏的场所
		ECC 亭、台、楼、阁	供游客休息、乘凉或观景用的建筑
		ECD 书画作	具有一定知名度的书画作品
		ECE 雕塑	用于美化或纪念而雕刻塑造、具有一定寓意、象征或象形的观赏物和纪念物
		ECF 碑碣、碑林、经幢	雕刻记录文字、经文的群体刻石或多角形石柱
		ECG 牌坊牌楼、影壁	为表彰功勋、科第、德政以及忠孝节义所立的建筑物,以及中国传统建筑中用于遮挡视线的墙壁
		ECH 门廊、廊道	门头廊形装饰物,不同于两侧基质的狭长地带
		ECI 塔形建筑	具有纪念、镇物、标明风水和某些实用目的的直立建筑物

续表

主类	亚类	基本类型	说明
E 建筑与设施	EC 景观与小品建筑	ECJ 景观步道、甬路	用于观光游览行走而砌成的小路
		ECK 花草坪	天然或人造的种满花草的地面
		ECL 水井	用于生活、灌溉用的取水设施
		ECM 喷泉	人造的由地下喷射水至地面的喷水设备
		ECN 堆石	由石头堆砌或填筑形成的景观
F 历史遗迹	FA 物质类文化遗存	FAA 建筑遗迹	具有地方风格和历史色彩的历史建筑遗存
		FAB 可移动文物	历史上各时代重要实物、艺术品、文献、手稿、图书资料、代表性实物等,分为珍贵文物和一般文物
	FB 非物质类文化遗存	FBA 民间文学艺术	民间对社会生活进行形象的概括而创作的文学艺术作品
		FBB 地方习俗	社会文化中长期形成的风尚、礼节、习惯及禁忌等
		FBC 传统服饰装饰	具有地方和民族特色的衣饰
		FBD 传统演艺	民间各种传统表演方式
		FBE 传统医药	当地传统留存的医药制品和治疗方式
		FBF 传统体育赛事	当地定期举行的体育比赛活动
G 旅游购物	GA 农业产品	GAA 种植业产品及制品	具有跨地区声望的当地生产的种植业产品及制品
		GAB 林业产品与制品	具有跨地区声望的当地生产的林业产品及制品
		GAC 畜牧业产品与制品	具有跨地区声望的当地生产的畜牧产品及制品
		GAD 水产品及制品	具有跨地区声望的当地生产的水产品及制品
		GAE 养殖业产品与制品	具有跨地区声望的当地生产的养殖业产品及制品
	GB 工业产品	GBA 日用工业品	具有跨地区声望的当地生产的日用工业品
		GBB 旅游装备产品	具有跨地区声望的当地生产的户外旅游装备和物品
	GC 手工工艺品	GCA 文房用品	文房书斋的主要文具
		GCB 织品、染织	纺织及染色印花织物
		GCC 家具	生活、工作及社会实践中供人们坐、卧或支撑与贮存物品的器具
		GCD 陶瓷	由瓷石、高岭土、石英石、莫来石等烧制而成,外表施有玻璃质釉或彩绘的物器

续表

主类	亚类	基本类型	说明
G 旅游购物	GC 手工工艺品	GCE 金石雕刻、雕塑制品	用金属、石料或木头等材料雕刻的工艺品
		GCF 金石器	用金属、石料制成的具有观赏价值的器物
		GCG 纸艺与灯艺	以纸材质和灯饰材料为主要材料制成的平面或立体的艺术品
		GCH 画作	具有一定观赏价值的手工画成作品
H 人文活动	HA 人事活动记录	HAA 地方人物	当地历史和现代名人
		HAB 地方事件	当地发生过的历史和现代事件
	HB 岁时节令	HBA 宗教活动与庙会	宗教信徒举行的礼仪活动,以及节日或规定日子里在寺庙附近或既定地点举行的聚会
		HBB 农时节日	当地与农业生产息息相关的传统节日
		HBC 现代节庆	当地定期或不定期的文化、商贸、体育活动等
统计			
8 主类	23 亚类		110 基本类型

(资料来源:国家旅游局规划财务司,中国科学院地理科学与资源研究所.旅游资源分类、调查与评价(GB/T 18972—2017)[S].北京:中国标准出版社,2017:7-10.)

一、自然旅游资源

自然旅游资源是指因地球沧海桑田的变化而形成的对旅游者具有一定吸引力的旅游资源。在地球上各种自然现象、自然资源所生成的自然环境中,凡是具有一定的观赏、体验、审美、休疗、科考等价值,从而能够对旅游者产生吸引力进而导致旅游行为的,都属于自然旅游资源的范畴。按照《旅游资源分类、调查与评价》(GB/T 18972—2017)自然旅游资源又可进一步分为地文景观、水域景观、生物景观和天象与气候景观。

(一)地文景观

地文景观是地球内、外营力综合作用于地球岩石圈而形成的各种现象与事物的总称。地文景观旅游资源是地球内、外动力地质作用的综合产物,是大自然的杰作,它们的形成、发展都有一定的规律性,并蕴含一定的科学原理。地文景观可进一步分为五个亚类。

1. 山岳形胜

山岳形胜主要包括风景名山、历史文化名山和冰山雪峰等。如享誉世界的中国华夏五岳、四大佛教名山、四大道教名山、黄山、武陵源和珠穆朗玛峰,雄伟壮丽的欧洲阿尔卑斯山、坦桑尼亚乞力马扎罗山、美国落基山和日本富士山等。

2. 岩溶景观

岩溶景观主要包括地下的溶洞、暗河与地上的孤峰、峰林、石林及天生桥。如:深邃曲折的中国桐庐瑶琳仙境、贵州织金洞、建水燕子洞和斯洛文尼亚波斯伊依纳洞穴、美国猛犸洞穴;美不胜收的中国桂林岩溶山水和号称"海上桂林"的越南下龙湾岩湾山水;奇形怪状的中国云南石林和印度尼西亚加里曼丹岛石林;以全球最长而载入《吉尼斯世界纪录》的中国贵州黎平天生桥等。

3. 风沙地貌

风沙地貌包括风蚀地貌和风积地貌。前者有风蚀蘑菇、风蚀柱、风蚀垅岗和风蚀城堡等。如,令人心生恐惧的中国新疆乌尔禾风蚀"魔鬼城"(见图 4-1)和崎岖起伏的罗布泊"雅丹"(风蚀垄槽)。后者指风积作用形成的具有较高美学观赏价值的多种沙丘和戈壁,如峰刃如削的中国敦煌鸣沙山、连绵起伏的非洲撒哈拉大沙漠、蔚为壮观的美国"彩色荒漠"等。

图 4-1 新疆乌尔禾"魔鬼城"

4. 海岸地貌

海岸地貌包括海蚀地貌、海积地貌、岩岸、沙岸、红树林海岸和珊瑚礁海岸等多种形态。如，以蚀崖峭壁和海礁奇石为特色、浓缩了 8 亿年地质演化史的中国大连金石滩海滨，由串珠状沙洲组成的美国迈阿密海滩，高大峭壁紧遏太平洋的中国台湾清水断崖，号称"海底森林"的中国广西红树林海岸，艳丽多姿、世界最大的澳大利亚大堡礁等。

5. 特异地貌

特异地貌主要指一般地区罕见的独特地貌景观。如，全球独一无二的中国福建鸳鸯溪白水洋巨型水下石板广场，以石龙、石海、火山蛋和火山口为特色的中国五大连池火山熔岩景观，以地缝、天坑和峰林三绝著称的中国贵州马岭河地缝裂谷，耸立于澳大利亚大陆中部平原西侧的世界最大独石艾尔斯巨石等。

（二）水域景观

人类居住的地球上，71%的面积被水域覆盖，水体资源丰富。江河湖海、飞泉瀑布构成一幅幅动静结合的极具观赏价值的画面，并具有休闲度假和康体娱乐的独特功能。

1. 江河溪涧

江河溪涧由气势磅礴的大江大河和清流潺潺的小河小溪构成。前者如，世界最深最长、堪称"20 世纪最伟大的地理发现"的中国雅鲁藏布大峡谷，素以"天然山水画廊"闻名的中国长江三峡（见图 4-2），人称"天然奇景"的美国科罗拉多大峡谷，"长比天河"的世界第一长河——非洲尼罗河和两岸风景如画的欧洲"蓝色多瑙河"等；后者如，人称"除去宁河不是峡"的大宁河小三峡，"三三秀水清如玉"的武夷山九曲溪，充满诗情画意的武陵源金鞭溪等。

2. 湖泊水库

湖泊水库湖泊系天然形成，水库则属人工所建，它们都具有水流平静、碧波荡漾的特点，令人感觉赏心悦目。如与山色交相辉映，则景致更佳。世界著名的天然湖泊，如中国的杭州西湖、洞庭湖、青海湖、长白山天池和日本的琵琶湖、俄罗斯的贝加尔湖、英国的尼斯湖、瑞士的日内瓦湖、南美的的喀喀湖等；著名的人工水库，如中国的千岛湖（新安江水库）、松花湖（丰满水库）和埃及的纳赛尔湖、俄罗斯的古比雪夫水库、南美的伊泰普水库和美国的大古力水库等。

图 4-2　长江三峡之西陵峡

3. 瀑布泉点

瀑布泉点银练飞泻的瀑布和功效多样的泉点，自古就是旅游者乐于光顾的主要旅游资源。世界上有许多著名的瀑布，如中国三大瀑布——黄果树瀑布、黄河壶口瀑布和吊水楼瀑布，世界三大瀑布——非洲维多利亚瀑布、南美伊瓜苏瀑布和北美尼亚加拉瀑布。世界上也不乏著名的冷泉、温泉、矿泉和药泉等各类泉点，如中国的杭州虎跑泉、骊山华清池温泉、青岛崂山矿泉、五大连池药泉和大理蝴蝶泉，美国的黄石公园间歇喷泉、日本的箱根温泉、保加利亚的索菲亚矿泉等。

4. 现代冰川

作为一种固态水体，现代冰川晶莹剔透，别具一格，令人耳目一新。中国珠穆朗玛峰地区的绒布冰川、新疆喀喇昆仑山北坡的音苏盖提冰川和天山一号冰川、四川海螺沟冰川与北极地区、南极洲的辽阔冰原及座座冰山，均是现代冰川旅游资源的典型代表。

5. 滨海景观

地球上的海洋约占地表总面积的71%。海洋的中心部分称洋，边缘部分叫海。由于海的自身特点及其与人类活动的密切联系，海洋旅游资源的开发利用多限于大洋的边缘，即海的部分，而且大量的旅游活动都集中在大陆边缘的海滨地带或岛屿群，真正的大洋旅游只限于环球航行、考察、探险等特殊项目。所以，此处所说的滨海景观，主要是指由海滩和与其相连的海域所构成的复合景观。它以沙细柔软、水清浪小、阳光和煦、空气清新的特点,对旅游者产生强烈的旅游吸引力,因而是一项极为重要的旅游资源,在风光观赏、疗养度假和体育运动等方面具有巨大的开发潜力。诸如,椰林婆娑、海水深蓝、终年皆可下水游泳的中国海南亚龙湾和拉美加勒比热带海滨,夏季气候凉爽宜人的中国北戴河、青岛和东欧黑海海滨,号称"向世界出口阳光、空气和海滩"的西班牙太阳海岸,以及波澜壮阔、堪为奇观的中国钱塘江海潮和巨浪滔天、特别适宜开展冲浪滑水运动的美国夏威夷瓦湖岛威基基海滩均是其中的佼佼者。

(三)生物景观

生物景观是指以生物群体构成的总体景观和具有珍稀品种和奇异形态的个体。具体可以分为植物旅游景观和动物旅游景观两大类。

1. 植物旅游景观

(1)珍稀植物,指以单体存在的珍贵而稀少的植物。被誉为中国四大长寿观赏树种的松、柏、槐、银杏,是我国极为珍贵的植物。世界上最大的莲——王莲、热带雨林巨树——望天树、蕨类植物之王——桫椤、奇异的长命叶——百岁兰、世界植物活化石——水杉和中国的鸽子树——珙桐,都是世界上极为珍贵又极为稀缺的植物。

(2)观赏植物。主要可分为观花植物、观果植物、观叶植物和观形植物。其中中国主要观花之地有苏州赏梅胜地,牡丹"甲天下"的洛阳,杭州玉帛玉兰林,云南奇花异卉大观园,最大杜鹃花观赏胜地贵州"百里杜鹃"林(见图 4-3),福建漳州"百里花市",等等。世界著名花卉有日本樱花、荷兰郁金香等。

图 4-3 贵州毕节杜鹃花海

(3)奇特植物。奇特植物不仅具有奇异的形态,而且具有奇特的寓意。例如,岁寒三友——松、竹、梅,四君子——梅、兰、竹、菊,花草四雅——兰、菊、水仙、菖蒲,园中三杰——

玫瑰、蔷薇、月季，花中四友——山茶花、梅花、水仙、迎春花。

（4）风韵植物。中国十大名花："花王"牡丹，"花相"芍药，"花后"月季，"空谷佳人"兰花，"花中君子"荷花，"花中隐士"菊花，"空中高士"梅花，"花中仙女"海棠花，"花中妃子"山茶花，"凌波仙子"水仙花。

（5）森林景观，指具有独特的美学价值和功能的野生、原生以及人工森林。中国著名的森林景观主要有：湖南张家界国家森林公园（中国第一个国家森林公园）、云南西双版纳原始森林景观（"植物王国"和"动物王国"）、东北长白山原始森林（温带生物自由基因库、红松之乡）。世界主要森林景观有：欧洲北部的亚寒带针叶林（世界最大针叶林）、南美洲亚马孙河流域和非洲刚果河流域的热带雨林、地中海沿岸的亚热带常绿林景观等。

（6）草原景观，主要指大面积的草原和牧场形成的植被景观。中国著名的草原景观资源主要有：内蒙古锡林郭勒草原；新疆巴音布鲁克草原；甘肃夏河草原；呼伦贝尔草原。世界主要草原景观有：澳大利亚中西部大草原；阿根廷潘帕斯大草原；非洲热带稀树草原。

（7）古树名木，主要是指单体存在的古老名贵的树木。中国名木主要有：水杉、银杏、鹅掌楸、珙桐等；黄山迎客松（黄山四绝之首）；陕西黄帝陵的轩辕柏，已经有5000多年的历史，堪称"世界柏树之父"；山东孔庙2000多岁的"孔子桧"；泰山的五大夫松等等。

2. 动物旅游景观

（1）珍稀动物，指现存数量较少或者濒于灭绝的珍贵稀有动物和保护珍稀动物栖息地的自然保护区。中国四大国宝为：白鳍豚、白唇鹿、大熊猫和金丝猴。同时，中国的东北虎、藏羚羊、丹顶鹤、台湾黑熊等动物也是极为珍贵的。世界上珍稀动物及栖息地有：澳大利亚大陆特有动物袋鼠、考拉（树袋熊），南极大陆的"主人"——企鹅，尼泊尔奇特旺国家公园是孟加拉虎最后的避难所和亚洲独角犀牛的栖息地。

（2）观赏动物，指体态、色彩、运动和发声等方面的特征能引起人们美感的动物，具有很强的观赏价值。如孔雀开屏时的美丽就极具观赏价值。

（3）表演动物，指动物园中的动物会在驯兽师的指挥下模仿人的一些行为，如猴子骑车，鹦鹉算数，狮虎表演等。

（4）迁徙动物，深秋时节北方的燕子、鸿雁等会迁徙到温暖适宜的地方去过冬，春季再飞回北方。

（四）天象与气候景观

地球上气候类型复杂多样，既有从南到北的温度变化，又有从东到西的干湿变化，还有从低到高的垂直分异，更具有特定地理环境下形成的富于变化的天象奇观。这就使得中国的气候天象旅游资源异彩纷呈，既为组织多种形式的旅游活动、促进旅游季节的均衡交替提供了优越的自然条件，也为不少旅游地增添了大自然的奇异景致，能激发旅游者的游兴。天象与气候景观又可细分为三种亚类。

（1）宜人气候由夏季清凉的避暑型、长夏无冬或冬季温和的避寒型和四时如春的全年皆宜型气候构成。前者如，中国的北戴河与青岛海滨、莫干山、庐山，菲律宾的碧瑶、埃塞俄比亚的亚的斯亚贝巴和德国的巴登巴登等；中者如中国的海南岛、俄罗斯的克里米亚海滨等；后者如中国的昆明、墨西哥的墨西哥城和玻利维亚的拉巴斯等。

（2）天象奇观指在一些特定的地区所形成的独特天象奇观，这也是观赏价值颇高的旅游资源。诸如中国的峨眉佛光、蓬莱阁海市蜃楼和太湖西山日月并升，英国伦敦的雾景、地球南北极圈以内的高纬度地区所出现的极昼和极光景观，是天象奇观的代表。

（3）冰雪景观。冰雪既可作为观赏的对象，又可作为冰雪运动的场所，因而它与海洋、森林并称世界三大旅游资源。世界上有很多令人陶醉不已的冰雪景观，如中国的"冰城"哈尔滨和吉林雾凇，挪威和加拿大的广阔天然雪原、厄瓜多尔安第斯山区的赤道雪等。

二、人文旅游资源

人文旅游资源是古今中外人类生活、生产活动的艺术成就和文化结晶，主要包括历史遗迹、建筑与设施、园林、宗教文化、文学艺术、历史名城和社会风情等。它具有明显的社会性、时代性、民族性以及地域性。在其形成过程中，创造者总是力求表现出个人的理想志趣和审美意识，因此对于旅游者的鉴赏和利用往往具有主导性和强制性，使旅游者自觉或不自觉地受到创造者主观意图的影响。

（一）历史遗迹

历史遗迹是指人类文明活动的遗留物。它反映时代文化和历史事件，可供旅游者观赏、瞻仰和凭吊。其中保存完好、历史意义深远的历史遗迹旅游价值最大，如古人类遗址、古战场、石碑石刻、名人故居和革命纪念地等。

1. 古人类遗址

中国原始文化星罗棋布，多姿多彩，先后经历了旧石器时代与新石器时代。旧石器时代的古人类遗址主要涉及云南的元谋人、陕西的蓝田人、北京周口店的北京人、山顶洞人和山西襄汾的丁村人等；新石器时代主要有河姆渡文化、仰韶文化、龙山文化、大汶口文化等。

2. 古战场

古战场，即古代战役（战斗）发生的地域、地点。人类历史也是一部战争的历史，大小战争不断，战场无数，一般意义上的古战场是那些在历史上进行过著名战争战役并存有遗迹的地方,或时代久远的战场,如黄帝蚩尤涿鹿大战古战场、赵秦长平之战古战场、吴蜀夷陵大战古战场、秦晋淝水之战古战场等。作为宝贵的人文景观,著名古战场是人类历史的重要文化遗产,有着很大的旅游开发价值,很多著名古战场发展成为重要的旅游景点。

3. 石碑、石刻

石碑是立在宫殿、陵墓或寺庙中记事的石块。石碑由碑首、碑身和碑座三部分组成。我国有很多著名的石碑,如苏仙岭三绝碑、蜀汉丞相诸葛武侯祠堂碑、苏轼荔子碑、万安桥记大字碑、陕西乾陵唐代无字碑、宋徽宗御制大观五礼记碑等都具有重要的历史价值和旅游吸引力。

石刻是造型艺术中的一个重要门类,在中国有着悠久的历史。石刻属于雕塑艺术,是运用雕刻的技法在石质材料上创造出具有实在体积的各类艺术品。中国古代石刻种类繁多。古代艺术家和匠师们广泛地运用圆雕、浮雕、透雕、平雕、线刻等技法创造出众多风格各异、生动多姿的石刻艺术品。其中,联合国教科文组织将洛阳龙门石窟评价为"中国石刻艺术的最高峰"。其他诸如苏州石刻天文图、太原露天摩崖石刻大佛、重庆大足石刻和桂林象鼻山石刻等都是石刻艺术的代表作。

4. 名人故居

中国历史博大精深,源远流长,古往今来,文人墨客为我国留下了很多的优秀作品,时至今日,他们依旧值得我们去怀念,而且有些名人的居住之所还被完好地保留了下来,具有重要的纪念意义和旅游价值。如毛泽东故居、屈原故里、杜甫草堂、张居正故居等,数不胜数。

5. 革命纪念地

革命纪念地是指在中国国内革命时期具有重要的影响或做出杰出贡献的地区,是优质的红色旅游资源,是爱国主义教育基地和重要的红色旅游胜地。如延安、瑞金、遵义、红安等红色革命纪念地,在中国革命史上产生过重大影响,为中国革命做出了杰出的贡献,值得后人铭记,因而它们都是具有重要价值的红色旅游胜地和爱国主义教育基地(见图 4-4)。

(二)建筑与设施

建筑是指利用自然界和人工材料,经过人工修建具有一定形体的地物。它主要包括城墙、堡垒、楼阁、殿堂、陵墓、佛塔、博物馆、游乐园和民居以及古代水利工程等。它反映着时代风俗和文化特点,常常成为旅游区的主景和活动中心。如法国的凡尔赛宫,中国的万里长城、秦陵兵马俑、赵州桥、都江堰和傣族的竹楼等。再如美国的迪斯尼乐园和加拿大多伦多电视塔等。

图 4-4　遵义会议会址

1. 宫殿

宫殿是帝王处理朝政或宴居的建筑物,也是帝王朝会和居住的地方,规模宏大,形象壮丽,格局严谨,给人强烈的精神感染。中国传统文化注重巩固人间秩序,与西方和伊斯兰建筑以宗教建筑为主不同,中国建筑成就最高、规模最大的就是宫殿。世界上著名的宫殿,如北京故宫、沈阳故宫、法国凡尔赛宫、俄罗斯冬宫等,都具有极高的建筑艺术价值和历史文化价值,也都是旅游者所向往的旅游胜地。

2. 城墙

城墙是古代一种军事防御设施,是由墙体和其他辅助军事设施构成的军事防线。根据其不同功能,城墙有广义和狭义之分。广义的城墙分为两类:一类为构成长城的主体,另一类属于城市(城)防御建筑,由墙体和附属设施构成封闭区域。狭义的城墙指由墙体和附属设施构成的城市封闭型区域。封闭区域内为城内,封闭区域外为城外。

中国的南京明城墙是世界最长、规模最大、保存原真性最好的古代城垣。我国其他保存较为完整的城墙有西安城墙、平遥城墙、荆州城墙、兴城城墙、开封城墙等。

3. 陵墓

陵墓指帝王或诸侯的坟墓。现多指领袖或先烈的坟地,亦泛指坟墓。中国古代一般用土葬,陵墓中以秦始皇陵为代表。其他诸如汉茂陵、唐乾陵、唐昭陵、明十三陵、清东陵和西陵都是这类旅游资源的杰出代表。

4. 寺庙

寺庙是佛教建筑之一,汉传佛教的寺庙均是中式建筑风格,藏传佛教的寺庙多是汉藏融合的建筑风格。中国寺庙建筑有意将内外空间模糊化,讲究室内室外空间的相互转化。

寺庙既是人们宗教信仰的皈依之地,又是历史文化的汇聚之所。譬如大家熟知的天下第一名刹中国禅宗发源地嵩山少林寺、历史上第一座寺庙洛阳白马寺、天下第一禅林灵谷寺、佛道儒三教合一寺庙恒山悬空寺、北京地区最早的寺庙潭柘寺(皇家第一寺庙)等都是赫赫有名的名刹古寺,也是旅游者络绎不绝之地。

5. 佛塔

佛塔又名浮屠(梵语"佛陀"的音译)。佛塔最初用来供奉舍利、经卷或法物。佛教于公元1~2世纪开始进入中国,历汉化而形成汉传佛教,佛塔样式也由覆钵式塔汉化为亭阁式塔、楼阁式塔,又由楼阁式塔衍生出密檐式塔。传统中国佛塔按建筑材料又可分为木塔、石塔、砖塔等。

(1)覆钵式塔。

覆钵式塔又称喇嘛塔,为藏传佛教所常用。这种塔的塔身是一个半圆形的覆体,源于印度佛塔的形式。覆体上是巨大的塔刹,覆体上建一个高大的须弥座。

我国著名的覆钵式塔有北京北海白塔、山西五台山塔院寺大白塔、宁夏青铜峡市一百零八塔等。

(2)楼阁式塔。

楼阁式塔的形式来源于中国传统建筑中的楼阁,这种塔在中国古塔中历史悠久,形体最为高大,保存数量也最多。

我国早期著名的楼阁式塔有很多,如西安大雁塔、山西应县木塔、河南开封祐国寺塔、杭州六和塔、银川海宝塔、四川泸州报恩塔等。

(3)密檐式塔。

密檐式塔的第一层较高,以上各层渐变低矮,高度面阔亦渐缩小,且愈向上收缩愈急,各层檐紧密相接,故得此名。密檐式塔整体轮廓呈炮弹形。

我国现存最早的砖塔河南登封市的嵩岳寺塔即属于密檐式塔。其他像西安小雁塔、云南大理千寻塔也是密檐式塔中的精品。

(4)金刚宝座塔。

金刚宝座塔的下部为一方形巨大高台,台上建五个正方形密檐小塔(代表密宗五方佛)。这种塔在中国从明代以后陆续有修造,但是数量很少,全国仅存十余处。著名的有北京真觉寺金刚宝座塔、北京香山碧云寺金刚宝座塔、内蒙古呼和浩特市慈灯寺金刚宝座舍利塔等。

6. 石窟

石窟原是印度的一种佛教建筑形式。佛教提倡遁世隐修,因此僧侣们选择崇山峻岭的幽僻之地开凿石窟,以便修行之用。

中国的石窟起初是仿照印度石窟的制度开凿的,多建在中国北方的黄河流域。龙门石窟、莫高窟、云冈石窟并称中国三大石窟,后加麦积山石窟称四大石窟。其中,龙门石窟数量最多,不仅位居中国各大石窟之首,而且被联合国教科文组织评为"中国石刻艺术的最高峰"(见图4-5)。

图 4-5　河南洛阳龙门石窟

7. 古代水利工程

古代最重要的生产部门是农业,农业受自然因素的影响极大。这在古代科学技术不发达,人们抵御自然灾害能力低下的情况下更是如此。中国历代王朝都十分重视农业基础建设,兴建公共水利工程。兴修水利不仅直接关系到农业生产的发展,而且可以扩大运输,加快物资流转,发展商业,推动整个社会经济的繁荣。

我国古代有不少闻名世界的水利工程。这些工程不仅规模巨大,而且设计水平很高,说明当时人们掌握的水文知识已经相当丰富。古代水利工程的典型代表有广西兴安灵渠、成都都江堰水利工程、京杭大运河等。

8. 现代建筑

现代建筑不是在20世纪突然出现的。它的产生可以追溯到产业革命和由此而引起的社会生产和社会生活的大变革。这是一场由产业革命引起的建筑革命。进入20世纪后,变化继续进行着,并且向世界更多的地区扩散。正是这个建筑历史上空前的建筑革命孕育了20世纪的现代建筑,并代表了现代社会的文明程度和生产力水平。我国著名的现代建筑有很多,如国家体育场(鸟巢),台北101,湖州喜来登温泉度假酒店,上海中心大厦,台北盘旋式摩天大楼,国家游泳中心(水立方),重庆市人民大礼堂等。

(三)园林

园林是在一定的地段内,利用并改造天然山水地貌或者人为地开辟山水地貌,结合植物的栽植和建筑的布置,从而构成供人们观赏、游憩和居住的环境。园林艺术是对风景的提炼和概括,是对自然美的浓缩和加工,同时是造型艺术的一种表现形式。大的园林犹如一个优美的风景胜地,小的园林宛若一件玲珑剔透的微型雕塑,园林无论大小都是自然美所不能比拟的理想境界。中国古典园林分类方法较多,如:按照地域可分为北方园林、江南园林和岭南园林;按园林占有者身份、隶属关系可分为皇家园林、私家园林和寺庙园林。

1. 皇家园林

皇家园林是专供帝王休息享乐的园林,为皇帝个人或皇室成员所私有,古籍里称为苑、苑囿、宫苑、御苑、御园等。古人讲普天之下莫非王土,在当时的统治阶级看来,国家的山河都是属于皇家的。皇家园林的特点是规模宏大,真山真水较多;园中建筑色彩富丽堂皇,建筑体型高大。现存著名皇家园林有北京的颐和园、北海公园,河北承德的避暑山庄等。

2. 私家园林

私家园林是供王公官吏、富商等休闲的园林。其特点是规模较小,常用假山假水,建筑小巧玲珑,多为淡雅素净的色彩。现存的私家园林有苏州的拙政园(见图4-6)、留园、沧浪亭、网师园,上海的豫园等。私家园林为民间的贵族、官僚、缙绅所私有,古籍里面称园、园亭、园墅、池馆、山池、山庄、别业、草堂等。

3. 寺庙园林

寺庙园林指佛寺、道观、历史名人纪念性祠庙的园林。寺庙园林狭者仅方丈之地,广者则泛指整个宗教圣地,其实际范围包括寺庙周围的自然环境,是寺庙建筑、宗教景物、人工山水和天然山水的综合体。一些著名的大型寺庙园林,往往历经成百上千年的持续开发,积淀着宗教史迹与名人历史故事,拥有众多文人雅士的摩崖石刻和楹联诗文,具有丰厚的历史和文化游赏价值。我国著名的寺庙园林也有很多。如苏州西园寺、狮子林、寒山寺,成都的武

图 4-6　苏州拙政园之小飞虹

侯祠,杭州的灵隐寺,乐山的凌云寺,福州鼓山的涌泉寺,灌县青城山的天师洞,峨眉山的清音阁等。

(四)宗教文化

从旅游资源的角度看,宗教文化主要包括宗教建筑、宗教活动和宗教艺术三种亚类,它们具有巨大的旅游魅力和开发价值。

1. 宗教建筑

宗教建筑是人类智慧和劳动的结晶,是一个国家宗教文化的有机组成部分。风格迥异的宗教建筑是宗教文化不可或缺的重要内容,也是宗教文化具有旅游吸引力的重要原因。

(1)基督教建筑。

教堂是基督教建筑的典型代表。基督教建筑多采用复杂而精致的结构,高耸而细尖的塔楼直刺蓝天,在视觉上造成飞腾的效果,仿佛要摆脱地球的吸引力,飞往九霄云外。在 2000 多年的历史中,教堂风格也在不断变化,由最初的宫殿式,到 11 世纪的罗马式,12 世纪的哥特式,15 世纪的文艺复兴式,一直发展到近现代的建筑风格。巴黎圣母院、英国的圣保罗教堂和威斯敏斯特教堂、梵蒂冈的圣彼得大教堂、意大利的米兰大教堂、德国的科隆大教堂和亚琛大教堂、中国的上海佘山天主教堂和广州石室圣心大教堂,为此种建筑的典范。

(2)伊斯兰教建筑。

清真寺亦称礼拜寺,是伊斯兰教建筑的典型代表,也是穆斯林聚众礼拜的场所。伊斯兰教建筑多采用葱头形穹隆顶,像苍天笼罩着天地万物,顶部收束呈尖锥状,给人以升举之感。清真寺建筑结构严谨、质朴,由礼拜大殿、邦克楼、经文讲堂、浴室及阿訇办公、居住用房等组成。大殿是清真寺的主体建筑,是宗教活动中心。其建筑布局和形式较为灵活,但内部设计较为固定。世界各地的清真寺礼拜殿方向,必须朝向圣地交加,这种规定有效地强化了麦加在穆斯林心中的地位。沙特阿拉伯的麦加大清真寺、麦地那的先知寺、耶路撒冷的阿克萨清真寺,是伊斯兰教三大圣寺,中国泉州清净寺、喀什艾提尕尔清真寺、北京牛街清真寺和同心清真大寺等,也有很高的知名度和很强的代表性。

(3)佛教建筑。

佛教建筑属于东方建筑,它种类繁多,追求布局艺术。寺庙、佛塔和石窟为佛教三大建筑,其中,寺庙又由启、堂、丛林、刹、禅林、宫等组成。中国的佛教建筑用一进进院落构成布局严谨的建筑群体,内设天王殿、大雄宝殿、七佛殿、菩萨殿、五百罗汉堂、藏经阁等单体建筑。受各地建筑风格的影响,我国佛教建筑形成了汉地佛教寺庙、藏传佛教寺庙(喇嘛庙)、南传佛教寺庙和汉藏混合型寺庙几大类型。比较著名的有承德避暑山庄的外八庙、拉萨的布达拉宫和大昭寺(见图 4-7)、青海西宁的塔尔寺、杭州的灵隐寺、福建泉州的开元寺、河南嵩山的少林寺、北京的碧云寺等。浙江天台的国清寺、江苏南京的栖霞寺、湖北当阳的玉泉寺和山东济南的灵岩寺,合称天下寺院"四绝",早在隋唐时期即有中国"四大丛林"之称。此外我国还有开封的相国寺,广州的光孝寺,天津蓟州区的独乐寺,北岳恒山的悬空寺等。

图 4-7 拉萨布达拉宫

2.宗教活动

宗教活动是一种群众性的组织进行的具有群体性,甚至全民性的信仰活动。宗教活动是宗教文化的重要组成部分,不同的宗教由于教义等的不同而举行各种不同的宗教活动。

宗教活动是一类特殊的旅游资源,对广大非教徒旅游者亦有很强的吸引力,旅游者的兴趣并非出于对宗教的虔诚,而是出于宗教活动的新奇感和神秘感。佛教、基督教、伊斯兰教、道教等的重大活动笼罩着浓厚的神秘色彩，能满足一般旅游者猎奇的心理。如基督教的圣诞节、复活节、圣灵降临节，伊斯兰教的礼拜和朝觐活动，佛教的佛诞节、涅槃节，印度教的湿婆节、好利节、乘东节，以及藏族的浴佛节，回族及维吾尔族的开斋节和古尔邦节等。

3. 宗教艺术

宗教艺术是宗教文化的重要组成部分，也是宗教文化的直接体现。宗教艺术的内容相当丰富，在建筑、绘画、雕塑、石刻、音乐、文学等传统艺术领域有广泛的渗透。发绣、堆绣、酥油花等则是中国独创的宗教艺术新形式。

中外宗教艺术的创作都源于现实生活。宗教艺术作品对帝王后妃、文臣武将、市民农夫、商旅小贩等各阶层的生活都有所反映。人们从中可以了解到许多历史资料和知识，如从莫高窟壁画中可以看到古人打猎、织布、修建房屋等具有生活气息的画面，由此很直观地了解古代服饰、建筑的特点。

宗教艺术代表作有许多，我国敦煌莫高窟的壁画和彩塑艺术、大足石刻艺术、老君岩造像、麦积山泥塑艺术、塔尔寺艺术三绝，保加利亚博亚纳教堂壁画艺术、法国沙特尔大教堂宗教雕刻艺术，均等是其中的佼佼者。

（五）文学艺术

旅游活动是一种文化活动，也是获得知识、欣赏艺术和领悟哲理的一种特殊的社会空间活动。文学艺术作为旅游资源的重要组成部分，能够对景观起到渲染作用，对旅游者有特殊的吸引力。楹联题字、诗词歌赋、神话故事、民间传说等皆属此类，具有极高的文学艺术价值和旅游价值。

（六）社会风情

社会风情主要包括民族习俗、节日文体活动、土特产和工艺品以及美味佳肴等，是人们喜闻乐见的人文旅游资源。

（七）历史名城

一座城市悠久的历史和独特的传统文化，本身就是一项有着巨大吸引力的旅游资源。我国历史悠久，文化灿烂，具有历史文化价值的名城很多。如七大古都、花城广州、瓷都景德镇、革命圣地延安等城市都是人们向往的旅游胜地（见图4-8）。

图 4-8　山西平遥古城

第三节　旅游资源的调查与评价

一、旅游资源的调查

旅游资源的调查是旅游资源开发的前提和基础性工作。旅游资源的调查目的是查明本地区可供旅游业开发利用的资源家底,以全面掌握区域内旅游资源的数量、质量、类型、分布、空间组合状况、成因、价值等,为后续旅游资源的评价和开发做好准备,为旅游资源的可持续开发利用打好基础。

（一）调查内容

旅游资源的调查内容主要涉及以下三个方面的内容。

1. 旅游资源存在的环境背景基础的调查

所谓环境背景基础调查,就是对旅游资源形成的自然环境、人文环境以及环境质量的调查。其中,自然环境主要包括本地区的概况、地质地貌、水文、气候气象、动植物等要素;人文环境主要包括本地区的历史沿革、社会经济发展水平、法律法规和规章制度、交通通信、供水供电、文化医疗卫生等基础条件,以及该地区旅游业的发展水平、当地居民对发展旅游业的态度等方面;环境质量方面主要调查影响该地区旅游资源开发利用的环境限制条件,如大气、水体、土壤、噪声污染等现状与治理程度。

2. 旅游资源

旅游资源包括对旅游资源的类型、数量、质量、特征、成因、级别、规模、组合条件及与旅游资源有关的重大历史事件、名人故事、文学艺术作品等基本情况进行详细调查,并最终形成调查区域的旅游资源分布图、照片、录像、文字等有关资料,作为后续旅游资源评价的基础。

3. 旅游资源开发现状与开发条件的调查

旅游资源开发现状与开发条件的调查主要是指对旅游要素、客源市场、邻近区域旅游资源与本地区旅游资源的相互关系等方面进行调查。其中旅游要素调查主要包括对当地交通、餐饮、住宿、游览、购物、娱乐等软硬件进行调查;客源市场调查主要是调查旅游目的地与主要客源市场的距离、交通通达性,旅游客源地当地居民的消费水平和出游率,依据旅游资源吸引力的大小,进行必要的旅游客源市场分析,包括客源形成的层次和范围、客源潜在数量、产生客源的积极因素和限制因素等;邻近区域旅游资源与本地区旅游资源的相互关系的调查主要包括自然旅游资源和人文旅游资源的组合条件与互补情况、各要素的组合及协调性、景观的集聚程度等,调查分析邻近地区旅游资源与区域内资源的相互关系、所产生的积极影响和消极影响,以及区域内旅游资源在不同层次区域的比较优势。

(二)调查方法

1. 田野勘测法

调查员通过实地踏勘、观察、测量、记录、填绘、摄像、录音等形式对调查区域的旅游资源进行全面细致的调查,可以获得宝贵的第一手资料,为后期进行分析归纳,得出科学的调查结果奠定坚实的基础。在田野勘测中,主要是对旅游资源的分布位置、变化规律、数量、质量、特色优势、类型结构、功能价值等进行感知。只有通过专业人员的现场综合考察,才能核实、获得本区域旅游资源的相关信息,得出科学合理的资源分析和评价意见。

2. 访谈调查法

访谈调查法是旅游资源调查中的一种辅助方法,调查者通过访谈询问的方式了解当地旅游资源情况。应用该方法,可以从旅游资源所在地政府部门、当地社区居民以及旅游者中及时地了解旅游资源客观事实和难以发现的事物现象。通常可以设计调查问卷、调查卡片、调查表等,以面谈调查、电话调查、邮寄调查、留置问卷调查、网络调查等形式进行访谈询问,获取所需的资料信息。

3. 资料分析法

资料分析法通过收集旅游资源的各种现有信息数据和情报资料,从中选取与资源调查项目有关的内容进行分析研究。这种方法对于在较短时间内确定一个调查区域的旅游资源特色和价值具有重大意义,也是旅游规划和生态环境建设的基本依据。资料分析法包括对现有资料的收集、整理、分析、预测和对调查过程中所获取资料的统计分析等。

4. 现代科技分析法

目前可用于旅游资源调查的现代科学技术手段主要有遥感技术(RS)、全球定位系统(GPS)、地理信息系统(GIS)、现代测绘技术、物探技术等。其中,遥感技术和地理信息系统是运用遥感卫星、航空摄影对地球进行观察测量而获取信息的一种高科技手段,其具有信息获取量大、时效性强、覆盖面广、精确性高、所需时间短、成本较少等优点;全球定位系统和现代测绘技术主要是运用卫星精确定位,运用全站仪等对调查区域旅游资源的位置、范围、大小、面积、体量、长度等进行精确测量定位,在调查中用途较多。物探技术主要是用于调查那些未被挖掘的地下旅游资源。

(三)调查步骤

1. 室内准备工作

室内准备工作是野外调查的前期工作,主要目的是了解前人在这一地区的工作情况,以便在此基础上,确定野外工作路线、程序和目标。对于前人的工作,我们主要收集以下两方面的内容:一是地理环境和社会经济状况方面的资料,如大比例尺地图、航片、卫片、地质图及调查报告、地貌图及调查报告、农业区划说明书、土壤调查报告、水文气象资料、地方志、地名志、政府工作报告及各种统计资料等;二是旅游资源方面的资料,如有关旅游资源的调查报告、规划和文章、考古资料、诗词游记等。

收集这两方面的资料之后,对其加以系统整理和分析,初步确定调查区旅游资源的特色是什么,哪些是重点区,哪些是一般区,哪些可以不去调查。然后根据旅游资源调查的要求,结合资料调查分析所反映的具体情况,制订野外工作计划。

2. 野外调查

野外调查工作大多采用现场踏勘的方法。依目的和要求的不同,野外调查分四个阶段。

(1)初步普查。

初步普查是一般状况调查,是在收集资料的基础上进行一般性核查,把有关景点标在小比例尺图件上(1∶100000 或 1∶200000),并在图上划定远景区域。它的任务是对已知点进行调查核实,或根据已有的其他专业资料进行预测和验证。此阶段涉及面广,应注意不要遗漏有价值的旅游资源,且应尽量利用有关部门的现有资料,以减少工作量。

(2)初步调查。

初步调查是对初步普查的远景区或预测的远景区进行深入调查,要加密调查网点,对区内旅游资源进行规模、质量、美学及客源等方面的系统调查,将调查结果标在较小比例尺图件上(1∶25000 或 1∶50000),进行同类初步类比。

(3)重点考察。

重点考察是在以上两个阶段的基础上,初步拟定有开发价值的项目和小区进行详查。此阶段应组织多种学科的力量对重点项目进行周详的实地勘察,以搞清该旅游资源产生的原因、历史演变、现状、与相关因素的配合,比较其在同类旅游资源中的地位,还须对其所在地区的自然条件、经济、技术、物资、能源、水源、交通、生活供给能力、环境质量等进行调查和分析,对投资、客源、收益及旅游业的发展给地区经济和社会带来的影响等做出预测,确定其发展方向和重点项目,最终提出可行性报告。重点考察应徒步进行,考察所得资料标绘在比例尺为 1∶5000 或 1∶10000 的地图上。

(4)专业性调查。

对开展专业旅游具有旅游意义的资源必须进行专业性调查。首先确定其专业价值,在此基础上对专业内容进行深入的研究。只有达到专业研究的高水平,才有可能为专业性调查服务。如云南昆阳小梅村前寒武纪国际标准地质层面、蓟县上元古界地层等厚度大、层理清晰、保存完好,代表性强,具有世界意义和专业考察的价值,就需要对其进行专业性调查。

 3. 整理总结

整理总结包括以下一些内容。

(1)资料、照片、录像片等的整理。

将所得资料进行复核整理,对所摄照片和录像片进行放大或剪接编辑,加以必要的文字说明。

(2)图件的编制和清绘。

将野外标绘、完成的地图与其他图幅、资料互相对比、核实,增订原有内容和界线,完成有关旅游资源系列图件,如旅游景点分布图、旅游资源分区图、旅游资源评级图、旅游景点交通联系图等。

(3)编写旅游资源调查报告。

旅游资源调查报告一般包括以下内容。

① 区域地理概况。包括区域自然地理概况、经济发展、人口及行政区划、交通和社会发展概况等。

② 旅游资源的情况。包括旅游资源成景条件分析,旅游资源的数量、分布,现场调查的定量记录、分析,旅游资源区的划分和旅游资源的特色等内容。

③ 旅游资源的评价。对区域内的旅游资源进行定性和定量的评价,特别要注意和同类资源进行对比以及与大区域内各旅游资源区资源进行对比,最后评定旅游资源级别和吸引向性。

④ 旅游资源的开发途径和开发步骤。阐明旅游资源调查区内旅游资源开发现状,开发条件,今后开发的指导思想、途径、步骤以及重点开发区域等问题。

二、旅游资源的评价

旅游资源的评价是在调查的基础上进行的,它是旅游开发与保护的前提。旅游资源要想成为具有一定吸引力的旅游景观,必须对其进行适当的开发和利用。而对旅游资源进行科学合理开发利用的前提就是对旅游资源进行科学评价,这是一项重要的基础性工作。

(一)旅游资源评价的目的

旅游资源评价的目的有以下几点。

(1)通过对旅游资源的类型、质量、规模、组合、结构和功能进行科学的评价,为旅游资源的开发和利用提供科学依据。

(2)通过对旅游资源规模水平的鉴定,为国家和区域旅游资源的分级规划和管理提供系统资料和判定标准。

(3)通过对旅游资源类型和价值的科学评判,为国家和区域旅游目的地的分工协作提供划分标准。

(4)通过对区域旅游资源的综合评价,为科学合理的利用旅游资源、发挥旅游资源的效应进行可行性论证,为确定旅游地的开发建设顺序提供依据。

(二)旅游资源的评价原则

为了使旅游资源的评价做到公正客观,保证评价结果的科学性和适用性,我们在评价过程中要遵循一些基本的原则。

1. 客观性原则

旅游资源的评价要从实际出发,实事求是,既不夸大也不缩小,科学客观地评价旅游资源的价值和功能。

 2. 全面性原则

旅游资源评价不仅是对旅游资源本身的特色和价值进行综合性评价,而且应综合考量旅游资源所在区域的区位条件、环境背景、客源市场、交通通达性、社会经济发展水平、历史基础、建设水平等外部条件,进行全面完整的综合性评价。

 3. 动态性原则

旅游资源本身是动态发展的,随着社会经济的发展和旅游业的实践探索,其内涵和外延也在不断扩展。所以我们在对旅游资源进行评价时也要用发展和进步的眼光来看待变化趋势,从而对旅游资源及其开发利用的前景做出积极、全面、正确的评价。

 4. 效益性原则

评价旅游资源的开发利用价值,一定要综合考虑旅游资源开发的经济效益、社会效益和环境效益,以充分合理地开发利用旅游资源,获得三效益统一的综合效益。

(三)旅游资源评价的内容

旅游资源评价包括对旅游要素和结构的评价,也包括对旅游资源开发的外部条件的评价。具体说来,其内容主要包括以下几个方面。

 1. 旅游资源的特色

旅游资源的特色是该区旅游资源区别于其他地区旅游资源的独到之处,是评价该地区旅游资源对旅游者吸引力大小的重要因素,也是旅游资源开发可行性的决定条件之一。

 2. 旅游资源的密度和地域组合

旅游资源的密度又称旅游资源的丰度,是指在一定地域上旅游资源集中的程度。孤立的单个景观即使具有较高的特质和价值,也不一定适合旅游开发。只有资源在地域上相对集中,不仅具有主体旅游资源,而且具有相配套的其他异类旅游资源,其旅游开发价值才较高。

3.旅游资源容量

旅游资源容量是指在一定条件下、一定时间内旅游资源所能容纳的旅游活动量。也就是指满足旅游者最低游览要求(心理感应气氛)和达到保护风景区环境要求时,旅游资源的特质和空间规模所能容纳的旅游者活动量。它一般以容人量和容时量来度量。它是风景区用地、设施和投资规模在设计时的依据,也体现了风景区的游程、内容、景象、布局等内容。

4.旅游资源的价值和功能

旅游资源的价值包括美学、历史文化、科学考察等方面的价值,也包括商贸、文化交流等方面的价值。旅游资源的功能是指它能满足旅游者哪些旅游需求。对现代旅游业而言,旅游资源可以包括观光、度假、娱乐、疗养、健身、体育、探险、修学、商务等多种功能。旅游资源的价值和功能关系到该地旅游资源的地位、开发前景和层次、市场指向等。

5.旅游资源的性质

旅游资源的性质决定旅游资源的利用功能、开发方向,同时对区域开发规模、程度及旅游设施也有一定的影响。

6.旅游资源的区位条件

旅游资源的区位条件即旅游资源所处的地理位置及交通条件。它决定了旅游资源所在区域的可进入性,进而影响到旅游资源开发的时间、规模、层次、市场指向、旅游线路的组织及接待设施建设的规模和档次。这是评价旅游资源开发条件的首位因素。如果一个地方资源非常好,但交通不便,难以到达,也会影响到它的开发价值。

7.区域经济发展背景条件

区域经济发展背景条件包括资源所在区的经济发展水平、工农业生产、商业及饮食、基础设施、城镇的发展、人员素质等多方面的因素。它直接决定该区域旅游资源开发的资金、物质、人力等条件,同时影响旅游市场需求。

8. 环境因素

旅游资源所处的环境包括自然生态环境、社会文化环境、政治环境、投资环境等。自然环境包括大气质量、水体质量、旅游气候、植被覆盖度、景观稳定性和保护状况等。社会文化环境包括当地居民对外来旅游者的态度、治安、文化差异和冲突等方面。政治环境与投资环境包括国家政局的稳定状况、地区经济发展战略和政策、政府给予的投资优惠条件等。只有仔细分析环境因素,才能对旅游资源开发利用程度和深度进行科学的评价。

9. 客源市场条件

客源数量是维持和提高旅游资源开发效益的重要因素。没有达到门槛游客数,风景资源再好,也难以开发利用。所以我们要对旅游资源所在地区的客源市场指向和结构、旅游资源辐射范围、吸引层次特点,在时间上的变化等做出评价,从而找出客源市场的某些规律。

10. 建设施工条件

旅游资源的开发必须具有一定的设施场地。这种场地主要用于建设各种参观、游览、娱乐、购物、餐饮、住宿的基础设施和服务设施。这些设施设备对场地具有不同的要求,如地质、地形、水文、土壤、供水等条件。旅游资源开发的难易程度和上述条件有密切的关系,因此也是旅游资源评价的重要内容。只有合理地评价旅游资源开发的施工条件,才能既不浪费资金,又让开发者在施工方面具有可行性。

(四)旅游资源的评价方法

1. 定性评价方法

定性评价方法适用范围广,形式多种多样,内容丰富。它是评价者在对旅游资源进行实地考察后根据自己的感知对资源进行的主观评价,一般采用定性描述的方法,故也称经验性评价方法。这种方法优点是简单易行、见效快、对数据资料精确度要求不高;缺点是不可避免地存在结论的主观性和评价过程的不确定性。下面介绍几种具有代表性的定性评价方法。

1)"三三六"评价法

(1)三大价值的评估。

① 历史文化价值。

历史文化价值属于人文旅游资源范畴。评价历史古迹,要看它的类型、年代、规模和保存状况及其在历史上的地位。例如河北省赵州桥,外观很平常,但它是我国现存最古老的石拱桥,也是我国四大古桥之一(其他三桥是潮州广济桥、北京卢沟桥、泉州洛阳桥),在世界桥梁史上占有重要的地位,因而有较大的历史文物价值。

古迹的历史意义是评价历史文物价值的主要依据。我国公布的国家级、省级、地区级、县级重点文物保护单位,就是根据它们的历史意义、文化艺术价值确定的。一般来说,越古老、越稀少,就越珍贵;越出于名家之手,其历史意义就越大。

② 艺术观赏价值。

艺术观赏价值主要指客体景象的艺术特征、地位和意义。自然风景的景象属性和作用各不相同。其种类越多,构成的景象也越丰富多彩。主景、副景的组合,格调和季相的变化,对景象艺术影响极大。若景象中具有奇、绝、古、名等某一特征或数种特征并存,则旅游资源的景象艺术观赏价值就大,反之则小。例如,华山以险为绝,泰山以雄为奇,庐山以瀑布最为著名,峨眉山具有三大绝景(日出、云海、佛光),雁荡山有四大奇观(峰、瀑、洞、石)和三绝(灵峰、灵岩、大龙湫瀑布),泰山有四大奇观(旭日东升、晚霞夕照、黄河金带、云海玉盘)。这些奇、绝、名、胜都是对风景旅游资源艺术观赏价值的高度认可。

③ 科学考察价值。

科学考察价值指景物具有某种研究功能,在自然科学、社会科学或教学上有专业特点,为科教工作者和科学探索者提供现场研究场所。我国许多旅游资源具有极大的科学考察价值,获得了中外科学界的赞誉。如北京在旅游资源方面,不仅数量居全国各大城市首位,而且许多是全国乃至全世界富有科学价值的文物古迹。国内外许多名家对它做了高度的评价,如称其为"中国二十四个历史文化名城之首""地球北纬40°地带经历三千年而不衰的都城""地球表面上人类最伟大的个体工程"等。

(2) 三大效益的评估。

三大效益指经济效益、社会效益和环境效益。经济效益主要包括风景资源利用后可能带来的经济收入。这种评估必须实事求是,不能夸大或缩小。因为它是风景区开发可行性的重要条件。社会效益指风景资源在人类智力开发、知识储备、思想教育等方面的功能。如它可以给旅游者哪些知识、赋予人们何种美德,这些都需要进行科学的评价。环境效益指风景资源的开发是否会对环境和资源带来破坏。

(3) 六大开发条件的评估。

旅游资源的开发必须建立在一定的具有可行性的条件基础上。旅游资源所在地的地理位置和交通条件、旅游资源的地域组合条件、旅游资源容量条件、旅游客源市场条件、融资投资条件、建设施工条件等,都会对旅游资源的开发产生重要的影响。

① 旅游资源所在地的地理位置和交通条件。

地理位置和交通条件是确定景区开发规模、选择路线和利用方向的重要因素之一。它不仅影响风景的类型和特色,而且影响旅游客源市场。如我国的西藏自治区,虽然旅游资源特色明显,但由于地理位置太偏远,交通成本高,时间过长,直接影响旅游客源市场。再如武汉市由于米字型高铁网络的形成,大大加强了区位优势,使得武汉市由传统的旅游客源地向旅游目的地和旅游客源地的双重身份演进，每年吸引了大量旅游者，成为近些年我国旅游热点城市之一。

② 旅游资源的地域组合条件。

旅游资源的地域组合条件是评价旅游资源的又一重要指标。风景名胜固然重要，但如果地域组合分散，景点相距遥远，也会降低它的旅游价值，影响它的开发程序。

评价旅游资源的地域组合，一要区分主体景观类型和非主体景观类型。一个风景区是由许多相互关联的景观要素构成的，其中一些要素为主体景观要素，即对风景区景观特色有支配作用的要素，它的存在使风景区具有某种特殊的吸引力和感染力，而另一些要素则起衬托、辅助作用。二要注意要素组合的协调程度。正是千变万化的组合，体现了地方风貌，形成了旅游地的个性，如松、石、云、泉融为一体的黄山四绝等。可见，要素组合的协调与否，是旅游资源评价的一项重要依据。

③ 旅游资源容量条件。

旅游资源容量是指开发地的容人量（人/平方米）和容时量（小时/景点）。旅游单位面积所容纳的游人数量为容人量，它是风景区的用地、设施和投资规模在设计时的依据。容时量指景区游览时所需要的基本时间，它体现了风景区的游程、内容、景象、布局和建设时间等内容，旅游资源越复杂、越含蓄、越有趣味，它的容时量就越大。

旅游资源最佳容量，除考虑一定范围内可容纳的旅游者数量外，还要考虑旅游资源的性质以及由此决定的旅游活动方式、观赏要求、旅游点及其周围环境、旅游者的反应，经济与社会效果等。只有当这些方面的要求都得到较好体现时，旅游者数量的最高值才是旅游资源的最佳容量。

④ 旅游客源市场条件。

客源数量是维持和提高旅游区点经济效益的重要因素，没有最低限度的旅游者，风景资源再好，也难以开发和利用。所以调查客源及其数量，是评价风景区旅游功能的基本条件之一。

客源市场的调查包括许多内容，如客源地有哪些，最低限度客量有多少，旅游者数量的年、月、日变化等。评价新辟风景区时，可以参考附近同类景区已有的调查统计数字，然后根据本景区的实际情况，提出比较合理的估算报告，并从中找出客源市场的某些规律。一般来讲，不同风景区因其景观特色、地理位置、交通条件吸引着不同国度、不同地区、不同年龄和职业的旅游者，而不同旅游者的数量，决定着该风景区的市场。具有世界价值和意义的风景区是国际性市场；具有全国价值和意义的风景区是全国性市场；具有本地区价值和意义的风景区是地方性市场。这种市场性质具有其他风景区所不能替代的垄断性。

⑤ 融资投资条件。

财力是旅游资源开发的后盾。如果一个风景区旅游资源功能非常强大，但开发工程修筑设施耗费过多，在现有经济、技术条件下一时还无法解决，那么这个风景区也应暂缓开发。开发旅游资源必须考虑投资条件，也就是近期或远期能够分别投入多少开发资金。

⑥ 建设施工条件。

旅游资源的开发还要考虑项目的难易程度和工程量的大小，首先是工程建设条件，如地质、水文等自然条件,它们一般会随地表和时间不同而变化。其次是基本供应设施条件,包括设施的建设条件、食品供应条件、建筑材料条件等。评价开发难易程度的关键是权衡经济效益,其指标包括数量和时间两个方面。前者是开发工程与投资大小的关系;后者是开发工程与受益早晚的关系。例如修建景区道路、停车场,就要有一定的场地和土石方工程量,也会有各种技术难关。对风景区的施工方案,必须经过充分的经济技术论证,提出每一项工程的建设技术指标。只有合理地评估建设施工条件,才能既不浪费资金,又有可行性的施工效益。

2)美感质量评价法

美感质量评价法一般是基于对旅游者或专家体验的深入分析,建立规范化的评价模型,评价的结果多具有可比性或数量值。其中对于自然风景质量的视觉美评估技术已比较成熟,目前较为公认的有四大学派。

(1)专家学派。

专家学派对风景的分析基于线条、形式、色彩和质地四个因素,强调多样性、奇特性、协调统一性等形式美原则在风景质量分级中的主要作用。风景评价工作由专业人员完成。

(2)心理物理学派。

该学派把风景与风景审美理解为一种刺激-反应关系,把心理物理学的信号检测方法引入风景质量的评价中,具体做法是通过测量公众对风景的审美态度,获得一个反映风景估量的估值量表,然后在该量表与风景的各组成成分之间建立起确定的数学关系。心理物理学派的风景质量评估中最为成熟的风景类型是森林风景。

(3)心理学派。

心理学派侧重研究如何解释人对风景的审美过程,它把风景作为人的生存空间、认知空间来研究,强调风景对人的认识作用在情感上的影响,试图用人的进化过程及功能需要来解释人对风景的审美过程。由于其研究侧重点在于对人类风景审美过程的理论解释,到目前为止,仍难以在大规模的、要求有量化结果的自然风景评价中得到应用。

(4)现象学派。

现象学派把人在风景审美评价中的主观作用提到了绝对高度,它把人对风景的审美评判看作人的个性和其文化背景、志向与情趣的表现,其研究方法是考证文学艺术家们关于风景审美的文学艺术作品,以之来分析人与风景的相互作用及某种评判所产生的背景。也通过心理测量、调查、访问等形式,记叙现代人对具体风景的感受和评价。

2. 定量评价方法

定量评价方法是根据一定的评价标准和评价模型,以全面系统的方法,将有关旅游资源的各评价因子予以客观量化,使结果具有可比性。与定性评价方法相比较,定量评价方法的结果更直观、更精确。但是定量评价方法难以动态反映旅游资源的变化,难以表达一些难于量化的因素,且评价过程较为复杂,因此在实际工作中,它必须与定性评价方法相结合,才能达到较好的预期目的。下面介绍几种常用的定量评价方法。

(1)层次分析法。

在国内最早运用层次分析法对旅游资源进行定量评价的是陈传康、保继刚等。他们将旅游资源的评价分为若干层次,构成旅游资源定量评价模型树(见图4-9),然后邀请一批专家学者,以填表形式,按权重判断级别,并对同一层次中的各因素相对于上一层次的某项因子的相对重要性给予判断,提出个人意见,然后用计算机进行整理、综合、检验,最后排出结果。其结果是:旅游资源价值权重为0.7241,景点规模权重为0.1584,旅游条件权重为0.1175,以上几项属评价综合层。评价项目层有10个因素,评价因子层有11个因素,均采用同一分析法予以排位。将评价项目层的观赏特征、科学价值、文化价值、景点地域组合、旅游环境容量、交通通讯、饮食、旅游商品、导游服务、人员素质,分别排序为1,4,2,3,5,6,7,10,9,8。把评价因子层的各要素:愉悦感、奇特度、完整度、科学考察、科普教育、历史文化、宗教朝拜、休憩娱乐、便捷、安全可靠、费用,分别排序为1,2,3,8,6,4,7,5,9,10,11。然后根据权重排序结果,再以100分按权重赋予各个因素分值,得出旅游资源定量评价参数统计表(见表4-2)。

人们可按这一参数表,按所制定的限分标准对所定量评价的旅游资源进行打分。

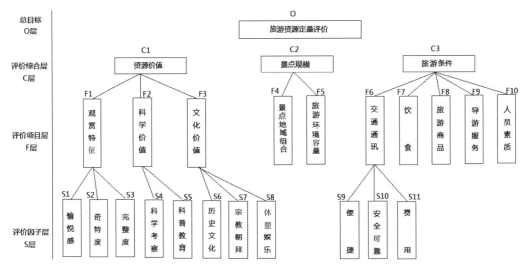

图4-9 旅游资源定量评价模型树

(资料来源:陈传康,保继刚,等.北京旅游地理[M].北京:中国旅游出版社,1989:11.)

表4-2 旅游资源定量评价参数统计

评价综合层	分值	评价项目层	分值	评价因子层	分值
资源价值	72	观赏特征	44	愉悦感	20
				奇特度	12
				完整度	12
		科学价值	8	科学考察	3
				科普教育	5

续表

评价综合层	分值	评价项目层	分值	评价因子层	分值
资源价值	72	文化价值	20	历史文化	9
				宗教朝拜	4
				休憩娱乐	7
景点规模	16	景点地域组合	9		
		旅游环境容量	7		
旅游条件	12	交通通讯	6	便捷	3
				安全可靠	2
				费用	1
		饮食	3		
		旅游商品	1		
		导游服务	1		
		人员素质	1		
合计	100		100		

(资料来源：陈传康,保继刚,等.北京旅游地理[M].北京：中国旅游出版社,1989:14.)

(2)旅游资源国标评价法。

根据《旅游资源分类、调查与评价》(GB/T 18972—2017)的要求,旅游资源评价按照国家标准中的旅游资源分类体系,采用打分评价方法对旅游资源单体进行评价。

依据旅游资源共有因子综合评价系统赋分。本系统设评价项目和评价因子两个档次。评价项目为资源要素价值、资源影响力和附加值。其中,资源要素价值项目中含观赏游憩使用价值,历史文化科学艺术价值,珍稀奇特程度,规模、丰度与几率和完整性五项评价因子。资源影响力项目中含知名度和影响力、适游期或使用范围两项评价因子。附加值含环境保护与环境安全一项评价因子。

评价项目和评价因子用量值表示。资源要素价值和资源影响力总分值为100分,其中,资源要素价值为85分,资源影响力为15分。具体分配如下：观赏游憩使用价值30分,历史文化科学艺术价值25分,珍稀奇特程度15分,规模、丰度与几率10分,完整性5分,知名度和影响力10分,适游期或使用范围5分。附加值中的环境保护与环境安全分正分和负分。

每一评价因子分为4个档次,其因子分值相应分为4档。根据对旅游资源单体的评价,得出该单体旅游资源共有综合因子评价赋分值。旅游资源评价赋分标准如表4-3所示。

表 4-3　旅游资源评价赋分标准

评价项目	评价因子	评价依据	赋值
资源要素价值（85分）	观赏游憩使用价值（30分）	全部或其中一项具有极高的观赏价值、游憩价值、使用价值	32～22
		全部或其中一项具有很高的观赏价值、游憩价值、使用价值	21～13
		全部或其中一项具有较高的观赏价值、游憩价值、使用价值	12～6
		全部或其中一项具有一般的观赏价值、游憩价值、使用价值	5～1
	历史文化科学艺术价值（25分）	同时或其中一项具有世界意义的历史价值、文化价值、科学价值、艺术价值	25～20
		同时或其中一项具有全国意义的历史价值、文化价值、科学价值、艺术价值	19～13
		同时或其中一项具有省级意义的历史价值、文化价值、科学价值、艺术价值	12～6
		历史价值或文化价值或科学价值或艺术价值具有地区意义	5～1
	珍稀奇特程度（15分）	有大量珍稀物种，或景观异常奇特，或此类现象在其他地区罕见	15～13
		有较多珍稀物种，或景观奇特，或此类现象在其他地区很少见	12～9
		有少量珍稀物种，或景观突出，或此类现象在其他地区少见	8～4
		有个别珍稀物种，或景观比较突出，或此类现象在其他地区较多见	3～1
	规模、丰度与几率（10分）	独立型旅游资源单体规模、体量巨大；集合型旅游资源单体结构完美、疏密度优良；自然景象和人文活动周期性发生或频率极高	10～8
		独立型旅游资源单体规模、体量较大；集合型旅游资源单体结构很和谐、疏密度良好；自然景象和人文活动周期性发生或频率很高	7～5
		独立型旅游资源单体规模、体量中等；集合型旅游资源单体结构和谐、疏密度较好；自然景象和人文活动周期性发生或频率较高	4～3
		独立型旅游资源单体规模、体量较小；集合型旅游资源单体结构较和谐、疏密度一般；自然景象和人文活动周期性发生或频率较小	2～1
	完整性（5分）	形态与结构保持完整	5～4
		形态与结构有少量变化，但不明显	3
		形态与结构有明显变化	2
		形态与结构有重大变化	1
资源影响力（15分）	知名度和影响力（10分）	在世界范围内知名，或构成世界承认的名牌	10～8
		在全国范围内知名，或构成全国性的名牌	7～5
		在本省范围内知名，或构成省内的名牌	4～3
		在本地区范围内知名，或构成本地区名牌	2～1

续表

评价项目	评价因子	评价依据	赋值
资源影响力（15分）	适游期或使用范围（5分）	适宜游览的日期每年超过300天，或适宜于所有游客使用和参与	5～4
		适宜游览的日期每年超过250天，或适宜于80%左右游客使用和参与	3
		适宜游览的日期超过150天，或适宜于60%左右游客使用和参与	2
		适宜游览的日期每年超过100天，或适宜于40%左右游客使用和参与	1
附加值	环境保护与环境安全	已受到严重污染，或存在严重安全隐患	－5
		已受到中度污染，或存在明显安全隐患	－4
		已受到轻度污染，或存在一定安全隐患	－3
		已有工程保护措施，环境安全得到保证	3

（资料来源：国家旅游局规划财务司，中国科学院地理科学与资源研究所.旅游资源分类、调查与评价（GB/T 18972—2017）[S].北京：中国标准出版社，2017：4-5.）

依据旅游资源单体评价总分，将其分为五级，从高级到低级为：五级旅游资源（得分值域≥90分）；四级旅游资源（得分值域75～89分）；三级旅游资源（得分值域60～74分）；二级旅游资源（得分值域45～59分）；一级旅游资源（得分值域30～44分）。其中，五级旅游资源称为"特品级旅游资源"，五级、四级、三级旅游资源通称为"优良级旅游资源"，二级、一级旅游资源被通称为"普通级旅游资源"。

第四节 旅游资源的开发与保护

一、旅游资源的开发

所谓旅游资源的开发，就是指通过适当的方式把旅游资源加工成旅游吸引物，并使旅游活动得以实现的技术经济过程。同其他资源一样，旅游资源必须经过科学合理的开发才能发挥其功效，所以有效的开发利用是旅游资源得以实现其价值的科学前提和有效途径。

（一）旅游资源的开发原则

1. 保护性原则

旅游资源具有较强的脆弱性，不但会受到自然因素的破坏，在被旅游业利用的过程中也会遭到耗损，然而相当多的旅游资源不具有再生性，一旦毁掉就难以复原。所以，旅游资源的保护在旅游开发中极其重要。主要包括两个方面：一是资源本身的保护，限制资源的损耗，延缓衰减的自然过程，将人为损耗降到最低点，决不允许人为随意破坏；二是旅游环境的保护，就是要求旅游资源的开发既要和自然环境相适应，有利于环境保护和生态平衡，控制污染，又要与社会环境相适应，遵守旅游目的地的政策法规和发展规划，不危及当地居民的文化道德和社会生活。开发旅游资源要为当地提供就业机会，加快基础设施的建设，促进文化交流，以得到当地政府和居民的认可和支持。

2. 特色性原则

特色是旅游发展的灵魂，没有特色就没有吸引力，最终会被市场抛弃。因而，在旅游资源开发过程中，一定要遵循特色性原则。旅游资源的特色主要体现在以下几个方面：一是旅游资源的原始性，在开发建设中尽量保持自然和历史形成的旅游资源的原始风貌，尽量开发利用原汁原味的生态旅游资源项目；二是旅游资源的地域性和民族性，旅游资源要尽可能反映当地特有的地域文化或民族文化特点，突出地域特色和民族特色；三是旅游资源的创新性，特色性并不是单一性，在突出特色的基础上，还应围绕重点项目，不断增添新项目，丰富旅游活动内容，增强对旅游者的吸引力，满足旅游者多样化的需求。

◆ **知识活页4-1**

拓展阅读：郭亮村丢失特色

3. 市场导向原则

所谓市场导向原则，就是根据旅游市场的需求内容和变化规律，确定旅游资源开发的主题、规模和层次。这是在市场经济体制下进行旅游资源开发的一条基本原则。市场导向原则要求在开发旅游资源前，一定要进行市场调查和市场预测，准确掌握市场需求和竞争状况,结合资源特色,积极寻求与其相匹配的客源市场,确定目标市场,以目标市场需求为方向对资源进行筛选、加工和再创造。

值得注意的是,市场经济同时也是法治经济。旅游资源开发的市场导向原则并不意味着凡是旅游者需求的都可进行开发。比如那些属于国家绝对保护的自然资源和文物古迹,对旅游者会有生命危险的或有害于旅游者身心健康的旅游资源,就应限制或禁止开发,旅游资源开发必须在国家的各项法律法规所允许的范围之内进行。

4. 总体规划原则

旅游资源的开发工作是一项系统工程,对于所涉及的各个方面都进行统筹考虑,才能避免由局部失误造成的全局性失败。旅游资源的总体规划一般涉及资源的数量、质量、特点、区位等各个方面。需要谋求旅游服务及服务设施与其他因素的协调一致,要预测市场旅游流量、流向和时间规律,还要确定投资的规模和力度等。通过对这些因素的通盘考虑、总体协调,最终谋求旅游资源系统的总体效率。

5. 经济效益、社会效益和环境效益统一原则

旅游资源开发利用的目的是发展旅游业。而在市场经济条件下,追求经济效益最大化是旅游业发展的原动力,因此旅游资源开发工作必须遵循经济效益的原则,对旅游资源开发项目投资的规模、建设周期的长短、对旅游者的吸引力、投资回收期限及经济效益等方面进行投入产出分析,切忌盲目开发。在旅游资源的开发过程中还要关注社会效益和环境效益,努力做到经济效益、社会效益和环境效益的高度协调统一。旅游资源的开发应有利于旅游者身心健康和获得更多的知识,有利于推动社会进步、崇尚文明和发展。也要注意开发活动不能超过社会和环境的承载限度,否则会造成生态系统遭受破坏、生态环境质量下降、社会治安混乱等负面影响,不利于当地旅游业的可持续发展。

(二)旅游资源的开发模式

由于旅游资源性质、价值、区位条件、规模、组合、结构以及区域经济发达程度、文化背景、法律法规、社会制度、技术条件等方面的不同,加之旅游资源开发的深度和广度不一,旅游资源开发的模式也趋于多元化。随着我国对旅游开发的认识不断深入,先后出现了资源导向、市场导向、形象导向和产品导向四种开发模式,下面逐一进行介绍。

1. 资源导向模式

资源导向模式产生于旅游规划与开发的早期,盛行于20世纪80年代。当时商品经济和市场观念尚未形成,旅游市场刚刚发育,以观光旅游产品为主,发展旅游的出发点往往是根据旅游资源

的数量和质量来确定旅游景区的建设和旅游设施的配套等,追求数量型增长。资源导向模式的局限性使得地理学的一些相关理论成为旅游资源开发初级阶段最重要的理论基础。

资源导向模式关注的焦点在于旅游资源的开发,它以旅游资源的普查、分类、评价和开发为主要内容。旅游资源开发在不同类型的旅游区域内,规划的内容和重点是不同的。对于旅游资源赋存丰富,旅游业发展较为成熟或者发展潜力大的旅游区域,在制订区域旅游发展战略时,必须以旅游资源为基础,充分考虑社会经济条件的影响,从而确定区域旅游发展的长期规划。因此,该模式的开发思路就是从本地区旅游资源的基础情况出发,制订适合本地区旅游资源的开发计划。

资源导向模式以分析旅游开发地的旅游资源特色和品质为主,而对市场、政策、开发配套条件等方面考虑较少,因此资源导向模式主要是对那些旅游资源品位高、吸引力较强的传统旅游地进行深度开发。这种区域由于旅游资源品位较高,吸引了大量旅游者慕名而来,即使没有经过开发也往往具备较好的区位条件和基础设施条件。这些旅游目的地的开发重点在于通过何种方式使得旅游资源所蕴含的价值被最大程度地挖掘出来。

2. 市场导向模式

市场导向模式产生于旅游规划与开发的发展时期。在市场导向模式时期,旅游活动的开展日益频繁,园内和国际的旅游和交往活动日益增多,旅游作为一种休闲生活方式已经走入人们的生活当中。旅游活动的巨大经济效益初步为人们所认识,旅游业已经成为世界上公认的新兴朝阳产业。随着旅游人数的增加,旅游市场也逐渐形成并达到一定的规模。该阶段旅游开发研究的重点除了关注旅游资源的开发,还增加了对与旅游市场相关的问题的研究。旅游开发的市场分析与定位已成为旅游规划与开发中必不可少的内容,市场导向成为这个时期规划与开发的重要特征。

市场导向模式所关注的重点就在于旅游市场,并且整个旅游规划与开发都以市场为研究的核心,一切规划都以市场的需求分析为前提。尽管如此,旅游规划与开发并非仅仅关注市场这一要素,而对其他要素置之不理。实际上,关注市场分析的基础仍然是注意本地的旅游资源赋存状况和特色,其规划与开发是将旅游市场的需求与当地的旅游资源相结合,针对市场上各种需求类型,开发相应的旅游产品,以满足不同旅游消费者的需要,获取最大的经济效益、社会效益和环境效益。

以市场导向模式为指导的旅游规划与开发的思路不是有什么资源便开发什么,而是市场需要什么便开发什么。于是,"客源市场分析"作为一项重要的内容出现在旅游规划的报告中。但是,要真正理解市场导向的含义,就必须在实际的旅游规划与开发工作中以市场需求为中心。然而,并非所有的旅游规划都能做到以市场为导向。目前有些规划往往是以市场导向为标签,在对旅游资源进行评估、分析时,仍然就资源论资源,缺乏对旅游资源市场价值的评估,而游离于市场需求的边缘,甚至资源开发与市场分析形成"两张皮",旅游规划与开发市场导向"各自为营"。而且,大多数的旅游规划与开发对旅游市场的分析过于概念化和简单化,缺乏对本地旅游市场的细分,更缺乏对旅游市场的定位。

3. 形象导向模式

当旅游发展到成熟阶段，大众化旅游的普及程度越来越高时，可供旅游者选择的旅游目的地数量也在增多，旅游市场竞争日趋激烈，各旅游目的地都面临着旅游增长乏力，经济效益不佳的困境。研究发现旅游者对旅游目的地的选择并不总是取决于资源和市场因素，旅游目的地的知名度、美誉度和形象等因素可能更为重要。在这种情况下，形象塑造成为旅游地占领市场制高点的新法宝。旅游资源位置的固定性决定了其要依赖形象的传播，使其为潜在市场旅游者所认识，让旅游者产生旅游动机，并最终实现旅游计划。

形象导向模式从对旅游系统的开发角度对旅游目的地进行整体形象策划和旅游要素规划。通过对目的地旅游形象的塑造和提升来实现区域内旅游资源的有效整合和可持续开发利用。该模式关注的焦点包括旅游地的综合开发以及旅游地的整体形象塑造和提升两个方面。

在对旅游地的深入开发研究中，系统开发理论和综合开发理论成为指导旅游规划与开发的重要理念。它要求规划工作者从整体的角度对旅游地进行深入的思考，即将旅游地的资源评价、主题选择、形象塑造、市场定位、营销策划等作为一个有机的系统来进行，使上述部分围绕着一个共同的目标发挥作用。这样的旅游规划与开发的理念必然会使旅游地形成一个完整统一的旅游形象，并通过适当的渠道在旅游市场中传播。而鲜明的旅游形象更能获得人们的关注。这样的旅游地也就能在激烈的市场竞争中占据有利地位，迅速摆脱低速发展的态势，进入新一轮高速增长的时期。因此，形象导向模式下的旅游规划与开发思路是以旅游地的综合形象来满足市场需求，走的是"资源—形象—市场"的发展思路。

4. 产品导向模式

产品导向模式是旅游业发展到资源、市场、产品和营销一体化的成熟发展阶段时出现的一种旅游资源开发模式，它实际上是资源导向与市场导向的综合。

产品导向模式是从旅游资源状况出发，在充分把握市场需求方向和旅游资源现状的前提下，开发适销对路的旅游产品体系，吸引旅游者进行消费的一种旅游资源开发模式。该模式强调资源优势和市场优势并重，既避免忽视市场需求，也避免盲目跟随市场而造成旅游开发成本过高。该模式关注的焦点是本地区旅游资源的可利用性、旅游产品的市场推广问题以及旅游产品和项目投资的经济效益。

产品导向模式从分析、研究市场出发，对市场进行细分，确定目标市场，针对市场需求，有资源则对资源进行筛选、加工或再改造，没有资源也可根据市场和本地的经济技术实力进行策划和创意，然后设计、制作、组合成适销对路的旅游产品，并通过各种营销手段推向市场。

通过上述四种旅游资源开发模式的介绍，我们对其内容应该有了一个比较清楚的了解。总的来说，资源导向模式、市场导向模式、形象导向模式以及产品导向模式是旅游规划与开发的发展过程中不断产生的规划理念,它们是逐步演进、不断成熟和发展的。

随着经济全球化的逐步推进,越来越多的国家和区域都把旅游业作为支柱产业,对其加以重点支持,优先发展。但是各个地区在资源禀赋、区位优势、基础设施、经济发展水平等方面存在地域差异,这决定了它们不可能按照相同的模式进行统一开发,必须在综合分析区域旅游资源、旅游市场、旅游产品以及旅游形象等诸要素的基础上,因地制宜、科学发展、逐步实施,以实现区域旅游业的持续健康发展。

(三)旅游资源的开发内容

1. 旅游资源的开发和建设

对旅游资源本身进行开发和建设,或者说景区景点的开发与建设,是整个旅游开发工作的出发点和核心工作。这方面的工作既可以是对尚未得到利用的潜在旅游资源进行初始开发,也可以是对已有的旅游景区景点进行深度开发或进一步的功能挖掘;不仅包括以主题公园为代表的一个新景点的创造,也包括对现有景区景点的完善和更新。从工作性质上看,根据具体的情况,旅游资源的开发和建设既可以是开发性的挖掘,也可以是保护性的建设。

2. 提高旅游资源所在地的可进入性

解决和提高旅游资源所在地的可进入性是旅游开发中的又一项重要工作。在某些情况下,特别是在某些新开发的自然景区景点,可进入性问题的解决甚至是首要的工作。所谓可进入性是指旅游资源所在地同外界交通往来的通畅和便利程度。也就是说,不仅要便利旅游者的来访,而且要便利旅游者结束访问后离去。因此,解决和提高进入的便利程度不仅包括必要的交通基础设施的建设,而且包括往来交通运输的运营安排。

3. 建立和完善旅游配套设施

旅游者在旅游活动中的主要目标虽然是旅游吸引物,但在这一过程中,他们还有基本的生活需求,这就决定了旅游地必须向旅游者提供相关服务所必需的旅游配套设施。旅游配套设施包括旅游服务设施和旅游基础设施两种。旅游服务设施主要是供外来旅游者使用的设施,一般包括住宿、餐饮、交通及其他服务设施。旅游基础设施是为满足旅游地居民生产、生活需要而提供的设施,如水、电、热、气的供应系统,废物、废水、废气的排污处理系统,邮电通信系统,安全保卫系统等,它们也间接地为旅游者服务。旅游配套设施一般投资大、周期长,因此对其建设规模、布局、数量必须严格论证和审批,做到适度超前发展,避免设施的不足或浪费,从而为旅游地创造良好的投资环境和开发条件。

4. 改善和提高旅游服务质量

世界各地旅游开发的经验和教训告诉我们,旅游服务质量的高低在一定程度上会起到增加或减少旅游资源吸引力的作用,从而对旅游地旅游业效益产生重要影响。而旅游服务主要是由旅游从业人员面对面向旅游者提供的,员工素质会直接影响到旅游服务质量和区域旅游的核心竞争力,因而加强旅游从业人员的培训就成为保障旅游服务质量的重要举措。

5. 加强宣传促销,开拓客源市场

发展旅游业就是开发旅游地本身所具有的旅游资源,利用一切有利条件,满足市场的旅游需求,发展完善的产业结构,获得预期的经济效益和社会效益。因此,旅游资源的开发并不是简单地将目标集中于旅游资源本身进行景点开发和配套设施建设等,还必须进行市场开拓工作,二者相辅相成、缺一不可。

市场开拓工作,一方面是将景点建设及旅游活动的设置与旅游需求趋向联系起来,即根据旅游者消费行为特征,进行旅游资源开发的具体工作;另一方面是通过多种媒介加强宣传促销,将旅游产品介绍给旅游者,不断开拓市场、扩大客源,实现旅游资源开发的目的。

6. 重视旅游资源的保护

旅游资源的开发者和经营者在经济效益的驱动下会积极地投资开发,但在这种思路引导下往往会忽视对旅游资源的保护。那些被自然或人为因素破坏或损害的旅游资源若不及时加以整治和修复,就会继续衰退,有些甚至会完全消失。因此,一方面,要在旅游从业者和当地群众心中树立资源保护的观念,把开发与保护并重的思路融入旅游地的每一个角落;另一方面,要建立科学保护旅游资源的机制,定期进行检查、维护,及时发现问题并合理解决问题,从而有效地保护旅游资源,保证旅游资源开发工作的顺利进行。

7. 营造良好的旅游环境

旅游地的旅游环境可以充分展示旅游资源的地域背景,包括一个国家或地区的旅游政策、出入境管理措施、政治动态或社会性安定状况、社会治安、风俗习惯,以及当地居民的文化修养、思想观念、好客程度等,从而直接或间接地对旅游者产生吸引或排斥作用,进而影响旅游资源开发的效果。因此,营造良好的旅游环境既可突出本地旅游资源的特色,又可提高旅游者对旅游资源的认可度和满意度。具体的做法有:制定有利于旅游业发展的旅游政策;制定方便旅游者出入的管理措施;保持稳定的政治环境和安定的社会秩序;提高当地居民的文化修养,使其养成文明礼貌、热情好客的习惯等。

二、旅游资源的保护

旅游资源的保护是针对旅游资源的开发提出来的。它不仅包括对旅游资源本身的保护，使之不受损伤、破坏，特色不被削弱，而且涉及周围环境的保护问题。目前世界各国在大力开发旅游资源的同时，都十分重视旅游资源的保护问题，并把其视为旅游业持续发展的根本保证。

（一）旅游资源保护的意义

旅游资源是旅游开发的前提和基础，从某种意义上讲，没有旅游资源，或者说没有高品质的旅游资源，发展旅游业就会成为一句空话。旅游资源中的自然旅游资源的形成大多经历了漫长的地质演化，相对于人类短暂的发展历史，可以说是不可再生资源，一旦遭受破坏将难以修复。人文旅游资源是人类在漫长的历史发展进程中留下的宝贵财富，是人类珍贵的文化遗产，无可替代，如果遭受破坏，即使加以人工修复，也难以完好如初。在旅游资源开发过程中，一定要处理好开发和保护的关系，如果在短期内无法解决保护难题，可以先搁置开发，等将来条件成熟后再进行开发。

目前世界各国都认识到旅游开发在一定程度上会对旅游资源本身产生破坏，因而都越来越重视旅游资源的保护问题，并将其视为旅游业可持续发展的重要保证。1972年，联合国教科文组织通过了《保护世界文化和自然遗产公约》，强调了保护文化和自然珍品对人类生存的重要性。我国也加入了《保护世界文化和自然遗产公约》，并先后颁布了《文物保护法》《森林法》《环境保护法》等一系列保护性法律法规，为旅游资源保护提供了法律保障。

（二）旅游资源遭受破坏的原因

旅游资源遭受破坏的原因无外乎自然原因和人为因素，其中自然原因大多无法避免，而人为因素却是可以通过努力加以限制的。

1. 自然原因

自然原因导致的旅游资源遭受破坏可分为两类。一类是缓慢性破坏（自然风化）。旅游资源是人类所处的自然环境中的一部分，自然界天长日久的寒暑变化、风吹雨淋等，都会慢慢地对旅游资源产生影响，这种缓慢的变化就是自然风化。如山西大同云冈石窟，是雕刻于魏晋时期的佛教艺术宝库，但由于长期受到石壁渗水的浸泡，加上严重风化，大部分洞窟外檐塌裂，许多雕像面目全非，目前53个洞窟只有16个可供旅游者观赏，其他则因破坏严重而不得不关闭。另一类是自然灾害导致的突发性破坏。自然界中的某些突发性变化，如地震、火山、海啸、山崩、滑坡、泥石流、洪水等自然灾害，所造成的损失往往极其巨大，但至今尚难以预测和有效避免。

2. 人为因素

（1）建设性破坏。

建设性破坏指工农业生产、城镇建设以及旅游资源开发建设过程中规划不当所引起的破坏。主要形式有以下三种。

① 直接拆毁、占用文物古迹。我国是一个历史悠久的文明古国，有旅游价值的文物古迹众多。但随着社会的发展、城镇的建设，一些文物古迹遭到了破坏。

② 旅游开发中的破坏性建设、修复和保护。尽管旅游景点管理者出发点是为了发展旅游业，但由于缺乏知识或考虑不周，而进行了一些不恰当的工程，看似建设，实为破坏。如2005年3月爆出的圆明园湖底铺防渗膜之事，就是名为保护、实为破坏之事。

③ 旅游区的工业污染。在旅游城市，若发展带污染的工业，"工业三废"将会破坏旅游资源。

（2）旅游者破坏。

旅游者破坏指旅游者在游览过程中有意或无意对旅游资源进行的破坏。如旅游者呼吸、拍照等加速石刻、雕塑、壁画的损坏；旅游者过多对景点地面踩踏造成的破坏；旅游者（包括当地人）素质低造成旅游资源的直接破坏及环境污染。尤其引人注目的是2005年中国长城学会与八达岭长城管理委员会因长城墙体被旅游者刻画严重而为长城"整容"征集方案之事，可见旅游者对资源的破坏已经不容忽视。

（3）战争等其他因素造成的破坏。

战争不但造成人员伤亡，而且损毁了大量宝贵的文物。例如，2001年阿富汗巴米扬大佛等珍贵文物因战争被毁，给世界文化及旅游业造成无法弥补的损失。

（三）旅游资源保护的具体措施

1. 尽量减缓旅游资源的自然风化速度

出露于地表的旅游资源要完全杜绝自然风化是不可能的，但在一定范围内改变环境条件，使之风化过程减缓是完全有可能的。如将裸露在风吹日晒下的旅游资源加罩或盖房加以保护。四川的乐山大佛就曾建有13层楼阁覆盖，只是楼阁后来毁于战火。

2. 杜绝人为的破坏现象

（1）旅游业发展中，要把对旅游资源的保护放在首位。

旅游资源开发的目的是利用资源而不是破坏资源。在对旅游资源进行开发的同时，一定要注意保护旅游资源,开发交付使用时,也要制定一套相应的保护措施。在旅游资源管理中,宏观上要严格按法规条例执行,微观上也要有一套适合当地特点的保护管理措施,真正把旅游管理保护工作落到实处。

(2)加强旅游资源保护知识的宣传和教育,必要时开发可替代物。

通过各种途径大力宣传旅游资源的价值及其保护知识,提高全民素质,使人们了解旅游资源是千百年自然造化和人类文化遗产的精髓,是人类精神需求的宝贵财富;旅游资源是脆弱的,一旦破坏,将难以复原。有时还需改变人们的陈旧观念,如一些中国人传统上认为吃什么补什么,认为海狗鞭、虎鞭等可以壮阳,其实它们的成分不过是蛋白质而已。还有部分中国人迷信冬虫夏草,认为它可治百病,故而使西南地区大面积的冬虫夏草被挖,不但使冬虫夏草遭殃,而且破坏了当地脆弱的生态环境。其实它也只是对某一些疾病有效,而非可治百病的神草。再如,2004年上映的影片《可可西里》中盗猎者对高原精灵藏羚羊的大肆屠杀,这让许多人痛心不已。那么,盗猎者为什么要疯狂屠杀藏羚羊呢?主要是因为藏羚羊绒是制作在欧洲贵妇中风靡一时的"沙图什"披肩的珍贵材料,人们对高额利润的追求导致"高原旗舰"藏羚羊在20世纪初濒临灭绝,好在现在已有一种"帕什米那"披肩无论在色彩上还是质地上都不比"沙图什"披肩逊色,从而把人们的注意力从藏羚羊转移到可以饲养的帕什米山羊身上。

(3)健全旅游资源法治管理体系。

将旅游资源保护提高到法治高度,对保护工作将起到极为重要的作用。我国的全国人大常委会通过了《文物保护法》《风景名胜区管理暂行条例》等法律法规。这些法律法规出台后,起到了十分积极的作用,但社会上仍然存在旅游资源受到人为破坏的现象。究其原因,一是保护法的宣传普及不深入、不广泛,许多人根本就不知道自己做的事违反了法律法规;二是即使人们知法,也因为部门利益和眼前利益而置法于不顾。因此,既要有法,还要宣传法、执行法,真正健全旅游资源法治管理体系,完善各景区的保护系统。

(4)开展旅游资源保护的研究和人才培养工作。

旅游资源类型多、分布广,引起破坏的原因多种多样,故旅游资源的保护涉及多门学科、多种技术,是一项综合性的科研项目。我们要在实践的基础上,积极开展旅游资源保护的科学研究。旅游资源保护,无论是理论研究还是制定措施,都需要具体专业人员来跟进和实施,因此,培养资源保护专业人才是必须的。

(5)重要景点要限制客流、分流客源。

对于北京故宫、敦煌莫高窟这些游人如织的景点,可采取设立单行线、规定日最高客流量等措施,减轻人员超载对旅游资源带来的破坏。

3. 对已遭破坏的旅游资源进行修复或重修

(1)整修复原。

对古建筑的修复应遵循"修旧如旧"的原则。如2001年中央电视台曾现场报道了四川乐山大佛的修复情况。因年久失修,大佛身上"泪迹斑斑",甚至长了小树。修复时采用稻草、米浆等原材料,保持了大佛的原貌,效果不错。

(2)仿古重建。

历史上一些有名的建筑,由于自然或人为原因已消失,但因其具有很高的文化旅游价值,可以适当重修,以再现古建筑的风貌。如武昌黄鹤楼为我国三大名楼之一,民国初年被付之一炬。1954年修武汉长江大桥时原址又被南岸桥头堡所占。后在原楼址南侧一公里处重修了黄鹤楼,保持了原有的塔式楼阁风格和江、山、楼三位一体的意境,是仿古重建的成功案例。

知识活页4-2

拓展阅读:喜鹊山森林生态休闲公园进行生态旅游环境保护的工程规划

知识活页4-3

拓展阅读:福建武夷山自然保护区生态旅游环保政府举措

思考与练习

一、名词解释

1. 旅游资源
2. 旅游资源容量
3. 旅游资源开发

二、单项选择题

1. 在旅游活动过程中,多数情况下是旅游者来到旅游资源所在地进行观光游览。这是由旅游资源的(　　)决定的。

　　A. 广泛性　　　　　　　　　　　　B. 区域性
　　C. 组合性　　　　　　　　　　　　D. 不可移动性

2. 世界上对于自然风景质量的视觉美评估目前公认的有四个学派,其中把风景与风景审美理解为一种刺激-反应关系的学派是(　　)。

　　A. 专家学派　　　　　　　　　　　B. 心理物理学派

C.认知学派　　　　　　　　　　　　D.现象学派

3.在旅游资源遭受破坏的诸多因素中,(　　)对旅游资源的损害是持续的,同时是最为常见和广泛的。

A.自然风化　　　　　　　　　　　　B.建设性破坏

C.旅游开发规划不当　　　　　　　　D.旅游者活动带来的破坏

三、简答题

1.简述旅游资源的特性。

2.简述旅游资源调查的内容。

3.简述旅游资源的开发内容。

四、论述题

1.分析说明旅游资源遭受破坏的原因。

2.探讨旅游资源保护对策及可行性措施。

五、实训题

试采用层次分析法对家乡的旅游资源进行定量评价。

◇ 本章知识链接

[1]李天元,张朝枝,白凯.旅游学[M].4版.北京:高等教育出版社,2019.

[2]保继刚,楚义芳.旅游地理学[M].修订版.北京:高等教育出版社,2012.

[3]杨桂华.旅游资源学[M].修订版.昆明:云南大学出版社,2003.

[4]张艳萍,肖怡然,邓思胜.旅游资源学理论与实务[M].北京:北京理工大学出版社,2019.

第四章案例、思考与练习参考答案

第五章 旅 游 业

学习目标

知识目标：

1. 掌握旅游业的基本概念和构成；
2. 掌握旅行社的基本情况；
3. 掌握旅游饭店的基本情况；
4. 掌握旅游交通的基本情况；
5. 熟悉旅游景点的基本情况；
6. 了解旅游购物的基本情况；
7. 了解旅游娱乐的基本情况；
8. 了解主要旅游新业态概念及其特点。

能力目标：

1. 能正确划分旅游业的内部结构；
2. 能正确分析旅行社的基本业务；
3. 能正确区分旅游饭店分类；
4. 能正确分析各种旅游交通的优缺点，并能正确选择交通方式，进行旅游交通布局；
5. 能正确分析旅游购物的类型和作用；
6. 能正确分析旅游娱乐的类型和作用；
7. 能正确分析旅游新业态发展背景和特点。

情感目标：

1. 了解传统旅游业，增强对旅游行业的认知；
2. 熟悉传统旅游业在旅游活动中的地位和作用，理解旅游活动中沟通协调的重要作用；
3. 了解旅游新业态及其特点，激发和增强学生对旅游业创新发展的探索欲望和信心。

学习重难点

1. 旅游业的基本构成；
2. 传统旅游业在旅游活动中的重要作用；
3. 旅游新业态的概念和特点。

本章关键词

旅游业；旅游新业态；民宿旅游；邮轮旅游；在线旅游；会展旅游；房车旅游

导入案例

旅游产业是否存在？

学术界有一观点认为，旅游业根本就不存在，或压根就不是一个产业。持这一观点的理由如下。

要对旅游业进行界定，就必须遵循一个合理的理论依据。众所周知，经济学中的"产业"（industry）被定义为"主要业务和产品大体相同企业类别的总称"。这就是说，一个产业是由生产同类产品的企业构成的，只有经营相同的业务或生产具有替代性同类产品的企业才能被归为产业，但旅游业的实际情况与产业界定标准大相径庭。旅游业并非由同类企业所构成，这些企业的业务或产品也不尽相同。旅游的综合性决定了旅游业的多项性和产品之间不具有可替代性。例如，餐饮不能替代交通，住宿不能与导游服务竞争，旅游者需要的是各种产品而不是其中之一。这些互相不具有替代性的酒店、旅行社、交通等产品是不能归属于一个产业的。

无论是微观旅游企业，还是宏观旅游产业，旅游业的投入和产出都难以被清晰地测算和确定。就微观而言，几乎任何一个旅游企业的服务对象都不仅限于旅游者，因此，该企业的投入中除了有对旅游业务的投入之外，还有对非旅游业务的投入。先不谈如何测算这两部分投入各自所占的比例，在实际中对两种投入进行区分也是非常困难的。同理，没有哪个旅游企业的收入是完全来自旅游者，也没有哪个企业根本不从旅游者身上赚钱；但要准确地测算因旅游经营而产出的收益几乎也是不可能的。

就宏观而言，旅游产业的界线非常模糊，原因是旅游产品和服务是由诸多相关产业或行业共同提供的。所以，旅游者支出的总和并不等于某一类相似企业收入的总和。在测算和确定旅游业的投入和产出时，只能通过对相关的交通、住宿、餐饮、娱乐、旅行社等产业的投入和产出情况进行调查和综合分析，从中估算出旅游业的投入和产出规模。世界旅游组织之所以推行旅游卫星账户，就在于旅游业与其他产业的高度关联性和交叉重叠性造成了旅游统计的复杂性和不确定性。

事实上，绝大多数旅游企业都已经具有自身的产业归属。例如，酒店归属于独立存在的住宿业，航空公司归属于规模巨大的交通运输业，旅游购物品的生产和销售归属于商业，旅游景区景点分散于园林、遗产、文博、娱乐等行业。正是由于这些原因，世界上绝大多数国家颁布的标准产业分类中都没有把旅游业列为一项单独的产业。就连联合国公布的《国际标准产业分类》及中国的《国民经济行业分类》国家标准中也找不到旅游业的字样和代码，而是将有关的旅游经营活动划归到住宅业、公用事业和居民生活服务业等。所以从理论上讲，旅游业是不能构成一项标准产业的。

■ 资料来源：克里斯·库珀，约翰·弗莱彻，艾伦·法伊奥，等.旅游学[M].3版.张俐俐，蔡利平，等编译.北京：高等教育出版社，2007：142-143.

讨论题：
1.你认为旅游业是一个产业吗？如果是，请给出理由。
2.如果旅游业是一个产业，它是由哪些企业所构成的？

第一节 旅游业的概念、构成及特征

一、旅游业的概念

旅游业是一个界限模糊而又实际存在的产业，各行各业都自然而然地渗透到旅游业中。旅游业的综合性和多样性特点，使人们很难给它下一个确切的严密的定义，而且由于国度不同，经济制度不同，人们对旅游业的认识也不尽相同。但是，许多专家学者和旅游部门从不同角度进行考虑，给旅游业做了各种各样的解释，以反映旅游业的本质。从广义的角度看，旅游业是为旅游者服务的一系列相互关联的行业。从狭义的角度看，旅游业是指为旅游者的旅游活动提供商品和服务，从而取得报酬的行业（主要指旅行社）。下面列举一些具有代表性的定义。

联合国贸易和发展会议在1971年对旅游业下的定义是："旅游部门或旅游业……从广义上表达为生产全部或主要由外国旅游者或国内旅游者消费的产品或服务的工业和商业活动综合的体现。"

美国学者唐纳德·兰德伯格在《旅游业》一书中将旅游业定义为:"旅游业是为国内外旅游者服务的一系列相互关联的行业。旅游业关联到旅游者、旅行方式、膳食供应设施和其他各种事物。"

英国学者利克柯伦切把旅游业说成是"交通工业",他认为,交通工业可以被看作国民经济的一部分,其任务是为离开久居地到外地访问的旅行者服务,这是由许多商业和工业组成的综合经济,其职能都是为了满足旅行的需求。

墨西哥学者在《旅游业是人类交往的媒介》一书中有如下论述:旅游业可看作因向旅游者提供服务和其他方便而形成的各种关系的总和。

日本学者前田勇先生在《观光概论》一书中认为:旅游业就是为适应旅游者需要由许多不同的独立的旅游部门开展的多种多样的经营活动。

《中国旅游业50年》把旅游业概括为:旅游业是一个综合产业,把吃、住、行、游、娱、购各个环节联为一体,提供'一条龙'服务,通过产业关联带动、吸纳就业等功能,推动和刺激着经济增长和社会进步;旅游业是服务性行业,以直面服务、产销合一为主要行业特性。

我国学者王德刚在《旅游学概论》一书中对旅游业的定义为:"旅游业是以旅游者为对象,为旅游活动创造便利条件并提供其所需商品和服务的综合性产业。"[①]

我国学者魏向东在《旅游概论》中对旅游业的定义为:"旅游业是以旅游资源为凭借、以旅游设施为条件,通过提供旅游服务,满足旅游者多种需要的综合性产业。"[②]

可见,不同学者对旅游业都有自己的总结和理解,上述定义具有四个共同的特点。

第一,旅游业是以需求为取向,而非以供给为取向,且强调的是旅游者需求,而不是旅游需求,旅游者需求所涵盖的内容更为广泛。

第二,旅游业是众多相关行业的集合,旅游业既需要相关行业的支撑,又具备相关行业的部分功能。

第三,旅游业的任务是便利旅游活动,通过提供旅游产品和服务满足旅游者的需求。

第四,上述定义的共同缺陷是将既满足旅游者需求又满足当地居民需求的企业包括在旅游业的组成范围之内,扩大了旅游业的实际界限。

实际上,要完全清晰地界定旅游业的技术定义是相当困难的,因为在旅游业的消费中,不能完全排除当地居民消费。

那么,应该如何从理论上为旅游业下定义,并保证该定义在实践应用中具有科学性和可操作性,以便我们正确掌握旅游业的发展规律、指导旅游业的健康发展,并为政府部门提供制定旅游产业政策的框架和原则呢?

本书是从产业经济学的角度来讨论旅游业的,认为旅游业是指以旅游资源为凭借,以旅游者为主要对象,为旅游者提供服务以及为其旅行创造便利条件的所有行业和部门的综合性产业。

---

① 王德刚.旅游学概论[M].济南:山东大学出版社,1995:115.
② 魏向东.旅游概论[M].北京:中国林业出版社,2000:158.

二、旅游业的构成

关于旅游业的构成,目前主要有三种观点,即三大支柱说、五大部门说和八大旅游行业活动说。

(一)三大支柱说

根据国际产业划分标准,旅游业主要由三部分构成,即旅行社、交通客运部门和以旅馆为代表的住宿业部门,属于这三个部门的企业也就形成了三种旅游企业类型。这是人们普遍接受的传统的旅游业三大支柱。在我国,人们将这三大支柱总结为旅行社、旅游交通和住宿业。

由于旅行社、旅游交通(含民航运输业、铁路运输业、公路运输业、水上运输业等)、住宿业(主要是饭店业)这三大业种都以临时流动于异地的消费者为基本经营目标,将它们归为旅游业三大支柱是最科学的总结。

(二)五大部门说

从国家或地区旅游发展角度看,旅游业由五大部门组成,即旅行社、交通客运部门、以旅馆为代表的住宿业部门、游览场所经营部门和各级旅游管理部门。就一个旅游目的地而言,上述五大部门之间存在着共同的目标和不可分割的相互联系,它们通过吸引、招徕和接待外来旅游者促进旅游目的地的经济发展。

(三)八大旅游行业活动说

旅游者旅游活动主要涉及食、住、行、游、购、娱等相关要素,根据这种总结就形成了食、住、行、游、购、娱六种企业(旅行社、以饭店为代表的住宿业、餐馆业、交通客运业、旅游购物业、旅游娱乐业)和各级旅游机构以及旅游行业组织这八个方面。由此,旅游业可进一步划分为直接旅游企业、间接旅游企业和支持与发展旅游的各级旅游组织。直接旅游企业是主要为旅游者服务,附带为当地居民服务的企业,它主要包括旅行社、交通客运业、饭店业、旅游景区、旅游购物业;间接旅游企业是主要为当地居民服务,附带为旅游者服务的企业,它主要包括餐饮业、娱乐业。

本书将从旅行社、旅游饭店、旅游餐饮、旅游景区、旅游交通、旅游娱乐、旅游购物和旅游新业态几方面来介绍旅游业。

三、旅游业的特征

（一）综合性

旅游业作为旅游者与旅游资源之间的媒介和桥梁，主要为旅游者在旅游活动过程中提供食、住、行、游、购、娱等各个方面的一体化服务，即提供多样化的旅游产品和服务，以满足旅游者多样化的旅游需求。在旅游活动的全过程中，需要多种不同类型的旅游企业共同为旅游者提供产品和服务，所以旅游业必须联合国民经济中工业、商业、建筑业、交通运输业等物质生产部门和文化、教育、卫生、宗教、邮电通信、金融保险等非物质资料生产部门，为旅游者提供不同的商品和服务，进而形成泛旅游产业集群。旅游业作为该集群的核心，将这些分属于不同产业部门的行业联合起来进行运营，这样，旅游业因涉及国民经济各行业的联动而具有综合性的产业特征。

（二）敏感性

旅游业的经营活动具有一定的敏感性，受到各种内部因素和外部因素的影响和制约。内部因素主要是指提供旅游产品和服务的各个部门要相互协调，如果其中某一个部门出现脱节的情况，就会导致整个旅游供给失衡，从而影响旅游者的体验价值和旅游目的地的经济效益。外部因素主要是指影响旅游业发展的外部环境，外部环境中各种自然的、经济的、社会的或政治的因素一旦发生不利变化，都有可能对旅游业的正常经营活动产生影响。如自然灾害、政局动荡、经济萧条、恐怖活动、疫情流行等，都有可能导致旅游业发展停滞甚至倒退。

（三）依托性

旅游业的发展往往以区域旅游资源为发展基础，因此，从某种意义上讲，旅游资源的丰富与否，在很大程度上影响甚至决定着区域旅游业的发展。我国云南、四川、海南和北京旅游业发达，旅游发展成熟，最主要的原因就是这些省市的资源禀赋条件为其旅游业的发展提供了坚实的基础。

同时，旅游业的发展对经济发展水平的依托性也非常高。一方面，较高的经济发展水平，可以为区域旅游项目的开发和配套设施建设提供殷实的资金支持；另一方面，经济发展水平提高了，当地老百姓可供自由支配的收入以及闲暇时间也会相应增加，从而使旅游者的数量、消费水平和消费频率也得以提高。改革开放以后，我国国民经济一直保持较高速度的增长，人们收入水平不断提高，越来越多的人加入国内旅游甚至是出境旅游的潮流，旅游对国民经济的贡献不断增大。很显然，这些都和我国经济处于较好的发展期息息相关。

（四）服务性

旅游业是为旅游者完成旅游活动提供服务的行业，在旅游业中，产品主要是服务和体验，这种无形的产品的生产和消费基本同时进行，不能储存，时间性很强。根据国际旅游业发展的现状，旅游部门每增加1名服务人员，社会上就要增加5名间接服务人员与之相配套。尤其是在当今生产力高度发达的社会，旅游已作为一种生活方式遍及世界各地，从而需要越来越多的人从事旅游服务工作，因此，旅游业具有服务业的共同特征，属于第三产业中的服务业。

知识活页5-1

拓展阅读：三次产业的划分

（五）涉外性

旅游业是由国内旅游和国际旅游两大部分组成的。旅游业的涉外性主要体现在国际旅游业之中，旅游业的这一特点具有很重要的意义。从政治上而言，它是民间外交的一种友好形式，各国人民通过旅游活动可以加强了解，增进友谊，维护世界和平。因此，旅游业也成为外事工作的一部分。相对于正式外交而言，旅游这种民间外交还具有广泛性、群众性、灵活性和有效性等特点（见图5-1）。

旅游业的涉外性把旅游从业人员推向了外交前沿，要求旅游从业人员必须具有外交人员的素质，掌握必要的涉外知识，在言谈举止方面严格要求自己，在工作中要注意维护国家形象和民族尊严。

（六）文化性

由于我国的特殊国情，现代旅游业发展起步初期以入境旅游为主，为国家赚取外汇，来购买国外先进的技术和设备。旅游业在起步初期强调其经济性。今天我们回过头来看，这种认识是非常片面的，实际上旅游业和我国的医疗、卫生、体育等行业一样，发展的目的主要在于促进国民身心健康的恢复和发展，因而它应当属于文化产业的范畴。如今，文化和旅游的融合，在行政层面组建文化和旅游部门，都反映出旅游业的文化属性。旅游业的文化性主要体现在以下三个方面。

图 5-1　外国人体验川剧变脸

一是旅游资源有很大一部分属于文化范畴。如数量众多的人文旅游资源和社会旅游资源大多是人类珍贵的文化遗存。即使是自然旅游资源,由于人类活动的影响和渗透,文化的痕迹也无处不在。

二是旅游者的文化属性。旅游是一种高层次消费,旅游活动是一种精神享受,和欣赏音乐一样,旅游者能从旅游活动中获得美的享受和精神的满足。对于一些人文旅游资源来说更是如此,它需要旅游者掌握一定的知识。旅游需求的产生需要一定的文化背景,因而旅游者一般是有一定文化素养的人。

三是旅游设施的文化性。不同国家或地区的旅游设施代表了不同的文化。从旅游交通工具方面来说,有的是飞机(这当然反映了现代文明),有的是马车,有的是汽车,有的是人力轿子。旅游饭店风格更能说明问题,有的是蒙古包式的,有的是西洋式的,有的是哥特式建筑,有的是小巧竹楼。饭店内部更是如此,从墙壁的粉刷到室内装饰,从服务内容到服务方式,从服务员的衣着到他们的举止,无一不体现某种文化。

◇ 知识活页5-2

二维码 5-2

拓展阅读:改革开放 40 年,中国旅游业发展大事记

第二节 旅行社

旅行社是旅游活动得以开展的中枢系统,是最具旅游特色的旅游行业之一。旅行社作为中间商,是旅游饭店、旅游交通、旅游餐饮等旅游供应商的产品主要分销渠道。传统旅游业得以开展的基本模式就是以旅行社为中心的旅行社整合制,互联网时代旅行社的传统职能有所削弱,传统的旅行社整合制逐步被在线模式所取代,但现代旅行社并没消亡,它以旅游本地化服务和特色化运营继续推动旅游业向前发展。

一、旅行社的定义

(一)世界旅游组织对旅行社的定义

世界旅游组织分别对旅游经营商(tour operator)和旅游代理商(travel agent)两大类旅行社的性质进行定义。它认为,旅游经营商是一种销售性企业,它们在消费者提出要求之前准备好旅游活动和度假地,组织旅行交流,预订旅游目的地的各类客房,安排多种游览、娱乐活动,提供整套服务,并事先确定价格及出发和返回日期。这些事先准备好的旅游产品,由自己下属的销售处或者旅行代理商销售给团体或个体消费者。旅游代理商是服务性企业,它的职能有:① 向公众提供有关旅行、住宿条件以及时间、费用和服务项目等信息,并出售产品;② 受交通运输、酒店、餐馆及供应商的委托,以合同规定的价格向旅游者出售它们的产品,销售合同(票据等)表明购买者和销售者是两相情愿的,旅行代理商只起中间人的作用;③ 代理商接受它所代表的供应商的酬劳,按售出旅游产品总金额的一定比例提取佣金。

(二)欧洲对旅行社的定义

欧洲是现代意义上的旅行社发源地。在欧洲人看来,旅行社是一个以持久盈利为目标,为旅游者提供有关旅行及居留服务的企业。这些服务主要是出售或发放运输票证,租用公共车辆,如出租车、公共汽车,协助办理行李托运和车辆托运,提供旅馆服务,预订房间、发放旅馆凭证或牌证,组织参观游览,提供导游、翻译和陪同服务以及提供邮递服务。旅行社还提供租用剧场、影剧院服务,出售体育盛会、商业集会、艺术表演等活动的入场券,提供旅游者在旅行逗留期间的保险服务,代表其他旅行社或旅游组织者提供服务。这是有关旅行社最为完整的、有法律依据的定义之一,它在许多法律文件中都可以找到依据。

(三)日本对旅行社的定义

日本将旅行社称为"旅行业"。日本《旅行业法》将旅行社规定为收取报酬经营下列事业之一者(专门提供运输服务者除外):① 为旅游者提供运输或住宿服务,代理签约、媒介或介绍的行为;② 代理提供运输或住宿的服务业与旅游者签约,提供服务或从事媒介的行为;③ 利用他人经营的运输机构或住宿设备,为旅游者提供运输或住宿服务;④ 附随于前三款行为,为旅游者提供运输及住宿以外的旅行相关服务,代理签约、媒介或介绍的行为;⑤ 附随于第一款至第三款的行为,代理提供运输及住宿以外的有关服务业,为旅游者提供服务而代理签约或媒介的行为;⑥ 附随于第一款至第三款的行为,引导旅游者,代办申领护照及其他手续,以及其他为旅游者提供服务的行为;⑦ 有关旅行的一切咨询行为;⑧ 对于第一款至第六款所列的行为代理签约的行为。

(四)我国对旅行社的定义

2009年,国务院颁布的《旅行社条例》对旅行社有具体定义:旅行社"是指从事招徕、组织、接待旅游者等活动,为旅游者提供相关旅游服务,开展国内旅游业务、入境旅游业务或者出境旅游业务的企业法人"。国内旅游业务是指旅行社招徕、组织和接待中国内地居民在境内旅游的业务。入境旅游业务是指旅行社招徕、组织、接待外国旅游者来我国旅游,香港特别行政区、澳门特别行政区旅游者来内地旅游,台湾地区居民来大陆旅游,以及招徕、组织、接待在中国内地的外国人,在内地的香港特别行政区、澳门特别行政区居民和在大陆的台湾地区居民在境内旅游的业务。出境旅游业务是指旅行社招徕、组织、接待中国内地(大陆)居民出国旅游或赴香港特别行政区、澳门特别行政区和台湾地区旅游,以及招徕、组织、接待在中国内地的外国人,在内地的香港特别行政区、澳门特别行政区居民和在大陆的台湾地区居民出境旅游的业务。

◇ 知识活页5-3

二维码5-3 拓展阅读:美国运通公司

二、旅行社的分类

关于旅行社的分类,不同国家旅行社行业分类方式有所不同。此外,分类标准和依据不一样，也会有不同类型的划分。下面分别介绍欧美国家、日本旅行社分类和我国《旅行社条例》中对旅行社分类的说明，以及其他旅行社分类。

（一）欧美国家旅行社的分类

欧美国家旅行社属于垂直分工体系，按照旅游分销渠道可以将旅行社分为旅游经营商、旅游批发商和旅游零售商。旅游产品通过各种分销渠道最终传递到消费者手中。

1. 旅游经营商

旅游经营商是指将其购买的各类旅游产品进行设计组合，并融入自身的服务内容，使之成为能满足旅游者整体性需要的旅游产品的旅行社。在西方，旅游经营商以设计组合及批发旅游产品为主要业务，其主要利润来源为一定采购规模而形成的批零差价以及设计组合的垄断性创新利润。旅游经营商通常具有很强的经济实力和广泛的社会关系，它按照预先设计的旅游产品，以优惠的价格向旅游供应企业批量购买，然后将其组合成不同的旅游产品，通过旅游零售商销售给旅游者，或者通过自己的零售网点销售产品。旅游经营商的规模一般比较大，数量相对较少。

2. 旅游批发商

旅游批发商是指主要经营批发业务的旅行社或旅游公司。所谓批发业务是指旅行社根据自己对市场需求的了解和预测，大批量地订购交通运输公司、酒店、旅游景点等有关旅游企业的产品和服务，然后将这些产品组合成为不同的包价旅游产品，最后交给旅游零售商向旅游者出售。

3. 旅游零售商

旅游零售商是指主要经营零售业务的旅行社。旅游零售商一般不预订旅游供应企业的产品，也不组合旅游产品，而是通过签订契约的形式向旅游者销售旅游经营商或旅游批发商的产品，或代理酒店、航空公司的产品。在西方，旅游零售商规模不大但分布广泛，拥有地理优势和便利条件。

（二）日本旅行社的分类

日本的旅游法规根据不同的经营权限，将旅行社分为三种类型：一是一般旅行社，它可以承担外国人来日本旅游、日本人出国旅游、日本人和外国人在日本国内旅游等业务；二是国内旅游业，它主要承担日本人和外国人在日本国内的旅游服务；三是旅游代办业，它作为一般旅行社和国内旅游业的代理人,承办主要旅游业务和附带的旅游服务项目,办理与旅游者签订合同等事项。

(三)我国旅行社的分类

到目前为止,中国旅行社在分类方式上经历了三次变化。

1. 三分法(1985—1995年)

20世纪80年代,出于国家对旅游业进行宏观控制、确保旅游接待质量的目的,国务院在1985年5月颁布了《旅行社管理暂行条例》。该条例按照旅行社经营范围、投资主体、业务职能的不同,将我国旅行社划分为第一类旅行社、第二类旅行社和第三类旅行社。

2. 二分法(1996—2005年)

经过十几年的发展,原有的《旅行社管理暂行条例》中的相关规定已经不能适应时代的发展需要,国务院于1996年10月15日颁布了《旅行社管理条例》。该条例规定旅行社分为两种类型:国际旅行社(又分为有出境权和无出境权两种)和国内旅行社。国际旅行社的经营范围包括入境旅游业务、出境旅游业务和国内旅游业务;国内旅行社的经营范围仅限于国内旅游业务。

3. 无分类法(2006年至今)

为了适应旅游发展新形势的需要,我国自2009年5月1日开始施行的《旅行社条例》中取消了国内旅行社和国际旅行社的分类。《旅行社条例》虽然没有强调旅行社类别的划分,但是规定旅行社一经批准设立,即拥有国内旅游业务和入境旅游业务的经营权。旅行社取得经营许可满2年且未因侵害旅游者合法权益受到行政机关罚款以上处罚的,可以申请经营出境旅游业务。因此我们可以依据是否拥有出境旅游业务经营权将旅行社划分为两类:一类是具有国内旅游经营权和入境旅游经营权的旅行社;另一类是具有国内旅游经营权、入境旅游经营权和出境旅游经营权的旅行社。

(四)其他旅行社分类方式

1. 组团旅行社和接待旅行社

目前国内各地的旅行社从业务操作上可分为组团旅行社和接待旅行社两类。组团旅行社(简称组团社)是指接受旅游团(者)或海外旅行社预订,制订和下达接待计划,并可提供全程陪同导游服务的旅行社,组团社要在出发地与旅游者签订旅游合同。接待旅行社(简称接待社)是指接受组团社的委托,按照接待计划委派地方陪同导游人员,负责组织安排旅游团(者)在当地参观游览等活动的旅行社。接待社在旅游目的地接待出发地组团社旅游者。在实际旅游接待中,需要由组团社和接待社共同配合,才能为旅游者提供完整服务。

2. 传统旅行社和在线旅行社（OTA）

在线旅行社(OTA)在欧美国家是指在线旅行服务商,在我国 OTA 是指在线旅游、在线旅游代理、在线旅游运营商等。我国 2013 年实施的《旅游法》规定:"通过网络经营旅行社业务的,应当依法取得旅行社业务经营许可,并在其网站主页的显著位置标明其业务经营许可证信息。"这是判断旅游网站是否属于在线旅行社的一个重要标志,也是允许设置交易系统,接纳旅游者在网上预订或购买旅游产品的前提条件。依照《旅行社条例》对旅行社的定义,在线旅行社可以定义为:以互联网为核心,从事招徕、组织、接待旅游者等活动,为旅游者提供相关旅游或旅行服务的企业法人,其盈利主要来自旅游供应商的代理佣金和提供相关旅游服务的增值。因此,在线旅行社区别于其他旅游网站的特征在于:在线旅行社应该具备从事旅行社基本业务的资格条件,同时在线旅行社应当具备在线经营的技术条件,可以进行旅游产品和服务的在线查询、在线预订和在线交易活动。

三、旅行社的基本业务

一般来说,旅行社的基本业务有产品设计与生产业务、产品促销业务、计调业务、旅游服务采购业务、产品销售业务、旅游接待业务和代理业务七种。

（一）产品设计与生产业务

旅行社的产品设计与生产业务包括产品设计、产品试产与试销、产品投放市场和产品效果检查评估四项内容。首先,旅行社在市场调查的基础上,根据对旅游市场需求的分析和预测,结合本旅行社的业务特点、经营实力及各种旅游服务供应的状况,设计出各种能够对旅游者产生较强吸引力的产品。其次,旅行社将设计出来的产品进行小批量的试产和试销,以考察产品的质量和旅游者对其喜爱的程度。再次,当产品试销成功后,旅行社将产品批量投放市场,以便扩大销路,加速产品投资的回收,赚取经营利润。最后,旅行社定期对投放市场的各种产品进行检查和评估,并根据检查与评估的结果对产品做出相应的改进。

（二）产品促销业务

旅行社设计组合出旅游产品后，为使产品获得足够的市场份额，需要让自己的产品广为人知，因此必须进行产品促销。旅游者经常根据自己的旅游动机搜集相关的旅游信息，他们通过报纸、杂志、宣传手册等印刷媒介，电话、广播、电视、互联网等电子媒介，以及熟人介绍等方式来获得所需的相关信息。因而旅行社要尽可能提供最新、最全的旅游产品信息，以便旅游者选择。而现代社会众多的媒介，也让旅行社能够利用各种途径进行产品促销。

（三）计调业务

旅行社计调业务是指为旅游团安排各种旅游活动所提供的间接性服务，包括食、住、行、游、购、娱等事宜的安排，旅游合作伙伴的选择，旅游接待计划的制订和下发，旅游预算单的编制，导游人员的委派等业务。计调业务是旅行社完成接待、落实发团计划的总调度、总指挥、总设计，在旅行社的整体运作中发挥着极其重要的作用。这里所说的是狭义的计调业务，广义的计调业务还包括旅游服务采购业务。

（四）旅游服务采购业务

旅游服务采购业务是指旅行社为了生产旅游产品而向有关旅游服务供应部门或企业购买各种旅游服务项目的业务活动。旅行社的旅游服务采购业务主要涉及交通、住宿、餐饮、景点游览、娱乐和保险等。另外，组团社还需要向旅游路线沿途的接待社采购接待服务。旅行社对外与旅游服务供应商建立广泛的协作网络，签订采购协议，保证提供旅游者所需的各种服务，并协同处理有关计划变更和突发事件等事项。

（五）产品销售业务

旅行社产品销售业务包括制订产品销售计划、选择产品销售渠道、制订产品销售价格、门市销售等内容。首先，旅行社应对其所处的外部环境和企业内部条件进行认真分析，确定企业所面临的机会和挑战，并发现企业所拥有的优势及存在的弱点，在此基础上制订其产品销售计划。其次，旅行社根据所制订的产品销售计划和确定的目标市场选择适当的产品销售渠道。最后，旅行社根据产品成本、市场需求、竞争状况等因素制定产品的价格。

（六）旅游接待业务

旅游接待业务主要包括旅游产品的咨询与预订服务、实地接待服务和售后服务等业务。旅游产品的咨询与预订服务是旅行社促销产品时的一项重要任务，旅行社可以通过门店、电话、网络等渠道向旅游者提供有效的咨询服务,帮助旅游者了解产品,并接受预订。实地接待服务即导游服务,是指旅行社委派取得导游证的导游人员,按照组团合同或约定的内容和标准为旅游者提供向导、讲解及相关的旅游服务。售后服务主要是指旅行社对旅游者的回访及投诉处理。

(七)代理业务

代理业务也称委托代办业务或单项服务业务。旅行社主要提供以下代理业务:① 办理旅行证件,如护照和签证;② 代客购买或预订车、船和机票及各类联运票;③ 出售特种有价证券,如信用卡,旅游者可持这种证券在各游览地逗留期间得到食宿服务;④ 发行和汇总旅行支票、信贷券,组织兑换业务;⑤ 为旅游者办理旅行期间的各种保险等,这是一项以散客旅游者为目标市场的旅游服务业务。

第三节　旅游饭店

一、饭店业的演进

自古以来,人们出行需要饮食和住宿,于是产生了饭店设施。随着人们出行数量以及规模的不断拓展,饭店的数量和规模也不断发展,而当社会经济水平不断提高,人们对食、住要求不断提高甚至产生其他需求时,饭店的软硬件水平也需要持续提升,同时增加其他功能。纵观世界饭店业的发展历程,大致上可分为以下几个阶段。

(一)古代客栈时期

在西方,客栈时期一般是指12世纪到18世纪这段漫长的历史时期。住宿设施在古希腊和古罗马时代就已出现。古罗马最初的客栈以当时的商队(经商者)为接待对象,客栈通常是由奴隶或战俘来从事劳作,为古代的经商者提供住宿服务。在古巴比伦《汉谟拉比法典》中,有禁止客栈在饮料中掺水的严格规定。古罗马时期也有官方驿站,供皇家使者住宿,相当于中国的驿站。中世纪初,某些教堂、寺院也往往以低廉的价格向旅游者提供住宿服务。在当时的意大利北部,客栈业成为一个很有实力的行业。中世纪后期,随着欧洲旅游、贸易的进一步兴起,人们对客栈的需求量增加,使客栈饭店业迅速发展。以英国为代表,当时客栈不仅向人们提供食宿服务,而且初步成为人们聚会、交往和交流信息的场所。到 15 世纪,客栈规模进一步扩大,很多客栈拥有几十间客房,同时配备了酒窖、食品室和厨房,有的还带有花园、草坪以及带壁炉的宴会厅和舞厅。美国大约在 1750 年以后,受英国客栈的影响,世界上开始有了不同类型的客栈。当时美国的客栈被称为"平常之家",客人更多地来自普通百姓。据大量的资料记载,18 世纪末美国的客栈已成为世界上较为著名的客栈。

(二)大饭店时期

18 世纪后期,欧美各国进入工业化时代,英国的产业革命为饭店业的发展注入了活力。火车、轮船的普及方便了人们的远行,政府官员、贵族等上层人物度假旅游和公务旅行日益增多,同时一系列技术革命为饭店设施的革新创造了良好的条件,饭店开始了装备现代化的第一步。比较著名的有 1794 年在纽约建成的首都饭店,1850 年在巴黎开业的巴黎大饭店和罗浮宫大饭店,1874 年在柏林开业的凯撒大饭店和 1876 年在法兰克福开业的法兰克福大饭店,1889 年开业的伦敦萨依伏大饭店。大饭店时期最有影响的代表人物是瑞士籍饭店业主塞萨·里兹(Cesar Ritz,1850—1918)。他在饭店服务方面做了许多创新和努力,千方百计地满足顾客的要求。直到今天,里兹所创造的饭店经营法则和实际经验,仍被世界各国高级饭店继承和沿用。其名言"客人永远不会错"在饭店业界世代相传。

这一时期饭店的主要特点是:大饭店一般建造在大都市,规模宏大气派,内部装饰高雅,设备十分奢华,服务对象主要是王公贵族、社会名流。大饭店排斥平民百姓,是身份、权力的象征,投资者几乎都是上层贵族,他们不在乎经济效益,而在乎社会地位。

(三)商业饭店时期

商业饭店时期是指从 20 世纪初到 20 世纪 50 年代世界饭店业的发展阶段。美国饭店大王斯塔特勒(Statler,1863—1928)被公认为商业饭店的创始人。他提出要建造一种"提供必要的舒适和方便、优质的服务与清洁卫生,而价格又能为一般公众所承担"的饭店。他用统一的标准来管理饭店,以保证服务质量。同时他也是 20 世纪初世界上最大的饭店业主。斯塔特勒还提出了许多饭店经营管理的原则和至理名言,如"饭店从根本上讲,只销售一种东西,这就是服务","饭店经营成功的根本要素是地点、地点还是地点"。

商业饭店的最大特点有以下几个方面:① 以商务旅行者为主要服务对象,市场面宽广;② 提出了新的服务理念,设施与项目讲究舒适、方便、清洁、安全、实用;③ 价格合理,物有所值,讲求经济效益;④ 推行科学的经营管理手段和方法,质量标准化,低价经营,实施成本控制管理,体现薄利多销的经营观念。这一时期,汽车饭店也开始出现,它设备简单,能为开车的旅游者提供较好的住宿服务。商业饭店时期是世界饭店业发展史上最为重要的阶段。

◇ 知识活页5-4

拓展阅读：商业饭店代表人物——埃尔斯沃思·弥尔顿·斯塔特勒

（四）现代新型饭店时期

20世纪30年代，西方社会爆发了"经济危机"，旅游人数大减，饭店业陷入空前困境，原先兴旺时期开业的饭店几乎全部倒闭。20世纪50年代开始，随着社会的稳定和经济的复苏，大众可支配收入增加，交通工具也进一步改进，人们在国内和国际的旅行活动日益频繁。这样饭店业便走出低谷，再次繁荣起来。至20世纪60年代初，新型饭店大批出现，饭店业又发生了巨大的变革。

这一时期饭店业发展的主要特点如下。① 大众化。第二次世界大战后，随着各国经济的恢复和发展，交通日益便捷，旅游业蓬勃发展，饭店业的接待对象已不再局限于商务旅行者，普通的观光旅游者成为饭店业一大客源市场。② 多功能化。为了适应现代旅游者的需求，饭店经营日趋多元化，除了给客人提供基本的食宿功能外，饭店还为客人提供问询服务、外部兑换服务、洗衣服务、托婴服务、缝纫服务、医疗服务、健身服务、交通服务、娱乐服务、购物服务等。此外，许多高等级饭店还为客人提供游泳池、高尔夫球场、会议室、电影院、展览厅等。因此，现代意义上的饭店已不单单是一个提供餐饮住宿的企业，而是一个以餐饮住宿为核心的消费综合体（见图5-2）。

图5-2　全球唯一七星级酒店——泊瓷

二、饭店的分类

由于旅游者自身需求和经济状况各不相同,饭店为了更好地满足旅游者的需求,有必要对饭店的服务项目、设施设备的先进程度以及市场定位进行相关分类。对饭店分类,有利于饭店确定经营对象,有针对性地开发产品,也有利于对饭店进行宏观管理和控制。

一般而言,饭店主要有以下几种不同的分类方法。

(一) 根据饭店经营特色划分

根据饭店经营特色,可将其划分为商务型饭店、度假型饭店、会议饭店、长住饭店、旅游饭店和汽车饭店。商务型饭店以接待商务旅行者为主,多位于城区,靠近商业中心,交通方便。度假型饭店以接待度假、游乐旅游者为主,多位于海滨、观光地和温泉附近。会议饭店专门为各种从事商业、贸易、展览会、科学讲座会的商客提供住宿、膳食和展览厅、会议厅。长住饭店以接待长住的商务和度假客人为主。旅游饭店以接待旅游者为主。汽车饭店以接待驾车旅行者的客人为主,一般位于公路干线上。

(二) 根据饭店客房数量的多少划分

根据饭店客房数量的多少,可将其划分为大、中、小型饭店。大型饭店的客房数在600间以上,中型饭店的客房数在300～600之间(包括300间和600间),小型饭店的客房数在300间以下。

(三) 根据饭店的经济类型划分

在我国,根据饭店的经济类型,可将其划分为国有经济饭店、集体经济饭店、私营经济饭店、联营经济饭店、外商投资饭店和股份制经济饭店。国有经济饭店是生产资料归国家所有的饭店。集体经济饭店是生产资料归公民集体所有的饭店,它分为两种,一种是城镇居民集体所有的饭店,另一种是乡村农民集体所有的饭店。私营经济饭店是生产资料归公民私人所有、以雇佣劳动为基础的饭店。联营经济饭店是不同所有制的企业之间或企业与事业单位之间共同投资的饭店。外商投资饭店是外商以合资、合作或独资形式在中国内地经营的饭店。股份制经济饭店是全部注册资本由全体股东共同出资,并以股份形式投资经营开办的饭店。

（四）根据饭店计价方式划分

根据饭店计价方式，可将其划分为欧式计价饭店、美式计价饭店、修正美式计价饭店、欧陆式计价饭店和百慕大式计价饭店。欧式计价饭店的收费以房间租费为准，不包括餐饮费用；美式计价饭店的计房租时包括早、午、晚三餐餐费在内；修正美式计价饭店的计房租时包括早、午或午、晚二餐餐费在内；欧陆式计价饭店的计房租时包括欧陆式早餐；百慕大计价饭店的计房租时包括美式早餐。

（五）根据饭店服务设施的等级划分

目前世界大约有 100 种饭店等级划分体系，这些体系划分的标准和评定的机构各不相同，通常可分为官方体系和民间体系。官方体系通常由国家和旅游委员会起草，而民间体系通常由商业公司和协会颁布。多年来，世界各国饭店的划分体系在不断变化，大部分国家都遵循一种或多种具有一定差异的标准体系，其中使用最为广泛的是星级评定系统，现介绍几种常用的评定体系。

1.《米其林指南》

《米其林指南》是法国知名轮胎制造商米其林公司出版的对传统饭店进行定性评估的最佳方案。它具有官方和商业性两种标准体系。根据《米其林指南》，饭店被划分成五个等级，并通过房间、餐具、鲜花等图形标志对饭店的舒适程度、特别要素和餐饮等进行评价。

2.《福布斯旅行指南》

《福布斯旅行指南》前身为《美孚旅行指南》，是由美孚石油公司制作，每年出版一次，其对美国的饭店和住宿设施进行评估，将饭店划分为一至五星，用星号表示饭店的等级，星号越多，饭店的等级越高。而且饭店每年进行评估，评定的等级也不是终身的，每年大约都有10%的饭店因不达标而被告撤销，这保证了该指南的权威性。

3. 英国的自愿自主分等体系

1974 年，由英国、爱尔兰和苏格兰旅游局推出，涵盖饭店、小旅馆、汽车旅馆、客栈、客房＋早餐式旅馆和乡村旅馆等。饭店被划分为 6 个等级，共有 0～5 个皇冠，每年通过问卷调查的形式对饭店进行评估。

4. 我国的《旅游饭店星级的划分与评定》（GB/T 14308—2010）

为了适应国际旅游业发展的需要，我国原国家旅游局于20世纪80年代后半期着手饭店星级评定的准备工作。先后邀请了一些著名国际旅游专家对我国旅游饭店进行了实地考察，提出了不少建设性意见和建议。1988年，原国家旅游局正式颁发了《中华人民共和国旅游（涉外）饭店星级标准》，它从饭店的环境、设施设备、维修保养、清洁卫生、服务质量及宾客的满意程度等几个方面对不同星级的饭店做出了不同的规定。这一标准自颁布以来，对于指导与规范旅游饭店的建设与管理，促进我国旅游饭店业与国际接轨，发挥了巨大的作用。2010年，原国家质检总局、国家标准化管理委员会发布国家标准《旅游饭店星级的划分与评定》(GB/T 14308—2010)（以下简称新版国家标准），并于2011年1月1日起开始实施。新版国家标准从评价指标到评价体系都做了重大调整，明确了有限服务与完全服务的不同要求，一、二、三星级饭店为有限服务饭店，四、五星级（含白金五星级）为完全服务饭店；注重对商务会议型饭店与休闲度假型饭店特色类别的引导与划分；强调了必备项目的不可或缺性，全面体现了对饭店设施设备专业性、整体性、舒适性水准的综合考察，并完善了服务产品评价的量化指标，使其更具操作性；进一步强化了对节能减排的重视，体现了对环境的关注；同时第一次引入了饭店安全管理须建立应急预案的管理要求。

三、饭店业的发展趋势

随着知识经济时代的到来，饭店业面临着许多新的机遇，当然也面临着许多新的挑战。面对变化的环境，中外饭店业呈现以下七大发展趋势。

（一）饭店发展可持续化

由于现代环境、能源、人口等世界性的问题进一步恶化，可持续发展问题已引起人们的密切关注。考虑到社会和宾客的长期利益，饭店将逐步走上可持续发展的道路。它要求饭店在发展过程中，不以短期的、狭隘的本单位利益为行为导向，而应具备强烈的社会意识和环保意识，讲义求利，考虑到宾客、饭店、员工、社会等各个方面的利益，将饭店利益、宾客的利益与整个社会的长期利益作为饭店发展的最终目标。可持续发展观念的出现，使得饭店带上了浓厚的社会责任色彩，21世纪出现了大量的绿色饭店。

（二）饭店管理人本化

在知识经济时代，人才不仅是生产要素，而且是饭店宝贵的资源，尤其是饭店，其产品和服务质量的决定因素在于人。因此，饭店将会更多地采用人本管理的方式。人本管理不是以规范员工的行为为终极目标,而是要在饭店内部创造一种员工自我管理、自主发展的新型人事环境,充分发挥人的潜能。因此,未来的饭店将会更加注重提高员工的知识素养,在人员培训上,将会以一种"投资"理念加大对员工培养的投入;在饭店内部,将会建立一套按能授职、论功行赏的人事体制,通过员工的合理流动,发挥员工的才能;通过目标管理,形成一套科学的激励机制,在饭店内部做到自主自发;发展饭店文化,利用文化的渗透力和诉求力,培养忠诚员工,确保饭店人力资源的相对稳定。

（三）饭店竞争品牌化

在不同的社会环境下,在饭店发展的不同阶段,饭店竞争的主题和表现的形式都会有所不同。随着服务对象的日益成熟、感性消费时代的来临以及饭店市场的日趋规范,在全球经济一体化的大背景下,国际上著名品牌的饭店集团大量涌入中国饭店市场,中国饭店业将进入品牌竞争的时代。品牌竞争是以宾客的满意度、忠诚度和饭店的知名度、美誉度为核心的竞争,其关键点是如何把握消费时尚,把自己的品牌根植于宾客的心中。所以,品牌竞争实际上就是通过宾客的满意最大化,达到市场份额和经济效益的最大化。

（四）饭店服务定制化

20世纪七八十年代,在短缺经济时代,宾客追求的仅仅是数量上的满足。到了20世纪90年代,随着短缺经济时代的终结,宾客追求的是符合标准的服务。到了21世纪,饭店业进入一个"宾客至上"的时代。个性化、多样化的消费潮流使每个宾客都希望通过购买、消费不同的产品或服务来表现出自己独特的个性、品位和格调。因而,对于饭店而言,在提供各类服务时,就不能再将理想的服务模式定在规范化服务这一起点上,而应通过"量体裁衣"的方式为每一位宾客提供最能满足其个性需求的产品或服务,即定制化的服务。

（五）饭店营销网络化

随着"互联网＋"时代的到来,电子技术、计算机技术、网络技术开始介入饭店的各项活动,尤其是在营销领域,微信、微博、App、推特、Facebook等新兴互联网手段和应用技术的出现给饭店业的营销活动注入了新的活力。所谓营销网络化,是指饭店借助网络通信和数字交互式媒体来实现营销目标。它是一种以宾客为导向、强调个性化的营销方式,适应了定制化时代的要求;它具有极强的互动性,是实现饭店全程营销的理想工具;它还能极大地简化宾客的购买程序,节约宾客的交易成本,提高宾客的购物效率。

（六）饭店产业组织集团化

随着中国改革开放整体进入转型升级的"新常态",在"一带一路"倡议和区域自由贸易逐步深入开展的同时,国际知名饭店集团以"联合舰队"的态势直逼中国饭店市场,已经从以往的在一、二线城市深耕转为向三、四线城市扩展;由单品牌向多品牌发展;由个别超豪华品牌饭店向批量超豪华品牌饭店发展;由中高档饭店向经济型饭店发展。面对这种国内市场国际化、国际竞争国内化的竞争现状,中国饭店必须转变观念,联合起来,走集团化发展道路,充分发挥各自设备、信息、人才、技术、资本、网络等优势,形成合力,发挥规模经济之效用。先进的管理模式和品牌影响力是饭店集团化发展的良好基础,科学的经营理念和优秀的专业人才能提升饭店集团的竞争力。例如,以洲际酒店集团为榜首的2015年全球饭店集团300强的经营业绩占了当年世界饭店业总营业额的86%,这使饭店管理者深刻认识到集团化发展是行业发展的必然趋势。

(七)饭店设施设备科技化

在知识经济时代,科技成为饭店生存和发展的资本。为满足现代人求新奇、求享受、求舒适的需求,饭店将会更多地应用各类新科技、新知识,强化现代饭店的智能个性。饭店可利用新科技加强信息管理、提高服务能力。此外,科学技术还可提高员工的工作效率,强化饭店的控制管理。

第四节 旅游餐饮

一、旅游餐饮的概念

伴随着人类文明的发展,餐饮从最初的生存需求逐步成为社会进步的标志之一。餐饮业是在餐饮社会需求的基础上发展而来的,作为历史悠久的行业,从古到今,餐饮业为顾客提供就餐服务的社会机能从未改变。随着生产力高度发展,人们生活水平提高,人类在社会政治、经济、文化、旅游、科技等方面的交流日益频繁,现代餐饮业正朝着设备舒适、环境优美、产品特色、服务优质的方向发展。改革开放以来,我国餐饮业发展经历了起步阶段、数量型发展阶段、规模化发展阶段和品牌建设阶段,初步形成了投资主体多元化、经营业态多样化、经营方式连锁化、品牌建设特色化、市场需求大众化、从传统产业向现代产业转型的发展新格局。

餐饮业是指在一定的场所,利用一定的餐饮设备,对食物进行现场烹饪、调制,并出售给顾客,主要供现场消费的生产经营性服务行业。餐饮业包括三个要素,即提供能够满足不同顾客需求的餐食或饮料,可供顾客放松精神用餐的环境场所,通过餐饮提供可实现经营者的经营目标和利润。餐饮业的历史悠久,从最初的驿站到当今的饭店,从只提供简单饮料的小店到如今的高档餐厅,餐饮业随着人们生活水平的提高、旅游业的发展以及文化交流的加深在不断地发展完善。

二、旅游餐饮的分类

旅游餐饮种类繁多,随着大众旅游的兴起、餐饮行业的发展和更新,旅游餐饮新形式层出不穷,主要分为综合餐饮类、快餐类、风味小吃类和饮食休闲吧类。

(一)综合餐饮类

综合餐饮类餐饮业是为人们提供进行宴请和广泛社交场所的餐饮业。该类餐饮业的特点包括:食品原料多为初始状态,品种多,处理量大;加工工艺传统、烦琐、复杂,多为手工操作出品;餐具使用的品种多,数量大;废弃物量大;被动式消费;消费者滞留时间长。

(二)快餐类(中式、西式、自助、食堂等)

快餐类餐饮业是以进餐为主要消费目的的餐饮业。该类餐饮业的特点包括:销售几种米食、面食等主食和几种蔬菜及动物性菜肴;中式食品工艺多为手工操作,西式食品工艺多为机械生产;菜品品种不多,数量较大;食品废弃物量不大;快捷的自助式服务;客流量大。

(三)风味小吃类

风味小吃类餐饮业是以加工、销售各种特色风味小吃食品为主的餐饮业。该类餐饮业的特点包括:食品原料简单,多为半成品;加工工艺简单;设备不复杂;出品量不大;消费者的消费目的是品尝各式特色风味小吃。

(四)饮食休闲吧类

饮食休闲吧类餐饮业是以为消费者提供幽雅舒适的交流环境为主的餐饮业。它以销售茶、咖啡、可可、饮料、果汁、低度酒类饮品和成品糕点及小包装食品为主,辅以小巧的设备进行简单加工。

三、旅游餐饮的发展趋势

（一）经营方式日趋多元

随着餐饮市场竞争的加剧，餐饮企业的利润率有不同程度的下降，价格趋向低廉。餐饮企业要求生存、谋发展，必须向品牌化、连锁化方向发展，并借此提升餐饮企业档次，占领较大的市场份额。

1. 连锁经营

连锁经营根据方式的不同可以分为自愿连锁、自营连锁以及加盟连锁三种基本模式。连锁经营的总店一般具有先进、完善的管理系统，为所属连锁店提供标准化的产品和管理，提供各种技术上的服务和资金上的帮助，连锁经营由于其规模较大，蕴含优秀的企业文化且经营成功而在公众中有较好的口碑，从而使消费者对餐饮产品产生信任感，促使其前来购买。餐饮企业面向家庭、个人消费的业务保持较高的增长态势，连锁餐饮市场从传统的色、香、味、型以口味为主，转变为更加注重产品的安全、卫生、健康和营养。

2. 品牌化经营

餐饮企业的竞争正由产品品种和价格的竞争向产品质量竞争、品牌竞争和文化竞争方向转化。多数消费者喜欢按照品牌选择产品，这就促使餐饮企业必须注重产品的品牌声誉，强化管理，提升企业形象。品牌经营有利于引起消费者的注意，减少消费者在选购产品时所花费的时间和精力，品牌代表着产品的品质、特色、服务等，品牌是一种无形资产，它可以为餐饮企业带来包括培养忠诚顾客在内的众多优势。

3. 大众化经营

餐饮大众化经营方式包括建立大众美食广场，拓展餐饮经营项目，开辟家庭宴会市场，开设外卖快餐服务等。它通过薄利多销、批量采购和加工原材料压缩成本等手段降低餐饮产品价格，提高市场竞争力，占领餐饮消费市场。

（二）产品及经营的特色化和创新化

现代餐饮业网点不断增多，竞争不断加剧，餐饮经营不断加大难度。很多餐饮企业已经意识到要取得最大的经济效益，就必须开拓市场、引导市场、适应市场的创新。

1. 餐饮产品的创新

餐饮产品的创新不仅仅是菜肴的创新,还包括菜单、环境、服务、活动等全方位的创新。菜肴是餐饮企业的灵魂。菜肴的开发,必须客观分析自身的档次与经营条件,正确了解目标市场的适销口味。随着人们对环境污染、生态平衡、自身健康等问题的关注程度日益提高,无公害、无污染的绿色食品、保健食品将会受到消费者的欢迎,老年人希望通过饮食调节达到健康长寿的目的;父母希望通过饮食调节使孩子更加聪明、活泼;工薪阶层希望通过饮食缓解工作压力。在产品创新中,菜肴将紧随国际饮食的"五轻"趋势,重点开发轻油、轻盐、轻糖、轻脂肪、轻调味品的菜品,更多地注重饮食营养与保健,同时增加新品,让宾客有更多的选择,以宾客满意的最大化来实现市场份额的最大化。另外,餐饮企业可在菜单、环境、服务、活动等方面想办法,赋予餐厅更多的文化内涵,增加餐饮产品的文化附加值。人们对物质的需求是有限的,而对文化的需求却是无限的。当今,提高餐饮企业的饮食文化品位,已成为餐饮市场竞争的一个重要领域、一种发展趋势。再者,餐饮营养化将成为人们追求的重要目标,因此餐饮产品的创新还可以此为抓手,抓住药膳的保健作用和人们对生态农业、绿色食品等无公害、无污染的绿色食品、保健食品的追求和关注,开发最新、最优的菜肴产品,引领新的餐饮时尚。

2. 餐饮经营方法的创新

20 世纪 80 年代,餐饮业的经营就出现了"食街"的形式,经营者不局限于原有的方式,开始使用明档、明炉;20 世纪 90 年代出现了"超市式"餐饮,将餐厅的食品原材料统统展示出来,供广大顾客挑选。随着餐饮社会化、专业化程度的提高,外卖服务、全开放的舞台式厨房服务、烹饪原料专业配送,以及家庭送餐等将成趋势。这其中最引人注目的就是以时尚、个性、文化的餐饮新概念,以及别具一格的装饰布置,征服了口味越来越挑剔的顾客的主题餐厅。主题餐厅的出现,迎合了顾客日益变化的餐饮消费需求,它以定制化、个性化、特色化的产品和服务来感动顾客,让顾客在其巨大魅力影响下欣然就餐。餐厅形式和用餐环境的与众不同使主题餐厅与一般餐厅区别开来,这样就能有效避开与一般餐厅的正面竞争。显而易见,餐饮经营方法的不断创新,必然会为企业营造一个独特的具有魅力的销售氛围,以引起顾客的注意,促使顾客消费,进而给企业带来更好的经济效益。

(三)餐饮服务个性化与亲情化

餐饮业是一个竞争激烈、排他性较弱的行业。在饮食产品逐步时尚化的情况下,服务特色的创新是现代餐饮企业在竞争中制胜的法宝之一。多年以来,餐饮企业科学的经营管理,既提高了企业员工的素质,也培养了一批高素质的顾客群。人们对餐饮产品的认识经历了求新、求廉、求优三个层次,目前已进入"廉中求优"的阶段。所谓的"优",其中就包括了优质的服务。有针对性、因人而异、适时的服务就是优质服务。服务的个性化程度已是评价优秀餐饮企业的标准之一。这里所说的个性化服务,就是以顾客为本,并根据顾客层次及需求上的差异,对不同顾客采用不同的服务方式,在做好规范化服务的基础上,针对顾客个性的差异最大限度地满足其需求。

(四)进餐顾客的高度参与性

在体验经济已经来临的今天,许多案例证明纯观光型的旅游产品不会持续太久,而具有参与性的旅游产品总是能够保持旺盛的生命力,旅游餐饮也不例外。很多旅游者已不再满足于游览和品尝,他们对菜肴的制作过程非常感兴趣,常常向服务员或厨师询问某些菜品的制作方法和工艺流程。旅游餐饮企业可以开发一些具有地方特色且让旅游者参与制作的菜品,或者让旅游者参观菜品的制作过程,既可以使旅游者体验到旅游餐饮的乐趣,又能弘扬本地区的饮食文化。当旅游者了解了某种菜品的制作过程后,可能会回家自己尝试或推荐给亲戚朋友。特别是对散客和背包旅游者来说,这种形式更有助于他们增加在某一地的旅游时间。如在乡村旅游盛行的今天,让旅游者到菜地里采摘、亲手做农家菜;针对外国旅游者在北京的旅游安排串胡同、包饺子等活动,让他们在自己动手的过程中体验真正的异地风情。

第五节 旅游景区

一、旅游景区的概念

关于旅游景区,国外学者更多地采用"旅游吸引物"这个概念。韦伯大词典关于旅游景区的定义如下:旅游景区是国内和国外的旅游者通常访问的地方,包括著名的历史名胜,动物园,博物馆和艺术画廊,植物园,建筑物和构筑物(如城堡、图书馆、以前的监狱、摩天大楼、桥梁等),国家公园和森林,主题公园、嘉年华会,少数民族社区,历史悠久的火车,文化活动和罕见的古怪事物等。

英国萨里大学市场学家梅德尔敦认为,旅游景区是"一个指定的、长久性的,由专人管理经营的,为出游者提供享受、消遣、娱乐、受教育机会的地方"。

我国旅游学者邹统钎对旅游景区的定义是:"旅游景区是依托旅游吸引物从事旅游休闲经营管理活动的有明确地域范围的区域。"

由上述几个关于旅游景区的定义可知,国内外缺乏统一的定义,学者们从自己认为合理的角度对旅游景区给出解释。

我国《旅游区(点)质量等级的划分与评定》(GB/T 17775—2003)将旅游景区定义为:"旅游区(点)是指具有参观游览、休闲度假、康乐健身等功能,具备相应旅游服务设施并提供相应旅游服务的独立管理区。"并认为旅游景区应有统一的经营管理机构和明确的地域范围,包括风景区、文博院馆、旅游度假区、自然保护区、寺庙观堂、主题公园、游乐园、森林公园、地质公园、动物园、植物园,以及工业、农业、经贸、科教、军事、体育、文化艺术等各类旅游景区。

旅游景区一般包含以下四个构成要件。

(一)旅游吸引物

旅游景区内的旅游吸引物可以是自然的,也可以是人文的,还可以是人工专门建造的,但要对旅游者具有吸引力,这是旅游景区存在的前提条件。一般来说,旅游景区的原始旅游吸引物就是旅游资源。根据《旅游资源分类、调查与评价》(GB/T 18972—2017),旅游资源可分为 8 个主类、23 个亚类、110 个基本类型。其中 8 个主类分别是:A 地文景观;B 水域景观;C 生物景观;D 天象与气候景观;E 建筑与设施;F 历史遗迹;G 旅游购物;H 人文活动。

(二)边界、设施与服务

旅游景区有明确的地域范围和固定的经营场所,并提供相应的旅游设施和服务。

旅游景区内的旅游设施又分为基础设施(水电气设施、金融设施、通信设施、公共环境卫生设施等)和服务设施(接待设施、娱乐设施、旅游安全设施、购物设施等)。

旅游景区内的旅游服务包括旅游从业人员服务、当地居民服务及志愿者服务等。

(三)旅游功能

旅游景区必须具备旅游功能。旅游景区可以是满足旅游者观光需求的参观游览,也可以是度假性的休闲康乐,还可以是专项性的教育和求知等。旅游景区的主体功能取决于景区的旅游资源类型。

一般来说,旅游景区具有以下功能:① 游憩功能,即以良好的生态环境或历史文化为旅游者提供各种愉悦体验;② 教育功能,即为旅游者提供审美教育、自然教育、历史教育和爱国主义教育;③ 生态功能,即可以发挥基因库、氧吧、保护区的作用,为旅游者提供新奇体验;④ 科考功能,即具有科学研究、自然课堂和实验室的功能;⑤ 经济功能,即可以创造经济效益(门票经济与产业链经济)。

（四）管理机构

每个旅游景区都有且只有一个管理机构，管理机构对景区内的资源开发、经营服务进行统一管理。旅游景区管理的基本内容包括旅游景区战略管理、资源开发管理、日常经营管理、服务管理、安全管理和人力资源管理等。

二、旅游景区的分类

我国旅游景区类型的划分有多种方法，按照景区的性质划分，可以划分为观光类景区、度假类景区、宗教文物类景区，或者自然类景区、人文类景区等；按照等级，可以划分为从1A到5A五个等级的景区；按照地理位置，可以划分为城市公园、郊野公园等；按照管理体制和属性，可以划分为风景名胜区、博物馆、森林公园、自然保护区、世界遗产、主题公园等。

这里我们简单介绍按照管理体制和属性的划分类型。

（一）风景名胜区

风景名胜区是指具有观赏、文化或者科学价值，自然景观、人文景观比较集中，环境优美，可供人们游览或者进行科学、文化活动的区域。2006年9月国务院公布的《风景名胜区条例》规定："国家对风景名胜区实行科学规划、统一管理、严格保护、永续利用的原则"，"风景名胜区所在地县级以上地方人民政府设置的风景名胜区管理机构，负责风景名胜区的保护、利用和统一管理工作"，"国务院建设主管部门负责全国风景名胜区的监督管理工作。国务院其他有关部门按照国务院规定的职责分工，负责风景名胜区的有关监督管理工作。省、自治区人民政府建设主管部门和直辖市人民政府风景名胜区主管部门，负责本行政区域内风景名胜区的监督管理工作。省、自治区、直辖市人民政府其他有关部门按照规定的职责分工，负责风景名胜区的有关监督管理工作"。风景名胜区划分为国家级风景名胜区和省级风景名胜区两类。截至2017年3月，国务院先后公布了9批共244处国家风景名胜区。

（二）博物馆

根据1989年修订的《国际博物馆协会章程》，博物馆是一个不追求赢利的、为社会和社会发展服务的、向公众开放的永久性机构，它以研究、教育和娱乐为目的，对人类和人类环境的见证物进行搜集、保存、研究、传播和展览。我国公立博物馆一般由文化部门管理。中国博物馆在1988年前被划分为专门性博物馆、纪念性博物馆和综合性博物馆三类；在现阶段，参照国际上一般使用的分类法，文化主管部门和专家一致认为中国博物馆应该划分为历史类、艺术类、科学与技术类和综合类四种类型。

（三）森林公园

森林公园是以森林自然环境为依托，具有优美的景色和科学教育、游览休息价值的一定规模的地域，经科学保护和适度建设，为人们提供旅游、观光、休闲和科学教育活动的特定场所。森林公园分国家级森林公园和省级森林公园，均设有专职管理机构，必须按法定程序进行申报。森林公园可以是经过修整可供短期自由休假的森林，也可以是经过逐渐改造而形成的具有一定景观系统的森林。森林公园是一个综合体，它具有休闲、疗养、林木经营等多种功能，同时，也是一种以保护为前提利用森林的多种功能为人们提供各种形式的旅游服务和可进行科学文化活动的经营管理区域。截至 2019 年 2 月，我国共有国家森林公园 897 处。

（四）自然保护区

自然保护区是国家为了保护珍贵和濒危动植物以及各种典型的生态系统，保护珍贵的地质剖面，为进行自然保护教育、科研和宣传活动提供场所，并在指定的区域内开展旅游和生产活动而划定的特殊区域的总称。按照保护的主要对象来划分，自然保护区可以分为生态系统类型保护区、生物物种保护区和自然遗迹保护区三类；按照管理体制划分，自然保护区分为国家级自然保护区、省级自然保护区和市县级自然保护区。截至 2018 年 5 月，我国共有 474 个国家自然保护区。

（五）世界遗产

世界遗产是指被联合国教科文组织和世界遗产委员会确认的人类罕见的、目前无法替代的财富，是全人类公认的具有突出意义和普遍价值的文物古迹及自然景观。狭义的世界遗产包括世界文化遗产、世界自然遗产、世界文化与自然双重遗产和文化景观四类。广义的世界遗产，根据形态和性质，可分为文化遗产、自然遗产、文化和自然双重遗产、记忆遗产、人类口述和非物质遗产（简称非物质文化遗产）和文化景观遗产。联合国教科文组织大会于 1972 年 10 月 17 日至 11 月 21 日在巴黎举行了第十七届会议，会上通过了《保护世界文化和自然遗产公约》。中国于 1985 年 12 月 12 日加入《保护世界文化和自然遗产公约》，并于 1986 年开始向联合国教科文组织申报世界遗产项目，1999 年 10 月 29 日，中国当选为世界遗产委员会成员。截至 2021 年 7 月，中国已有 56 项世界文化和自然遗产列入《世界遗产名录》，其中世界文化遗产 33 项、世界文化景观遗产 5 项、世界文化与自然双重遗产 4 项、世界自然遗产 14 项，世界遗产总数、世界自然遗产和世界自然与文化双重遗产数量均居世界第一，是近年全球世界遗产数量增长最快的国家之一。我国的世界遗产如表 5-1 所示。此外，截至 2020 年 12 月，我国共有昆曲、古琴艺术等 34 个项目入选联合国教科文组织"人类非物质文化遗产代表作名录"，羌年、中国木拱桥传统营造技艺等 7 个项目入选"急需保护的非物质文化遗产名录",优秀实践名册1项。42个项目的入选,体现了中国日益提高的履约能力和非物质文化遗产保护水平,对于增强社区、群体和个人的认同感和自豪感,激发人们传承保护非物质文化遗产的自觉性和积极性,在国际层面宣传和弘扬博大精深的中华文化、中国精神和中国智慧,都具有重要意义。

表 5-1 我国的世界遗产

序号	名称	列入年份	扩展年份	所在地
1	泰山	1987年		山东泰安
2	长城	1987年	2002年	横跨17个省、市、自治区
3	北京及沈阳的明清皇家宫殿	1987年（北京故宫）	2004年（沈阳故宫）	北京东城区、辽宁沈阳
4	莫高窟	1987年		甘肃敦煌
5	秦始皇陵及兵马俑坑	1987年		陕西西安
6	周口店北京人遗址	1987年		北京房山区
7	黄山	1990年		安徽黄山市
8	九寨沟风景名胜区	1992年		四川九寨沟县
9	黄龙风景名胜区	1992年		四川松潘
10	武陵源风景名胜区	1992年		湖南张家界
11	承德避暑山庄及其周围寺庙	1994年		河北承德
12	曲阜孔庙、孔林、孔府	1994年		山东曲阜
13	武当山古建筑群	1994年		湖北丹江口
14	拉萨布达拉宫历史建筑群	1994年（布达拉宫）	2000年（大昭寺）2001年（罗布林卡）	西藏拉萨
15	庐山国家级风景名胜区	1996年		江西九江
16	峨眉山风景区,含乐山大佛风景区	1996年		四川乐山,包括峨眉山市
17	丽江古城	1997年		云南丽江
18	平遥古城	1997年		山西平遥
19	苏州古典园林	1997年（拙政园、环秀山庄、留园、网师园）	2000年（沧浪亭、狮子林、艺圃、耦园、退思园）	江苏苏州

续表

序号	名称	列入年份	扩展年份	所在地
20	颐和园	1998年		北京海淀区
21	天坛	1998年		北京东城区
22	大足石刻	1999年		重庆大足区
23	武夷山	1999年		福建武夷山市
24	青城山与都江堰	2000年		四川都江堰市
25	皖南古村落——西递、宏村	2000年		安徽黟县
26	龙门石窟	2000年		河南洛阳
27	明清皇家陵寝	2000年（明显陵、清东陵、清西陵）	2003年（明孝陵、明十三陵）2004年（盛京三陵）	湖北钟祥，河北遵化，河北易县，江苏南京，北京昌平区，辽宁沈阳、新宾
28	云冈石窟	2001年		山西大同
29	云南三江并流保护区	2003年		云南丽江、迪庆藏族自治州和怒江傈僳族自治州
30	高句丽王城、王陵及贵族墓葬	2004年		吉林集安和辽宁桓仁
31	澳门历史城区	2005年		澳门
32	四川大熊猫栖息地	2006年		四川成都、阿坝、雅安、甘孜
33	殷墟	2006年		河南安阳
34	中国南方喀斯特	2007年		云南石林、贵州荔波、重庆武隆
35	开平碉楼与村落	2007年		广东开平
36	福建土楼	2008年		福建龙岩、漳州
37	三清山国家公园	2008年		江西上饶
38	五台山	2009年		山西忻州
39	登封"天地之中"历史建筑群	2010年		河南登封

续表

序号	名称	列入年份	扩展年份	所在地
40	中国丹霞	2010年		福建泰宁、湖南崀山、广东丹霞山、江西龙虎山（包括龟峰）、浙江江郎山、贵州赤水
41	杭州西湖文化景观	2011年		浙江杭州
42	元上都遗址	2012年		内蒙古锡林郭勒盟
43	澄江化石遗址	2012年		云南澄江
44	红河哈尼梯田文化景观	2013年		云南元阳
45	新疆天山	2013年		新疆乌鲁木齐
46	大运河	2014年		跨越8个省市
47	丝绸之路:长安-天山廊道的路网	2014年		陕西、甘肃、新疆（国外部分包括哈萨克斯坦、吉尔吉斯斯坦）
48	土司遗址	2015年		湖北咸丰、湖南永顺、贵州遵义
49	左江花山岩画文化景观	2016年		广西宁明
50	湖北神农架	2016年		湖北神农架
51	鼓浪屿:历史国际社区	2017年		福建厦门
52	青海可可西里	2017年		青海可可西里
53	梵净山	2018年		贵州铜仁
54	良渚古城遗址	2019年		浙江杭州
55	中国黄(渤)海候鸟栖息地(第一期)	2019年		江苏盐城
56	泉州:宋元中国的世界海洋商贸中心	2021年		福建泉州

（资料来源：https://www.sinowh.org.cn/Home/Index，中国世界遗产网。）

（六）主题公园

主题公园是现代旅游业在旅游资源的开发过程中所孕育产生的新的旅游吸引物，是自然资源和人文资源的一个或多个特定的主题，采用现代化的科学技术和多层次空间活动的设置方式，集诸多娱乐内容、休闲要素和服务接待设施于一体的现代旅游景区。主题公园是一种以游乐为目标的模拟景观的呈现，它的最大特点就是赋予游乐形式以某种主题，围绕既定主题来营造游乐的内容与形式。园内所有的建筑色彩、造型、植被、游乐项目等都为主题服务,共同构成旅游者容易辨认的游园线索。

我国旅游业高速发展,各类景区开发建设经历了几轮周期性的热潮,如20世纪90年代的主题公园建设热潮等。但是在旅游景区的开发建设、管理与保护上,一方面供需矛盾突出,另一方面重复建设现象严重。具体问题主要表现为:管理体制政出多门,管理机制保守落后;管理水平低,服务意识差;破坏性建设持续;资源和产品不匹配;质价不符;可持续发展的后劲不足等。

三、旅游景区的功能

(一)游憩功能

游憩功能是旅游景区的首要功能,也是旅游景区最基本的功能。随着人们生活水平的提高,旅游已经逐渐成为人们精神生活的重要组成部分。旅游景区一般具有良好的生态环境、优美的自然风景以及众多的文化古迹,是大众在闲暇时间里观光游览、度假娱乐、放松身心、陶冶性情的胜地。

(二)教育功能

旅游资源类型复杂多样,景观各不相同,历史遗迹内涵丰富,因此旅游景区能够提供审美、自然、历史、文化等多种教育功能。在自然旅游景区中,自然界造化多端、变化莫测,各种声、光、影、色、态构成一幅幅美丽的山水画,或奇或险,或秀或雄;在人文旅游景区中,各种文物古迹、历史遗迹、神话传说相互渗透,形成源远流长的人文之美。因此,旅游景区具有强烈的审美价值。而且众多的文化古迹、摩崖石刻、古代园林、诗联匾额、壁画雕刻等都包含文学、历史、艺术、科技发展、建筑等重要史料,是进行相关教育的理想场所。除此之外,很多风景名胜区流传着美丽的神话传说、民间故事、名人轶事,保存着大量文学艺术作品,所以说旅游景区也是艺术文化的宝库。

(三)生态功能

在经济迅速发展的今天,地球上大面积的自然环境遭到破坏,空气污染加剧,生态环境逐渐失去平衡,人类生存环境日益恶化。旅游景区一般拥有良好的自然环境,绿树成荫,鸟语花香,空气清新,吸引着旅游者前往度假。旅游景区在维持生态平衡方面具有重要作用,它既是供氧的宝库,也是人们恢复身心健康的世外桃源,所以我们更要重视旅游景区的生态环境保护。

（四）经济功能

旅游景区本身不直接产生经济价值，而是通过其旅游资源来吸引旅游者，再通过为旅游者提供食、住、行、游、购、娱等服务而产生经济价值。随着人们生活水平的提高，旅游者数量的增加，旅游景区在旅游业中的价值及经济功能也日益突出。

（五）科考功能

许多旅游风景区由于区位、气候、环境与景观条件独特，具有旅游观光、避暑度假、健身疗养、娱乐探险、科学考察等多项功能，同时也是大、中、小学生进行野外动植物的生物考察、知识学习、标本采集、野营实习的理想园地。

四、旅游景区的发展趋势

（一）盈利模式的多元化

传统的以观光为主导功能的景区经过长时间的发展，其弊端逐渐显露出来：盈利模式较为单一，主要是门票经济；旅游者很难形成共鸣，往往缺乏重游的意愿；产品开发较为低级，旅游者停留时间较短、花费较少等。传统的旅游景区已经不能适应当今旅游行业新形势下的发展要求，越来越多的旅游景区正逐步探索免门票的经营方式，通过免门票来增加旅游者数量，再通过进一步开发旅游产品促进旅游者二次消费，实现景区更多的收益。因此，未来的景区更多的是依托自身优质的资源、环境及市场条件，打造更多休闲性、体验性的旅游产品，延长旅游者停留时间，满足旅游者的需要，加深旅游者的印象，进而实现旅游景区多元化盈利模式的构建，加快实现旅游景区的投资回报。

（二）开发理念的生态化

倡导环境友好型社会，建设生态文明是当今社会关注的热点，尤其是对旅游业这种对环境和资源依托性强的产业来讲，其重要意义不言而喻。旅游业曾一度被称为"环境杀手"，开发者和管理者应该反思，自觉地保护环境、减少资源浪费，促进构建人与自然和谐共生的社会，生态化的开发理念是旅游景区可持续发展的必由之路。

（三）营销方式的网络化

互联网浪潮和散客潮的双重冲击，对旅游景区的管理和服务工作提出了新的挑战。传统媒体营销模式已经不能适应互联网时代的特性。随着互联网的普及和信息技术的进步，越来越多的商业交易活动依赖互联网进行，网络营销应运而生。越来越多的旅游景区开始与在线旅游服务运营商进行合作，开展网络营销，推出各种优惠促销活动来满足旅游者的需求。网络化营销一方面开拓了新的旅游市场，另一方面大大降低了营销成本。

（四）服务管理的智慧化

智慧旅游是我国正在大力提倡的一种依托于新技术的旅游支持系统，很多对市场比较敏感的旅游景区正在抓住这一市场趋势，依托原来的数字化发展，在景区管理、景区服务等方面实现智慧化。它们利用高新技术，打造具有吸引力的适应市场需求的旅游产品，增强旅游者的体验性和黏性，提高管理和服务的效率，同时节约运营成本。

第六节　旅游交通

现代旅游业得以迅猛发展的一个重要原因就是现代交通运输业的发展。旅游交通作为旅游活动的要素单位主要实现旅游者的空间位移，因此其是旅游活动得以开展的重要条件，是实现旅游者空间位移的载体和工具。旅游交通的通达性往往决定了一个地方旅游业发展兴旺与否，毫不夸张地说，旅游交通是旅游活动得以开展的前提。

一、旅游交通的概念

何谓旅游交通？旅游交通是指旅游者为了实现旅游活动，借助交通工具，实现从一个地点到另一个地点的空间位移的过程，这个空间位移过程既包括旅游者在旅游客源地和旅游目的地之间的往返过程（大交通），也包括旅游者在多个旅游目的地之间、同一个旅游目的地内部的各个旅游景点之间的转移过程（小交通）。从经济学角度看，旅游交通是交通供应商和旅游目的地景区为旅游者提供直接或间接交通服务而产生的经济活动，其为旅游者由客源地到旅游目的地的往返，以及在旅游目的地各处的旅游活动提供交通设施与服务。换句话说，旅游交通是指为旅游者的旅游活动提供便利条件，将其从一个地点带到另一个地点，实现往返于旅游客源地和旅游目的地之间的空间转移过程，以及由此引起的各种现象和关系的总和。

二、旅游交通的分类

（一）火车

1814年乔治·斯蒂芬森发明了世界上第一辆蒸汽机车,以后的很长一段时间内,火车一直是人们外出旅游的主要交通工具。在现代社会,随着技术的不断进步,高速铁路开始普及,为人们的远距离出行提供了极大的便利。与其他交通工具相比,火车的优点是客运量大、费用低、污染小、安全可靠、舒适方便、远距离连续行驶能力强、受天气变化影响小。其缺点是灵活性差、建设投资成本高、回收期长、耗能大。

我国列车旅行在各类运输工具中居主体地位,特别是对于长途旅行,火车的运载能力更强(见图5-3)。除与一般的客车共运旅客外,铁路部门还专门加开了一些专项旅游列车,著名的有北京—八达岭—康庄,北京—承德,南昌—九江,桂林北—南宁,成都—峨眉,南京西—上海—杭州。另外,在旅游旺季时许多地方还会临时加开旅游列车。

图 5-3　国产复兴号高铁

（二）汽车

汽车目前应用最广泛的短途运输工具,主要从事短程、中程的旅游客运,也是目前世界上使用最多的旅游交通工具之一。第二次世界大战以后,随着私人汽车数量的不断攀升,以及公共汽车、长途客运汽车的广泛使用,人们普遍喜欢选择乘坐汽车进行旅游活动,汽车逐渐成为主要的旅游交通工具。汽车之所以深受旅游者的青睐,主要是因为乘坐汽车旅游具有很多优势,如普及性广、适应性强、自由度高、灵活方便等,人们可随时随地停留和自由选择旅游地点。但汽车旅行也存在一些缺点,如载客量小、能耗较大、安全性差、易造成环境污染、受天气影响大、舒适度偏低、不适宜长距离旅游等。

（三）轮船

轮船是人类最古老的交通工具之一，是水上客运的主要工具。在各种旅游交通工具中，乘坐轮船的价格最为低廉，且运载量远远超过大型飞机。搭轮船旅游也有其突出的优缺点。优点是客运量最大、运行自由、能耗小、运输成本低、价格便宜（除豪华游轮外）、活动空间大、舒适度高、生活设施齐全。缺点是速度慢、灵活性差、易受气候和水域情况影响、准时性与连续性相对较差。

（四）飞机

飞机是现代长途旅行最主要的交通工具，主要承担中程、远程旅游运输，广泛适用于洲与洲、国与国、大中城市之间及各大旅游区之间的旅游活动。航空运输虽然起步最晚，却发展最快，是方便、舒适和快捷的现代交通方式。一个国家或地区的航空运输能力和机场吞吐量是衡量其旅游发展水平的一个重要标志。乘飞机旅游的优点有以下几个方面。

 1. 快速省时

飞机不受地面障碍物限制，在空中直线飞行，大大节省了时间。飞机的飞行速度远高于火车、轮船和汽车，具有先进性能的民航飞机时速都在 1000 千米以上。据相关统计，飞机的平均速度是火车的 6～7 倍，是轮船的 20 倍。

 **2. 舒适安全**

乘飞机旅游的安全系数很高，事故发生率远低于汽车旅游和火车旅游。另外，飞机设施、设备先进齐全，提供的服务热情周到，机舱内还提供餐饮、视听娱乐服务，航行时还可以欣赏空中和地面的美景。

 3. 航程远、灵活性大、受地域限制小

飞机被称为"空中桥梁"，能跨越各种地面障碍，大型喷气式客机最远航程可超过 10000 千米，加上飞行路径短，因此，飞机是远程旅游最主要的交通工具。

当然，飞机旅游也存在一定的局限性，如载客量少、耗能大、噪音大、成本高、票价贵、易受气候条件限制，只能实现点对点运输，需要与其他交通工具配合才能共同完成旅游交通服务。

（五）特种旅游交通工具

除了上述四大主要交通工具外，还有其他交通工具和设施在旅游活动中起着辅助作用。这些交通工具各具特色，有较强的技术含量和更高的娱乐性、享受性，但活动范围小，常被称为"特种旅游交通工具"。例如，索道、热气球、飞艇、观光直升机、观光潜水艇、轿子、马车、滑竿、竹筏、畜力车、自行车等。这些交通工具在辅助人们旅游的同时，增强了旅游者的观赏娱乐性和旅游体验，提升了旅游价值。但是，有些特种旅游交通方式（如索道）会对环境产生破坏，且与景区的自然美景不协调。下面介绍几种具有代表性的特种旅游交通工具。

1. 索道

索道又称吊车、缆车、流笼，通常用于在崎岖的山坡上运载旅游者或货物上下山。索道利用悬挂在半空中的钢索，承托及牵引客车或货车车厢，多用于城市或风景游览区的交通运输。除缆车站台外，一般在中途每隔段距离建造承托钢索的支架。有的索道没有吊车，旅游者只能坐在开放于半空的吊椅上，这种索道在滑雪区最为常见。

2. 热气球

热气球由球囊、吊篮和加热装置三部分组成，球皮由强化尼龙或涤纶制成，重量很轻却很结实，球囊不透气。热气球具有航空体育比赛、探险、休闲、空中摄影、高空作业、游览观光、气象探测、空中广告和青少年科普教育等多种功能。

3. 观光潜水艇

观光潜水艇是一种可以让人们在水下观察水中动植物和水下世界的交通工具，可在水深 0~45 米的范围内任意潜浮，一般可承载 2~50 人。民用观光潜水艇的潜水深度一般不超过 50 米，通过观光窗口可以近距离观赏海域富有特色的珊瑚、热点鱼、海胆、海星和贝壳等，让旅游者畅享水底世界的乐趣。

4. 皮筏

皮筏是用牛羊皮制成的充气的筏子。例如，羊皮筏是黄河上游兰州、西宁一带民间保留下来的一种古老的摆渡工具，它是将整张羊皮加工处理后缝制成袋，再充气使之成为皮囊，然后将十几只或数百只皮囊纵横排列，上用坚硬木架绑扎而成，可载重数百千克至数十吨，它简易轻便、不怕碰撞，适用于流急、礁多、滩浅的河道。

三、影响旅游者选择旅游交通方式的因素

现在各国的交通运营部门都清楚地认识到,旅游者对交通运输的普遍要求是安全、便利、快速、舒适、高效、经济。客运交通经营部门应该注意到,虽然人们对交通运输的要求具有普遍性,但由于个体的不同,旅游者对旅行方式的选择也不同。影响旅游者选择旅行方式的因素有很多,归纳起来看,主要有以下四项。

(一)旅行目的

旅游者有多种类型,如观光型、度假型、商务型等。度假型旅游者外出的目的主要是消遣,他们更愿意按照自己喜欢的方式去旅游,但是这部分旅游者对价格十分敏感,所以他们会尽量选择较低廉的旅行方式,甚至有时不选用商业性经营的交通工具,而选用徒步、骑自行车或自驾旅行,以满足其自由、无约束、充分放松的旅游目的。在远程旅游,特别是出国旅游的情况下,乘飞机或火车则是人们经常选用的旅行方式。

(二)交通运输的价格和费用

除差旅型旅游者对交通运输价格及费用不大敏感外,其他旅游者对该费用都是很敏感的,因而运输部门在交通价格和费用上稍有波动,都可能导致营业量发生较大的变化。所以,在其他因素不变的情况下,价格和费用的变化往往会导致旅游者在选择交通工具上做出不同的决策。旅游者在旅游前最关注的问题之一,就是在自己的旅游预算限额内如何使旅游活动更充分、更有效率。所以,在计划外出旅游时,人们往往会考虑各种可供选择的旅行方式的价格,甚至在选好了旅行方式之后,还要对不同供应商所提供的价格进行比较,最后做出决策。

(三)旅行的距离

旅行的距离通常包括空间的距离和时间的距离。旅行距离的远近主要会影响旅游者支出的费用和游览的时间。空间距离越长,时间耗费得越久,付出的代价也就越高。由于对大多数人而言,外出旅游的预算和时间是有限的,想要更有效地利用有限的度假时间,人们必须缩短用于交通方面的时间。所以在游程较远时,在能承受的价格前提下,旅游者多愿选择快捷的交通工具。

（四）旅游者的收入与闲暇时间及个人偏好

旅游者的收入与闲暇时间是客观制约因素，个人偏好是主观制约因素。在旅游者的闲暇时间和收入许可的情况下，可供选择的旅行方式就取决于旅游者的个人偏好。旅游者的偏好主要受自己的个性、心理类型和经验的影响。例如，无论在中国还是其他国家，有许多人旅行时首选乘坐火车，因为他们的旅行经验认为乘火车的安全系数更高。

当然，除上述因素之外，还有许多其他因素影响人们对旅行方式的选择，如天气、旅伴、目的地的地理位置特点等。实际上，各种因素在决定人们对旅行方式的选择时，是互相联系、互相影响并综合起作用的。

四、旅游交通的选择与布局

（一）旅游交通的选择要遵循"便利、高效、快速、安全、舒适、经济"十二字原则

有人在总结这一经验时，曾把它概括为：一短（旅途时间短）、一长（旅游时间长）、一多（景点变化多）、一少（重复线路少）、一高（经济效率高）、一低（旅游费用低），其中一短、一少、一高、一低都是十二字原则的重要内涵。

（二）旅游交通线路选择要考虑季节性的特点

旅游是有季节性变化的，旺、平、淡季旅游者数量的多少往往对旅游交通线路的布局产生极大的影响。旅游部门在安排旅游交通线路时，必须充分考虑这种旅游季节性的变化特点，根据旅游旺季的旅游者最大波动率来安排和规划交通线路，否则道路差，旅游者多，易造成交通堵塞现象。

（三）旅游交通要打造区域旅游线路群或区域旅游线路网络

世界上一些国家旅游业很发达，与其区域旅游交通网络的形成是分不开的，例如德国汽车旅游发达的主要原因是全国形成了四通八达的公路网，据统计，德国共有8000千米的高速公路，数万米普通公路与之相连，还有将所有旅游点贯穿在一起的乡镇公路，且路面平坦宽敞。贯穿德国的几条公路犹如大动脉，把相邻国家也连在一起。

由于我国幅员辽阔，旅游资源丰富而又分散，我国的旅游线路应以形成区域旅游线路群或区域旅游线路网络为目标模式，即建立水运、陆运、空运等交通网络，并使城镇第三产业的发展与之配套。

（四）旅游交通线路布局要串联更多的风景点，以最大限度地满足旅游者观景的需求

前面提到的"一多"，就是布局旅游交通线路，要尽量使沿线景点变化较多。理想的旅游线路是：旅途时间短，游览时间长，人在景中行，景在游线边。景点安排要松弛得当，有节奏感，在开始、中途、结束前都要有一个高潮。反之，会使旅游者精神劳顿，减少游兴。

（五）景区内的旅游线路安排要避免重复线，尽量形成环形旅游线路和曲线

组织游览线路，最忌重复线路。重复线路容易造成"卡脖子"现象，往返彼此相撞，阻塞游路，既不利于旅游容量扩大，又易造成安全事故，还给旅游者过多的乏味感。同时景区线路宜曲不宜直，曲中偶直，小径多于大径，这样景幽而客散，不仅增大旅游者容量，而且使旅游者有景可寻，有泉可听，有石可留，乐在其中。

第七节　旅游娱乐

在旅游活动的食、住、行、游、购、娱六要素中，"娱"是丰富旅游者旅游活动内容的重要因素，随着大众观光旅游逐渐向度假旅游、专项旅游过渡，旅游消费不断提档升级，"娱"作为六要素中弹性最大的要素，将会在旅游活动中发挥越来越重要的作用。同时，旅游业的发展也必将对旅游娱乐的发展产生巨大的推动作用。

一、旅游娱乐的概念

旅游娱乐是指相关行业为旅游者提供各种游览娱乐设施，以满足旅游者游乐需要，它是旅游者在旅游过程中穿插进行的一种文娱活动项目，强调娱乐性和参与性。

旅游娱乐形式多样，内容丰富，但归纳起来有以下几个共同特点：一是从内容看，具有娱乐性、参与性、知识性和趣味性，能满足旅游者喜参与、望表现、求知求乐的需求；二是从形式看，这些文娱项目具有浓郁的民族、民间和地方特色，并朝着不同国家和民族之间文化交流的方向发展，同时娱乐项目的建设及设施设备充分利用现代科学技术的成果；三是从效果

看,旅游娱乐既能使旅游者获得愉悦感,又能使当地群众参与其中,既有经济效益,又有社会效益。

◇ 知识活页5-5

拓展阅读:上海迪士尼乐园

二维码5-5

二、旅游娱乐的构成

旅游娱乐产品的生产,有的是以饭店、旅游景点为依托,设计编排民俗风情等文艺演出;有的则是由旅游娱乐企业生产,这些企业为满足旅游者的需要,投入空间设备和康乐娱乐设施等,经营综合性或单一性娱乐业,如大型游乐园、跑马场、高尔夫球场等。

旅游娱乐是旅游业的重要组成部分,它主要包括文化娱乐、休闲娱乐、游乐等。

(一)文化娱乐

文化娱乐活动是旅游活动中不可缺少的重要组成部分。虽然文化市场与旅游业分属不同的管理部门,具有不同的特点,但是两者之间有着难以割裂的紧密联系。一般来说,狭义的文化市场主要指表演艺术演出市场、文化娱乐市场、书刊市场、音像市场、电影市场、文物市场、工艺美术字画市场、文化服务市场等。从广义上理解,文化市场包括文化资源、文化服务、文化设施和文化日用品消费。歌舞形式的娱乐已经发展为比较成熟的旅游伴生型文化娱乐。

随着现代科学技术的发展,古老的艺术借助现代科技手段产生了一系列新的艺术形式。资料表明,法国之所以成为世界旅游强国,其文化娱乐产业和夜生活娱乐产品的丰富多样具有不可替代的作用。

(二)休闲娱乐

休闲娱乐是为了满足人们放松心情、减轻压力、享受生活等休闲需求而开发、提供的一系列产品。对于旅游景区来说,小型的常规娱乐是长期提供给旅游者的娱乐设施及活动,可以分为三大类,即表演展示型,如歌舞、茶道、赛马等;游戏游艺型,如秧歌、猜谜语、卡拉OK等;参与健身型,如射击、过山车、钓鱼、攀岩、骑马等。而现代流行的娱乐方式及设施主要分为五大类,即歌舞类娱乐,如歌舞厅、卡拉OK厅等;体育健身类娱乐,如健身房、球类运动、按摩等；游戏类娱乐，如棋牌室、游艺机、游乐园等；知识类娱乐，如影视中心、电影院等；附属类娱乐，如酒吧、网吧、茶艺馆等。

（三）游乐

在20世纪90年代，中国的游乐设施发展迅速，原来旅游康乐设施主要集中在旅游饭店康乐部的现象得以改变。大型游乐园逐步成为城市大规模文化娱乐活动中心，中小型游乐园也稳步发展，多是城市公园附属的游乐园，其社会效益和经济效益也比较好。游乐园的游艺设备质量和品种都有了很大的提高，同时培养了一批游乐人才。我国游乐业的发展方向主要在于以下几个方面。

1. 安全问题是我国游乐业发展的重中之重

在我国游乐业发展的历程中，管理不善和设备陈旧、不合格等因素导致了多起伤亡事故，这严重影响到游乐业的声誉和企业的经营。在游乐业的发展中，必须把旅游者的安全放在第一位，为旅游者提供优质的服务。

2. 游乐园有向主题公园方向转型的趋势

游乐园的建设不再停留在单纯的游艺设备的建造上，而是与舒适的环境、优美的景观相结合进行开发建设，给旅游者留下美好的经历与回忆。游乐园的开发创新要逐渐融入一定的主题因素，以主题公园的开发建设模式指导游乐园的经营管理。事实上，我国已经有不少成功的游乐园，如深圳的欢乐谷、世界之窗等。

3. 以高科技手段推动游乐业不断创新

国内的游乐业目前还存在模仿国外、设备老化、没有自主创新等问题，游乐业的推陈出新必须导入高科技元素，运用先进的科学技术手段融合游乐因素；给人以启迪、想象和体验，同时吸收国外的先进经验，争取早日与国际接轨。

三、旅游娱乐的作用

旅游娱乐作为旅游活动中发展潜力巨大的要素，将极大地丰富旅游活动内容，给旅游业的发展留下了极大的想象空间。旅游娱乐对旅游的作用大致可以概括为以下几个方面。

（一）丰富旅游活动内容，增强旅游吸引力

在旅游活动过程中引入旅游娱乐元素，可以使旅游活动内容更加丰富多彩，旅游产品吸引力更强，满足更多旅游者的多样化需求，拓宽旅游客源市场。旅游娱乐的开展也可以提高旅游者的体验层次，满足旅游者精神文化层次的需求，改变过去传统旅游走马观花的参观游览模式，使得旅游者在旅游目的地能够更多地停留和消费，实现当地旅游收入的增加。

（二）提高旅游产品竞争力，增加旅游收入

旅游娱乐作为旅游活动的一部分，是对旅游产品欣赏层次的补充，改善了旅游产品的结构，能够吸引更多的旅游者，增强旅游产品吸引力。虽然旅游娱乐在旅游业中创汇、创收比重并不大，但利润可观，发展前景广阔。旅游业是综合性很强的产业，它通过为旅游者提供食、住、行、游、娱、购等综合服务而获得经济收入。在这些综合性服务中，食、住、行具有相对的稳定性，其经济收入是有限度的，而旅游娱乐在旅游需求中的弹性较大，因此其经济收入具有相对的无限性。

（三）平衡淡旺季旅游收支，减轻旅游的季节波动性

旅游娱乐项目与一般的自然景点不同，受季节气候的影响较小，并且旅游娱乐的主要目的是满足旅游者除观赏之外的旅游需求，具有很强的娱乐性，不但对旅游者有吸引力，对当地居民也有一定吸引力，能够减少旅游淡季带来的影响，平衡旅游收支。

（四）提高旅游活动质量，增强旅游文化内涵

旅游娱乐活动已渗透到旅游业各个组成部分中，它特有的文化内涵与参与性强烈地吸引着旅游者，对旅游活动起到增彩的作用，提高了旅游活动的质量。由于走马观花的观光型旅游正在失去魅力，更多的旅游者希望深入地了解旅游地社会、文化现象，更加注重参与性和心理经历。旅游娱乐将艺术性、娱乐性和参与性融为一体，是一个国家或地区民族文化、艺术传统的生动反映。它不仅在专业娱乐场所出现，更多的旅游业经营者把旅游文娱引入旅游景区景点旅游饭店，甚至各种旅游商品交易会和展示会上，为旅游活动增添了更多的文化色彩。

（五）丰富旅游产品，完善旅游产业体系

旅游娱乐是对传统旅游形式的一种创新，它增强了旅游的趣味性。各种娱乐设施的不断出现，使旅游产品更加丰富多元，旅游产业体系更加完善，抗击风险的能力进一步增强，可在一定程度上改善旅游产业的脆弱性。

第八节 旅游购物

旅游购物作为六要素中"购"的对应体现,随着国民经济的发展和旅游活动的深入而愈发重要,它与食、住、行、游相比具有较大的需求弹性空间,对目的地的经济贡献有较大潜力。一般来说,旅游业发达的国家和地区都十分重视发展旅游购物。

一、旅游购物和旅游购物品的概念和意义

旅游购物是指旅游者出于旅游的目的或在旅游活动过程中购买各种商品的行为,既包括专门的旅游购物行为,也包括旅游中一切与购物相关的行为总和。需要注意的是,旅游购物不包括任何出于商业目的而进行的购物活动,即旅游者为了转卖而进行的购物行为。

旅游购物的内涵包括以下三个方面。一是购物是以旅游活动为前提的,并随着旅游活动的变化而变化。二是旅游购物过程中,旅游购物品、购物场所、购物经历三者相互作用,组成旅游者的一次体验和经历,旅游购物品以实物的形式帮助旅游者留住那段难忘的经历。也就是说,旅游购物是一次旅游经历,具有体验产品的特性。三是旅游购物的阶段包括旅游前准备阶段、旅游过程中以及旅游结束后与本次旅游活动相关的一切购物行为。

广义上的旅游购物品是指旅游者为满足旅游需求而购买的具有使用价值的有形旅游劳动物品与无形的服务的总和。在一定意义上,也就是我们通常所讲的旅游产品。狭义上的旅游购物品特指旅游者在旅游活动过程中所购买的以物质形态存在的商品。也就是我们通常所讲的旅游商品。本文主要采用狭义的概念。

旅游购物品的生产经营对提高旅游业的经济效益具有重要作用。首先,旅游者对旅游购物品的需求虽为非基本消费,但是弹性最大的一项需求,是没有上限的。旅游部门从中获得的收入是无限度的。其次,旅游购物品本身也是一种旅游资源,它可在一定程度上扩大客源市场。再次,旅游购物品是旅游产品中可供旅游者携带回家的有形产品的主要部分,它不仅可以强化旅游地的形象,延长旅游者的旅游经历,而且能成为旅游地的义务宣传员。在旅游业较发达的国家或地区,旅游购物收入一般占旅游业总收入的40%以上。如新加坡占到59.6%,美国占到54.7%,法国占到52.1%,泰国占到42.8%,我国香港地区占到49.6%。即使在旅游业正在发展中的国家,旅游购物收入的比重一般也在20%以上,如印度尼西亚为24.0%,韩国为23.7%,马来西亚为21.2%,我国也基本保持在20%~30%。可见,旅游购物及其所依存的旅游购物品生产和销售已成为现代旅游业发展的重要内容,并与旅游交通、住宿、景区、娱乐等一起成为现代旅游经济的重要支撑点。对旅游地而言,不仅旅游购物品

是塑造旅游地形象的重要手段,而且旅游购物品销售收入在旅游总收入中的比重是判断一个国家或地区旅游业发达程度的重要标志。因此,许多国家或地区都将发展旅游购物品作为提升当地旅游业综合效益的有效途径(见图5-4)。

图 5-4　购物天堂香港

二、旅游购物品的分类与特点

(一) 旅游购物品的分类

根据不同的分类标准,可以将旅游购物品分为不同的类型,本文根据有关学者的研究,将旅游购物品分为文化艺术品、工艺美术品、风味土特产、名贵饰品、特色服装、旅游纪念品和其他商品几个类别。

1. 文化艺术品

文化艺术品包括书画、古玩、拓片、仿古书画、古董复制品、古籍影印本、文房四宝及乐器等。一般仿制品也颇受旅游者欢迎,有代表性的仿制品,如西安的仿制兵马俑、洛阳的仿制唐三彩马等。文房四宝以安徽宣城的宣纸、浙江湖州的湖笔、安徽徽州的徽墨、广东肇庆的端砚最负盛名。

2. 工艺美术品

工艺美术品通常分为两类,即日用工艺品和陈设工艺品。前者是经过装饰加工的生活实用品,后者是供欣赏用的各类摆设,一般都有传统工艺和地方特色。

3. 风味土特产

风味土特产包括各种有地方特色的名酒名茶、风味小吃、药材和其他农副产品。

4. 名贵饰品

名贵饰品指金银、珠宝、玉石等首饰，如项链、戒指、手链、手镯、耳环等饰品。

5. 特色服装

特色服装包括有地方特色的丝绸制品、棉毛制品、呢绒制品和皮革制品、旅游接待地款式别致的民族服装和装饰品，也包括滑冰、滑雪、登山、游泳等康体活动所需的服装鞋帽。

6. 旅游纪念品

各种各样的旅游购物品，凡标上产地地名或用产地的事物特征作为商标的，都属于旅游纪念品。还有一种专门为纪念著名旅游景点、文物或特定事件而生产的旅游纪念品。

7. 其他商品

其他商品如免税商店里出售的来自世界各国，特别是工农业发达国家的特色商品，包括日本的家用电器、摄影器材，法国的名酒、香水，意大利的皮革制品，澳大利亚的毛织品，南非的钻石，南美洲的咖啡等。

（二）旅游购物品的特点

同一般市场上购买的商品相比，旅游购物品是一种兼具物质性和精神性的特殊产品，因为是旅游者在旅游活动中购买的具体实物产品，所以旅游购物品中的旅游食品、日用品除了有较强的实用性特点外，还具有以下特点。

1. 纪念性

旅游购物品具有纪念意义，能反映出旅游目的地国家或地区的一些特点。旅游者到旅游目的地进行消费，除了能带走旅游购物品以及对旅游目的地的印象、感觉外，什么都不能带走，旅游购物品就成为传递旅游目的地信息的主要媒介，因此旅游购物品具有突出的纪念性的特点，能让旅游者通过旅游购物品想起旅游地。

2. 艺术文化性

旅游购物品的整体设计要新颖、美观，能给旅游者带来美的艺术享受。要使旅游购物品具有艺术性，不仅需要提高生产技术工艺水平，而且要把民族特色、地方文化特色同时代特色及现代人的艺术欣赏习惯结合起来，那些带有鲜明民族、民间文化特色，具有精美制作工艺的旅游购物品对旅游者的吸引力最强。

3. 地方性

旅游购物品要突出地方特色，从根本上讲，是由旅游活动的异地性的特征决定的。缺乏地方色彩的旅游购物品，就失去了特色，失去了对旅游者的吸引力，失去了旅游纪念的意义，也不可能产生良好的效益。

4. 方便性

目前，我国提供旅游购物品的经营场所有很多，常见的如政府定点的旅游商店、各种专业化商店、集贸市场、友谊商店、免税商店、旅游饭店商场部、旅游购物品超市、旅游购物品专营店、旅游购物品一条街、大型旅游商品交易会等。这些不同类型的旅游商品供应场所在宣传、促销和方便旅游者购物方面都发挥了重要的作用。

三、旅游购物的开发

如前所述，旅游购物收入是旅游业的最重要组成部分，因此，开发旅游商品对于满足旅游者的需求，提高旅游业经济效益，具有十分重要的意义。在开发旅游商品的过程中，应当注意以下几点。

1. 要充分反映一个国家或地区的民族文化特色

这是旅游购物品生命力之所在。旅游购物品的文化特征越鲜明，文化品格越高，地域特征越明显，它的价值就越高，越受旅游者的欢迎。

2. 要多元化、多品种和多规格，以满足旅游者多元化需要

旅游购物品切忌单一、粗糙，要走多元化、多品种、多规格的道路，要小巧精细，便于旅游者携带，同时要有文化内涵，以引起旅游者兴趣。

3. 树立品牌

品牌效应在当今社会越来越明显，一个知名品牌可以带来不可估量的经济效益，所以树立品牌对旅游购物品来说是至关重要的。旅游购物品不仅要树立自己的品牌，而且这种品牌最好和当地的风景名胜紧密相连，这样可以使旅游购物和旅游地结合成一个整体，相互促进。

四、旅游购物在旅游业中的地位和作用

目前，在我国旅游业发展的实践过程中，出现了一些有关旅游购物的问题，如旅游者外出旅游感觉很难买到值得给亲戚朋友带回去的旅游纪念品，不是粗制滥造，就是毫无特色，旅游活动过程中出现强制购物的恶劣现象等，这使得旅游购物被污名化，好像成了强制消费的代名词。而实际上，旅游购物是旅游活动六要素之一，是旅游活动必不可少的一部分。随着人们收入水平的提高，在旅游消费结构中购物所占的比重将会越来越大，旅游购物在旅游业中的地位和作用也会越来越重要。旅游全行业要上下齐心，努力改变旅游购物在旅游者心目中的形象，为旅游购物的正当开展营造风清气正的良好环境。旅游购物在旅游业中的地位和作用可概括为以下几个方面。

（一）旅游购物是国民经济的重要组成部分

旅游购物不仅是旅游业的重要组成部分，而且是国民经济的重要组成部分，主要体现在以下两点。一是旅游购物有利于推动国际商品贸易。在国际旅游市场上，旅游商品具有"橱窗效应"。二是旅游购物有利于促进地方经济的发展。在扩大旅游购物的范围以后，许多产品都可以成为旅游者购买的对象，这对发展地方经济有重要的意义。

（二）旅游购物是旅游业收入的重要来源

如前所述，在旅游业收入构成中，购物收入所占比重最大。此外，购物消费属于非基本旅游消费，因此，在旅游者的消费结构中弹性较大。随着旅游者消费水平的提高，用于购物的消费在消费结构中所占的比重越来越大，有助于旅游业经济效益的提高。

（三）旅游购物是挖掘旅游业潜力和市场空间的主要选择

旅游业的食、住、行、游、购、娱六大要素市场的消费特征各不相同。就要素市场对消费者是否具有弹性特征来讲，食、住、行、游属于刚性消费市场，属于旅游消费者的基本消费范

畴,一般在消费者的总支出中比较固定,在消费者具体消费过程中受主观因素的影响也较小,而娱、购两要素则具备弹性消费的特征,消费者在具体消费过程中,可以在多消费与少消费甚至不消费之间进行选择,受主观因素的影响比较大,因此其市场规模的扩大较多地受消费产品的质量、消费者的心理因素和主观感受、消费者的购买力等因素的制约和影响。大力发展旅游购物是旅游业进一步提升的有效途径之一。

(四)旅游购物有利于弘扬一个国家或地区的文化艺术

地方土特产品和具有旅游目的地特色的旅游纪念品是旅游购物的重要内容,不仅带给旅游者关于旅游过程的纪念,而且是传播一个国家或地方特色文化的重要途径。旅游购物的发展,既可以使旅游者的需求得到满足,也为地方的对外宣传提供了重要渠道。通过旅游商品的交易,能实现异地之间文化的交流与沟通。旅游购物的发展使地方特色文化实现了多渠道传播,对繁荣地方特色文化发挥了重要作用。

第九节 旅游新业态

一、旅游新业态的概念及其类型

"业态"一词源于商品零售行业,美国在1939年用业态表示零售业态在商业统计中的分类。20世纪60年代以来,日本将业态作为针对某一目标市场、体现经营者意向与决策的营业形态。随着我国旅游市场竞争加剧、产业结构完善、行业分工细化,原有产业、行业等概念难以描述旅游业发展状态,我国20世纪80年代从日本引入"业态"一词,并在商业中推广应用。之后,业态在21世纪初被引入旅游领域。

伴随着大众旅游时代的到来、现代科技的进步、商业模式的创新、旅游者需求的激增,旅游产品组织形式、内容类型、服务形式以及旅游者出游方式等方面的变化,都是旅游业态创新的具体表现。旅游业态创新是实现我国旅游产业转型升级必由之路,是经济活跃、社会繁荣、科技进步、时代发展共同作用的产物。旅游新业态是旅游业态创新的表现形式和具体成果。旅游新业态并不会完全取代原有业态,而是对原有业态的补充、更新、拓展和提升。旅游新业态是旅游企业等主体受内外创新因素驱动,对传统旅游业态进行创新、更新和融合,形成具有稳定发展态势的业态模式。相较传统业态,旅游新业态在旅游资源、产品特征、旅游目的、旅游方式、经营形态、组织形态、竞争手段、产业技术、产业关联、空间形态、产业导向和产业目标等方面都有发展和变化。

根据旅游新业态更新和创新程度,可将其分为全新型旅游业态、衍生型旅游业态和提升型旅游业态三种类型。①

(一) 全新型旅游业态

全新型旅游业态是经营主体运用新技术、新工艺、新材料等成果,开发出市场上从未有过的旅游业态。这种旅游业态内容、形式和性能新颖,是社会进步和科技发展的产物,能改变旅游者消费习惯,符合旅游者求新求异需求变化特征,引领市场潮流。全新型旅游业态科技研发、经营运作和市场推广都有一定难度和风险,推出后其安全性能和市场接受程度都要接受市场检验。目前,市场上活跃的全新型旅游业态有邮轮旅游、游艇旅游、低空旅游等。

(二) 衍生型旅游业态

衍生型旅游业态由传统旅游业态针对市场需求变化,调整、改变、分化、派生而来,其经营运作延续传统母体业态经验、模式,但又以自身特有的新理念、新技术、新方式与传统母体业态相区别。衍生型旅游业态优势首先在于产品服务差异化,形成消费者偏好和忠诚度,打造竞争优势。衍生型旅游业态将市场定位于小而精的细分市场,集中力量为某个细分市场服务,保持竞争优势。衍生型旅游业态在传统旅游业态基础上融合新型业态特征,创新经营管理,拓展盈利模式,深化竞争优势。衍生可以针对旅游要素、旅游产品和客源市场进行。目前主要衍生型旅游业态包括房车旅游、婚庆旅游、医疗旅游、养老旅游和购物旅游等。

(三) 提升型旅游业态

提升型旅游业态是对原有旅游业态在形式、内容、功能等方面的改进和提升,使其更符合旅游者消费需求。这类业态在原有业态基础上改进提升,降低了产品研发、经营运作和市场推广的难度。提升型业态实质是由同转异,摒弃传统业态单一、静态观光模式,在旅游活动理念、内容、空间、设施等方面有效提升,形成新型旅游产品,符合市场细分化和多样化趋势,有利于原有市场的巩固和拓展。现阶段,由传统旅游业态改进和提升而出现的旅游新业态最多,包括乡村旅游、温泉旅游、红色旅游、民族旅游等。这些业态虽然发展较早,但由于受到客源需求、创意思维、资本驱动和政策导向等因素激励,在开发理念、技术、方式、内容等方面大胆创新,采取风情小镇、旅游综合体、主题公园等开发方式,形成不同以往的旅游业态项目。对于已经具有一定规模,但受国家政策限制的高尔夫旅游,将在空间布局、产品档次、客源结构、运营方式、环保手段等方面进行改造,以适应新形势下旅游休闲度假发展需要。

---

① 付业勤,曹娜,李勇.海南旅游新业态类型、分布与发展策略研究[J].海南广播电视大学学报,2015(3):44-51.

二、房车旅游

房车旅游是指借助于房车,暂时性地离开都市或人口密集地,到郊外进行的游憩活动,是一种以房车为载体、以露营地为凭借的新型旅游形式。[①] 房车旅游在西方国家已经发展得相当成熟,尤其是在美国、加拿大和欧洲等地,人们开着满载必备品的房车穿梭于小道、公路或营地之间欣赏自然美景已成为一种普及的时尚旅游生活方式。然而目前房车旅游在我国仍属于新兴事物,发展较为滞后。

近年来,随着我国旅游业的发展由传统观光型旅游向休闲度假旅游的转变,房车休闲旅游产品的市场需求不断增长,我国房车保有量逐年增加。房车旅游的发展也日益受到旅游管理部门的重视,相关国家政策的出台进一步推动房车旅游的发展。2009年,《国务院关于加快发展旅游业的意见》将旅游房车纳入国家鼓励类产业目录;2010年《中国旅游业"十二五"发展规划纲要(征求意见稿)》提出鼓励发展自驾车旅游,加快完善自驾车营地、房车宿营地等与休闲旅游新需求相适应的设施和服务;2013年,《国民旅游休闲纲要(2013—2020年)》中明确指出国家将在2013至2020年间,鼓励居民房车旅游,发展自驾车房车营地等旅游休闲基础设施建设。由此可见,我国房车旅游市场发展空间巨大。

(一)房车旅游的发展史

房车旅游作为一种旅游形式,出现的历史并不长,它受制于社会生产力发展的水平,特别是社会经济水平与汽车工业的大众化水平。房车旅游自20世纪出现以来,经历了萌芽阶段、发展阶段和产业阶段三个阶段,正在向大众化阶段演进。

1. 萌芽阶段

最早具有现代意义的房车出现于第一次世界大战末的美国,当时的美国人为了长途旅行生活的便利,把简易的床、厨房、帐篷等用具搬到了家用轿车上,这就是房车的萌芽。1920年,有人把简易的木床固定在T形底盘上,并在房车创制家居环境,使之有了移动之家的内涵,这是旅游房车的最早雏形。与此同时,一些房车爱好者考虑到房车旅游途中需要的修养、补给等问题,开始策划在路途中平整土地,整修一些房屋,储备一些汽车维修工具与日常生活用品,这就是早期的房车宿营地。萌芽阶段的房车旅游具有规模小、设备简陋、影响范围小等特点。

---

① 皮常玲,郑向敏,李勇泉.我国房车旅游发展影响因子研究——基于灰色关联分析[J].乐山师范学院学报,2015(4):82-86.

2. 发展阶段

20世纪30年代以后,飞机制造技术应用到房车上,大大提高了房车的舒适性,供电供水系统、厨卫设备水平有了非常大的提升。同时,随着房车使用者队伍的扩大,宿营地也得到了较大的发展,已经出现了专门的宿营地经营商,这就是房车旅游的发展阶段。

3. 产业化阶段

在发展阶段,房车旅游还未形成产业。第二次世界大战后,在长期国际和平的环境下,欧美发达国家经济稳定发展,旅游业也随之兴旺发达,而房车旅游作为旅游业中一个引人注目的细分市场规模日益壮大。以下四个原因促进了房车旅游的发展。一是欧美等国良好的公路交通系统保证了房车的可达性;二是第二次世界大战后,房车旅游在美国成为时尚;三是房车爱好者组织的出现与壮大,如英国的Motorcaravanner's Club已成立40余年,拥有80余万会员,200余个营地;四是航空技术进一步发展并应用到房车上,使房车的舒适性、便利性、安全性等大大提高。这四个因素共同促进并互相影响,使"在旅行中生活,在生活中旅行"这种旅游方式不断发展。① 房车旅游如图5-5所示。

图5-5 房车旅游

(二)房车旅游的特点

房车旅游的一切特点都和房、车与旅游的结合分不开。它是房与车的结合,是食与住的结合,是流动的家;它是住与游的结合,是可以移动的度假别墅;它是游与行的结合,是一条流动的风景带,是一部独具特色的旅游风光片,每一位房车旅游者都是房车旅游经历的导演;它是旅游个性化的最佳体现形式。

---

① 陈建斌,徐印州.房车旅游特点及其旅游开发对策[J].经济师,2004(9):51-52.

1. 流动的家，可移动的别墅

很多旅游者，特别是城市度假旅游者，希望能够把家搬到生态质量优良的度假地，但人们考虑到消费代价的昂贵与一次性投资的巨大、投资之后移动的不便及可能由于都市的扩张而使得原来的别墅区成为新的市区等，不得不放弃该打算。房车旅游这一形式，解决了以上选择的缺陷，它具有家的一切功能，虽然是袖珍型的，但满足都市人的基本生活需求，在很大程度上可以发挥都市人"第二家"的作用。

 2. 房车的经济性特点

房车使用灵活、便捷，受到度假旅游者的欢迎。此外，房车可以是度假旅游者购买的也可以是租用的，同时空间可集约利用，对不同旅游者而言，房车宿营地可重复使用，和开发度假别墅相比，起到了同样的作用，却避免了重复建设，从而节约了土地资源，这对我国这样一个人均耕地资源低于世界平均水平的大国来说意义尤为重大。此外，房车结构适应性强、可在较恶劣天气使用、生态适应范围广泛的特点使都市度假族可以以较低的价格，获得较高的度假旅游满意度。房车旅游的上述特点使得它在我国旅游市场中有较大的潜力，特别是我国土地资源有限的国情下，房车旅游节省土地资源的这一特点对我国房地产业、汽车产业、旅游业的开发有重大的现实意义。

 3. 房车旅游个性化强

房车在满足旅游者个性化需求方面有以下几个突出特点。① 在住的功能方面，在基本的房车的空间内，房车旅游者可以按自己的要求布置房车内部，充分满足旅游者根据其经济能力、审美要求、功能要求等设计个性化的住处的需求。② 房车旅游主题的选择及其路线安排的个性化。不论是海滨、山地，还是大漠流沙，只要路网所及，均是房车旅游者足迹可到之处；不论是自然风景优美的国家公园，还是民族风情独特的人文旅游资源景区，都处于房车旅游者的主题旅游构想范围之内。同时，房车旅游者的旅游人数组合规模也完全取决于个人喜好。

 4. 房车旅游营地沿交通线呈点轴分布

房车也是交通工具这一特点，使得房车的宿营地沿交通线及交通枢纽点分布，空间表现为点轴分布系统。交通枢纽一般都会形成城镇，在大城市周围的房车宿营地呈环带状分布，地形地貌、生态质量及交通会影响房车营地分布的形状。在城镇间生态质量好的地区会出现季节性或者永久性的房车宿营地。[①]

---

① 陈建斌，徐印州. 房车旅游特点及其旅游开发对策[J]. 经济师，2004(9)：51-52.

◆ **知识活页5-6**

拓展阅读：房车自驾游不可错过的十大经典路线

（三）房车旅游的参与主体[①]

1. 房车制造商

房车属于特种车辆，其制造有直接生产和改装两种方式，目前全国大约有 300 家这样的企业，其中不乏宇通、金龙、大通、长城、江铃、依维柯等传统商用车领域的佼佼者。目前的房车产品主要以 C 型自行式为主导，方便大众以 C 型驾照为依据驾驶，以及适应目前的道路通行规则。房车制造商是房车旅游综合产业的基础和起点。

房车的主体结构中，主要包括电视、音响、冰箱、空调、炉具、微波炉、热水器、排风扇、马桶、淋浴器、储水箱等电器、厨具、洁具、卧具及户外旅游配套产品，涉及供水排水排污系统、供电系统或太阳能发电设备、燃气系统、暖气系统、洗浴系统等。涵盖这些结构产品的生产、销售企业，带动其制造领域的产业生态圈发展。

2. 房车经营商

房车经营商也是房车旅游的重要主体参与者。传统商用车一般由 4S 店进行布局销售、售后服务、维修服务，以及银行贷款、保险等辅助服务。房车经营商可以借助这些传统的 4S 店经销网络，作为一个车种进行销售和售后服务，也可以独立布局销售网络，甚至可以进行互联网线上销售。房车展会是宣传和销售房车的一个重要方式，比较有名的有北京和上海的房车展、广州房车展等。

目前房车市场容量处于上升阶段，房车的生产成本比较高，价格较贵，在互联网和移动互联网发达的当今社会，大众短期旅游出行一般采用房车租赁的方式。经营者可以是独立的融资租赁企业、大型综合性旅行社、交通运输企业，甚至可以是房地产企业，也可以由房车俱乐部进行会员闲置房车资源的统筹租赁服务。

[①] 葛俊明.房车旅游主体参与者探析[J].中外企业家,2020(20):61-62.

3. 房车营地开发商

房车营地,也称为房车驿站、房车旅游服务区。它一般建设在道路附近或景区附近。其功能主要是为房车旅游提供临时停靠、加油、充电、排污、清洗、维修、物资补给等服务。其开发商主要是房地产商,或其他建筑施工单位。其中涉及用地审批、规划设计、三通基础、施工建筑等环节,甚至包括酒店改建、加油站改建。

房车营地布局一般分为房车停靠区(补水、排污、充电等)、房车服务区(加油、修理、装饰等)、生活补给区(咨询、特色餐饮、特产及生活用品购物、体验住宿、医疗、公共卫生间等)、文化娱乐区(观景台、文化展览、身体保健、观影等)、延伸服务区(游艇接驳、低空飞行对接、自行车租赁、徒步指导)等。

4. 房车营地运营商

房车营地的运营商,可以是房地产建筑商的自有部门,也可以是专业的物业管理企业,或者酒店管理集团的专有体系,较多的是当地投资建设的主体公司。总体来说,房车营地运营是以地域性为主要特点的,与形成跨区的连锁性的规范化运营还有一定的距离。

5. 房车旅游组织者

房车旅游组织者主要有旅行社、电子商务平台和会员俱乐部。

旅行社是传统旅游的组织者。由于房车旅游属于自主性比较强的出行,旅行社为这部分群体的服务,主要在于房车租赁指导、房车组团旅行、保险服务、线路规划、景区引导(导游)、拓展活动设计、跨境旅游服务等。旅游社会针对房车旅游设计不同的活动板块,比如蜜月游、同学游、战友游、出境房车游(诸如境外驾照、出国签证、境外房车租赁、境外保险、境外目的地和线路规划)等。它将房车旅游作为一个特色的独立运行板块,并打通国际范围内的房车旅游资源。

互联网以及移动互联网的发展,使得房车旅游的资讯获取更加便捷。网络平台运营者以电子商务的形式,不但可以销售房车、租赁房车,而且可以提供旅游服务,比如房车营地指引、旅游线路指引、组织特定团队集体房车出行等。这种电子商务平台比较受年轻人欢迎,比较有名的服务商包括携程旅行网、同程等综合旅游服务商,也有21世纪房车网、中国房车网、361房车网、房车猫、小鸟房车等专门房车旅游服务商。

会员俱乐部是房车旅游者的自发组织。一般由区域性的房车车主及销售商等组成,也可能是某一品牌房车的车主加入的跨区型团队。俱乐部内会不定期举行团体旅游活动,由临时组织者牵头,选择适当线路或不同季节,通过自主报名参与,组成房车旅游车队出行。

6. 旅游者

老年旅游者是房车旅游的主力军。据统计公报显示,2019年末全国内地总人口140005万人,其中60岁以上人口25388万人,约占比18.1%,65岁以上人口17603万人,约占比12.6%,我国已经进入老龄化社会。一方面,退休老人有闲暇时间,可以有足够时间游览祖国大好河山,或出境自驾旅游;另一方面,这些老人有固定的退休工资和福利,尤其是全国社保和医保的逐渐联网一体化,方便这些老人长期异地旅行。老年群体成为房车旅游的主要参与者。

追求个性化消费的中青年群体也日益成为房车旅游的生力军。随着我国公共假期的增多,年轻的上班族也有一定的闲暇时间来一场说走就走的旅行。追求个性自由的年轻人,可以驾驶房车对更多未知领域进行探索。据同程旅游发布的报告,房车露营线上预订群体中,27~46岁年龄段占比高达71.6%,显示了这一群体的消费潜力。

(四) 我国发展房车旅游的问题与对策[①]

1. 主要问题

(1) 房车自身的问题。主要表现在房车技术不成熟、汽车零部件产业配套不齐全,导致房车成本普遍比较高,超出了普通老百姓的经济承受能力。

(2) 配套设施问题。主要是我国道路建设的标准不太适合大型房车的通行和运营,房车运行过程中经常会遇到"卡脖子"的路段或桥隧,导致行驶过程不畅通。另外,我国房车营地建设普遍比较落后,数量少、价格高、配套设施和服务不齐全、位置偏等不利因素,导致房车的停靠、修整、补充等需求存在较多的障碍,也大大降低了房车的体验感。

(3) 法律法规问题。相关政策法规不健全,国家某些宏观政策还制约着房车的发展。主要表现在交通、保险及行业规范标准的不完善。拖挂式房车因其居住舒适且经济便利等优点在欧美国家备受欢迎,但在我国却是价格相对昂贵的自行式房车占据房车市场的"大半壁江山"。因为我国法律法规对拖挂式房车在上牌照、合法上路、通行费、驾驶级别、牵引车辆等方面还没有明确的规定,所以拖挂式房车在我国的发展受到了限制。按照现行的机动车准驾车型分类,只有具备B2型驾照的驾驶人员才能开拖挂车。在很多地区,拖挂车在高速公路上行驶是受到限制的,拖挂式房车出行极易被认定为违反了交通法规。北京虽已明文许可拖挂式房车上高速公路,但收费要按照比拖挂车辆(前车)高一个等级的标准。一些地方还存在对车辆保有量的限制、土地使用的限制、特种车运营的限制。同时,车辆保险是车主必须考虑的一个关键问题,而目前在国内还没有针对房车所设置的专门的保险类型。房

[①] 向富华.中国房车旅游发展存在的问题及对策探讨[J].三峡大学学报(人文社会科学版),2014(1):46-51.

车使用者在办理车辆保险手续时,只能将房车套入某一车辆类别。房车购买者很难"转嫁"因车辆使用而可能发生的风险损失。

(4)市场问题。目前房车旅游市场可以说是"剃头匠挑担子,一头热"。房车生产商和运营商很积极,全力吆喝,但是房车旅游市场潜力远没有想象中那么大,房车旅游消费市场尚未建立。目前,我国的房车大多是商务房车,主要由政府部门和企业购买用于商务接待,较少用于旅游。而对于我国的私人买主来说,房车旅游更像是一种奢侈的"炫耀性消费"。究其原因,一方面与我国传统保守的思想有关。我国人们注重"家"的概念,而"家"的概念的核心是安稳和睦,这与房车旅游的"居无定所,浪迹四海"恰恰矛盾,所以,大部分中国人特别是中老年群体在潜意识里就已经"拒绝"了貌似不安全的房车旅游,而在中国恰恰是这一部分人有能力购买房车或者租赁房车旅游。另一方面,虽然国家已出台相应的指导意见,但相关政府部门和旅游行业对房车旅游市场的重视和投入力度均不够。此外,房车销售模式也在一定程度上阻碍了房车旅游市场的发展。我国目前还没有出现专业的房车经销商,基本都是各地的厂家直接提供销售服务,信息传播能力差,房车客户市场狭窄。

2. 对策建议

(1)引进国外先进技术,国内同行之间相互交流,共同提高研发能力。随着房车进口关税的降低,进口房车纷纷涌进我国抢占房车市场。房车相关企业的当务之急就是迅速提高国产房车的质量,积极促进国产房车更好更快地发展。因此,有选择性地从国外引进现代化的生产技术和学习先进的管理经验对于降低国产房车生产成本,提高质量并稳住市场份额相当重要。不过,不断地消化吸收国外先进技术,直至拥有自主研发高质量房车技术的经验和能力才是我国房车产业发展的根本之路。此外,各地区以及同行之间应该打破狭隘的地方保护主义,团结合作,相互交流,互通有无,共同提高国产房车的整体质量和形象。

(2)科学合理建设房车营地。房车营地的建设要保质保量。在保质方面,房车营地各综合指标必须合理,交通便利,环境优美,服务设施齐全等。这就要求营地开发商选好房车营地的位置,一般选在旅游资源丰富且各方面配套设施较好的地方。而且,营地的建设应该遵循国际标准。在保量方面,营地的数量应该满足房车旅游露营的需要,而不是限制其发展。房车营地的建设有助于带动其周边的景点、餐饮、酒店、娱乐等其他服务行业的发展。我国房车营地的开发与经营,还需要政府的监控引导,要以企业为主体,市场化运作,注重合理规划,建设标准化、低碳、环保节能的房车营地,遵循可持续发展原则,避免旅游资源受到破坏。

(3)完善房车旅游相关政策法规。房车旅游的发展需要立法部门和政府部门配合出台相关的政策法规予以支持,如进一步完善、简化房车营地建设审批手续,在配套设施、排污、电讯、供水等方面给予房车营地优先支持,用地上给予优惠,加强安全管理等;需要各地相关部门明确制定轿车等牵引拖挂式房车上高速以及收费等标准;需要全国汽车标准化技术委员会挂车标准化分技术委员会进一步规范房车的设计、房车标准配套生产与使用等行业标准;保险公司可以借鉴国外做法,针对中国市场特点设计房车保险产品,例如,针对房车类型,设计相应的保险条款。可供选择的保险范围应包括洪水、盗窃、火灾以及全天候道路救援、替换配件等,也可以先在普通车险条款的基础上约定一些有针对性的能够让房车车主受益的附加条款。

(4)加大宣传力度,积极培育房车旅游市场。国民对旅游消费理念的更新,对房车的认知度、参与度的增加,还需要政府、旅游企业和大众媒体的宣传引导以及个人口碑相传。政府、相关企业及媒体可使用各种手段宣传并鼓励房车旅游,如明星效应、优惠的鼓励政策等。至于传统保守思想对房车旅游发展的束缚,则"鼓动不如行动",应该采取一系列安保措施让人们放心开着房车去游山玩水。另外,要充分利用房车旅游本身所具有的魅力去吸引潜在的房车旅游者,催化其亲近自然、热衷环保低碳的健康生活意愿。还可以通过举办专门的房车活动来加深房车旅游在人们心中的印象。

三、邮轮旅游

邮轮旅游是一种集观光、旅游、休闲、度假、娱乐等功能于一体的现代化高端旅游方式,具有巨大的经济效益,能带动相关产业的发展,被称为"漂浮在黄金水道上的黄金产业"。谈到邮轮旅游,大家可能会联想到史诗级电影《泰坦尼克号》的情节,的确该电影故事发生的背景就是在一艘邮轮上。邮轮旅游在欧美地区并不新鲜,但在我国起步较晚,直到21世纪初受益于改革开放的成果,社会经济的发展和人民生活水平的提高,邮轮旅游方式才为越来越多的旅游者认可和青睐。目前,邮轮旅游已经成为我国极具发展潜力的旅游新业态。

(一)邮轮旅游概述

传统邮轮旅游是指以邮轮为载体的具有旅游服务、交通运输、商业购物等功能的观光旅游。现代邮轮旅游是指以邮轮作为交通工具,兼具住宿、餐饮供应以及休闲娱乐场所等多种功能,进行观光、旅游、观赏风景文物等的旅游活动。邮轮旅游包含两方面内容:一是岸上旅游活动,通过邮轮的交通工具功能把旅游者输送到特定的旅游目的地,在旅游目的地进行购物、观光等旅游活动,给旅游目的地带来经济效益;二是邮轮上的休闲度假活动,通过邮轮本身经营的剧院表演、舞厅、KTV、餐厅、酒吧、商场、球场、游泳池、图书室等休闲娱乐活动场所,使旅游者能够享受到休闲度假服务。[①]

邮轮旅游诞生于20世纪60年代的北美地区,自20世纪80年代起发展迅速,主要集中在欧美等发达国家和地区,目前,欧美等发达国家和地区已经拥有较为成熟的邮轮旅游市场,但邮轮旅游需求市场逐渐趋于饱和,增速逐渐放缓,急需开辟新兴邮轮市场,所以邮轮旅游产业正向东盟和亚太地区转移,这种转移不仅为欧美等国家和地区提供新的旅游目的地,而且提供了庞大的客源市场,而中国正处于经济高速发展阶段,人民的消费水平有了较大的提高,各大邮轮公司纷纷把目光投向中国,在中国开拓邮轮旅游市场,使得中国市场成为东

---

① 邓海丽.海南省邮轮旅游客源市场研究[D].三亚:海南热带海洋学院,2019.

盟和亚太地区市场的主体部分。我国邮轮旅游发展起步较晚,目前仍处于不规范、不成熟的探索发展阶段,与欧美等国家和地区相比,还有很大的差距,存在人才缺乏、政策不够开放、产品设计不完善、市场定位不够准确、配套设施与公关服务落后等问题,经营状况不容乐观。

2008—2018年,我国先后出台了《国家发展改革委关于促进我国邮轮业发展的指导意见》《关于加快发展旅游业的意见》《中华人民共和国出入境管理法》《交通运输部办公厅关于促进航运业转型升级健康发展的若干意见》《关于内地旅行团乘邮轮从香港赴台湾后前往日本和韩国旅游事项的公告》《全国沿海邮轮港口布局规划方案》《国务院办公厅关于促进全域旅游发展的指导意见》《国务院关于促进旅游业改革发展的若干意见》等相关政策法规,在港口规划、产业鼓励、多点挂靠、免签、国内外航线等方面给予了政策鼓励和支持,使我国邮轮产业实现了从无到有、从小到大的跨越式发展。邮轮旅游如图5-6所示。

图5-6 全球最大的豪华邮轮——海洋奇迹号

(二)邮轮旅游的特点

1. 高端性

邮轮旅游接待业务的高端性主要由以下几个方面决定。第一,邮轮的高端化打造。邮轮是海上的豪华酒店和漂浮的宫殿,包括皇家加勒比邮轮、星梦邮轮、天海邮轮、诺唯真邮轮、歌诗达邮轮、公主邮轮等在内的国际邮轮巨头公司,无一不是以豪华、高品质作为旗下邮轮产品的定位。国际邮轮不仅在邮轮建造和硬件设施上给人极尽奢华的观感,在活动和业态设置上更是匹配了高端业态,除了高端餐饮住宿外,大剧院、雪茄俱乐部、迷你高尔夫球场、水上游乐场等也几乎是国际邮轮的标配。第二,邮轮旅游服务对象的高端。正因为邮轮本身往往花费重金打造,邮轮旅游产品的市场定位也面向高端人群,邮轮旅游接待对象往往是经济收入和社会地位较高的人群,他们对旅游服务有着更高的期望和要求,这就要求邮轮旅游接待时充分考虑并满足接待对象较高的需求,甚至为其提供超预期服务。

2. 涉外性

邮轮旅游接待业务的涉外性主要表现在以下几点。第一,邮轮航线以跨国性航线为主导。根据邮轮旅游航线涉及区域跨度的不同,邮轮旅游可以分为内河近岸航线产品和跨国航线产品两大类,但是全球邮轮旅游中超过95%的份额都由跨国航线占据,邮轮旅游接待对象大部分为出境旅游者。第二,邮轮旅游接待运营的国际化。邮轮制造主要集中在挪威、芬兰、意大利、德国;邮轮企业(特别是邮轮集团总部)主要分布于美国、英国、希腊、马来西亚、挪威;邮轮业资本主要来自美国、德国、英国和日本;邮轮运营管理人才主要来自意大利、希腊、挪威、英国;船员主要来自南欧和东南亚。邮轮旅游接待人员必须掌握丰富的国际旅行知识、国际服务礼仪和国际交流能力,才能胜任邮轮旅游接待业务。

3. 综合性

邮轮旅游在旅游产品和服务的供给上具有明显的综合性特点,覆盖面十分广泛。一方面,邮轮旅游涉及邮轮上旅游活动、港口旅游活动和岸上旅游活动;另一方面,邮轮旅游和其他传统旅游形式比较起来,最显著的区别就是邮轮旅游中行与游的结合。邮轮不仅仅是一种旅游交通方式,它本身还是一个提供各种旅游产品和服务的旅游目的地。因此,邮轮也被称为"漂流的星级酒店""无目的地的目的地"等。邮轮不仅是一种运送旅游者漂洋过海、欣赏海景的交通工具,而且是一个综合旅游服务平台。从邮轮旅游产品内容上来看,邮轮旅游贯穿旅游活动食、住、行、游、购、娱六要素,旅游者的饮食、住宿、休闲、娱乐、购物等活动都由邮轮全方位提供。

4. 全时性

从广义上来说,邮轮旅游者踏上邮轮港口即意味着邮轮接待业务的开始,该业务一直持续到旅游者下船并离开邮轮港口。邮轮旅游者接受的岸上、港口、船上的种种服务都属于邮轮旅游接待业务。而且现代邮轮致力于为旅游者提供舒适方便的服务和一切相关设施,现代邮轮旅游接待业务也因此具有全时性。特别是现代邮轮的活动营造十分丰富,整艘邮轮就像一座漂浮在海上的不夜城,旅游者白天航行或登岸游览,傍晚后开启邮轮上精彩的旅行生活。邮轮上酒吧、剧场、舞厅、娱乐场、电影院往往通宵营业。因此,邮轮旅游接待业务需要全时段覆盖,接待人员甚至需要轮流倒班,确保随时为旅游者提供服务和产品。①

---

① 马勇.旅游接待业[M].武汉:华中科技大学出版社,2018:77-78.

（三）我国发展邮轮旅游存在的主要问题

 1. 专业人才稀缺

现代企业的竞争主要是人才的竞争，这是当前被人们普遍接受的观点。同样，邮轮企业发展的关键因素也是人力资源，它决定着邮轮企业是否具有竞争优势，甚至关系到企业的生死存亡。邮轮文化是一种国际交往及国际礼仪文化，对从业人员的知识、素质和语言能力等要求很高。所以，国外邮轮企业向来非常重视人力资源的管理，通过专门的资格认证检测从业人员是否具有本行业工作的能力和实力，如注册航游顾问和高级航游顾问。邮轮就像一座小城市，由航海、康乐、餐饮、海关、法律、通信、医疗等众多部门组成，需要相关的专业人士来组织、管理、协调和运作。这就要求邮轮的管理者既是通才，又是专才，然而这样的人才在我国极少。近年来，陆续有高校开设新兴的旅游专业课程，如高尔夫、会展旅游，但很少有高校开设邮轮旅游课程，导致我国邮轮行业的专业人才稀缺。

 2. 立法缺位与政策限制

邮轮旅游在我国还是新生事物，国家对它的出入关管理和口岸管理还是采用一般的出入管理程序和口岸管理条例，造成邮轮出入口岸甚为不便，难以与国际接轨，难以满足旅游者快捷、方便、舒适等通关要求。根据我国与世界贸易组织达成的关于旅游业的相关协议，我国的旅游市场到2008年全面对外开放，然而目前我国与国际接轨的旅游立法却未能跟上，没有符合国际惯例的出入关程序和口岸管理条例。邮轮旅游作为高端的、国际性的旅游，所涉及的不仅是旅游业的法律法规，而且包括海关、贸易等一系列的法律法规。相关法律法规的缺位，必然导致过境、签证、外埠采购等方面的问题出现。

 3. 港口及辅助设施不完善

邮轮需要专门的港口和码头，其设施分为基础设施和辅助设施。基础设施是为了满足大型邮轮停泊需要的必备设施，辅助设施则包括购物、餐饮、住宿、维修等设施。虽然大连、天津、青岛、连云港、上海、宁波、厦门、深圳、三亚等城市都已建设或准备建设邮轮专用码头，部分城市已建成国际国际邮轮母港，但其配套设施仍显不足，所产生的经济效益也十分有限，远远达不到欧美地区同类港口的运营收益。

 4. 环境污染加剧

邮轮在航行时，会有一定的燃油泄漏，这对海洋和港口都会造成一定的环境污染。邮轮旅游还会产生大量的垃圾,这些垃圾小部分直接排到海洋里,加重了海洋特别是近海的环境压力,而大部分的垃圾根据国际相关法律及各国关于海洋保护法和环境保护法的相关规定不能排到海洋里,要带回港口处理。我国目前的城市垃圾处理压力很大,还要处理外来垃圾,这对于日益严峻的城市环境状况来说无异于雪上加霜。①

（四）我国邮轮旅游发展的对策

 1. 政府统筹,合理布局,区域协作

近年来,邮轮产业在中国迅速发展,带动了多个行业的发展,产生了巨大的经济效益和社会效益。受巨大的经济利益驱动,天津、青岛、上海、宁波、厦门、广州、深圳、三亚等城市都已建成国际邮轮母港。发展邮轮旅游需要政府统筹规划、合理布局,减少邮轮母港规划和建设的盲目性,避免近距离的重复建设造成的恶性竞争和资源浪费。地区之间要密切协作,将自己置于大区域的范畴中加以思考、建设,形成一体化多层次的邮轮旅游发展格局。

2. 实施人才储备战略,培养、引进专业人才

随着知识经济时代的到来,在人类所拥有的一切资源中,人力资源已逐渐超过物质资源、金融资源,成为企业的核心资源。人力资源对企业发展的重要作用已成为业界共识,相应地,人才也成为企业实现自己战略目标的关键因素。邮轮旅游业作为在我国出现的新型行业,起步较晚,对于其领域还需要不断探索和研究。

行业的发展离不开专业人才的培养,因此,发展邮轮旅游必须加快该专业人才培养的步伐。作为我国高级人才培养基地的高校可以开设邮轮旅游专业,为我国培养急需的高级邮轮旅游人才。同时,邮轮企业也可以与高校、研究所、政府联合,以政府为主导,以高校和研究所为基地,由企业提供资金支持,共同培养、培训专业人才,以满足行业对人才的需求。在企业内部,要建立以人为本的管理制度和激励制度,制定优惠政策积极引进国内外邮轮旅游管理人才,同时要积极创造条件,选拔有能力、高素质的人才到西方国家学习、深造。只有这样,我国邮轮企业才能在日益激烈的竞争中生存、发展,在国际市场上占有一席之地。

 3. 加强软、硬件建设,提升服务质量和水平

目前,我国初步形成辐射东南亚、东北亚等区域的五大会邮轮港口群,但配套设施仍显不足,相关法律、法规缺位,因此,必须加强软、硬件建设以改变目前的局面。

---

① 黎章春,丁爽,赖昌贵.我国邮轮旅游发展的可行性分析及对策[J].特区经济,2007(9):175-177.

首先,要建设符合国际标准的现代港口码头,完善停泊设施,依托港口周边资源,改善购物、餐饮、住宿、船舶维修以及其他设施的相关条件;其次,尽快建立、完善有关邮轮旅游发展的相关法规,建立区域间有效的协调机制,改进通关制度,建立符合国际法规和惯例的出入关程序和口岸管理程序,运用现代化技术简化通关手续,缩短通关时间,提高通关效率和旅游者的满意度。此外,邮轮自身的服务水平和质量也至关重要。在邮轮上营造舒适的旅游环境,配备完善的医疗、救护设施,建立应付突发事件的有效机制,才能让旅游者安全游、多次游。

4. 突出重点,扩大宣传,逐步推进

我国居民收入水平与发达国家相比还有一定差距,旅游消费意识也相对较弱,居民对邮轮这种高端旅游产品认知度不高,乘坐国际豪华邮轮出境旅游的数量也很少。因此,我国的邮轮市场尚须大力培育,需要通过广泛的宣传,引导人们消费。

由于内地离海洋和湖泊较远,与沿海地区经济和文化环境有较大的差异,即使人们有足够的收入和时间,也未必会选择邮轮旅游,这就要求邮轮旅游企业进行市场细分,确定重点开发的几个目标市场,开展相应的市场营销活动。总体上可以划分为东部沿海市场、沿江临河市场以及内陆大众市场。东部沿海省份和沿江临河地区的居民思想观念和消费观念较新,可以推广远洋型邮轮这种高端旅游产品,鼓励港口城市和周边省市居民参加国际邮轮旅游。只要宣传到位,这一块市场应该会启动快、见效快。对于内陆大众市场,则以开发国内线路为主,大力推广短程邮轮旅游产品,不断创新江河型游轮和湖泊型游船旅游精品项目。我国港口众多,旅游资源丰富,对于习惯了陆地旅游的旅游者来说,乘坐邮轮旅游则是另一番享受。作为邮轮旅游主体的邮轮,在设计、内部装饰和船上的娱乐方式方面,不应一味模仿、照搬西方模式,而应突出东方的理念和文化,这样更有亲切感,更能吸引旅游者。

5. 发展绿色邮轮旅游

邮轮旅游一般航行距离较长,为了给旅游者提供舒适的环境,邮轮上往往配置了较为齐全的生活和娱乐设施。所以对于豪华游轮来说,它和陆上饭店一样需要消耗大量能源,尤其是在海上漫长的航行旅途中,邮轮对海洋环境的影响更是不容忽视。在提倡生态旅游的当今社会,邮轮企业必须采取有效的环保措施,配备先进的排污设施和装备,使每一趟航行在保证旅游者舒适度的前提下,能把对环境的消极影响控制在最低范围内,使所到之处的环境得到保护。此外,邮轮码头作为邮轮旅游的组成部分,临岸的景致可以让旅游者赏心悦目,亦可以让其大跌眼镜,因此要对沿岸地带进行美化和绿化工作,对污染企业、杂乱设施进行整治。这样才能彰显绿色邮轮的特色,使抵达的旅游者产生耳目一新的感觉,从而吸引更多的人士参与到这种高端旅游形式中来。

◇ **知识活页5-7**

二维码 5-7

拓展阅读：全球十大经典邮轮航线

四、民宿旅游

（一）民宿旅游概述

2017年10月1日起实施的《旅游民宿基本要求与评价》，明确规定了民宿行业标准，进一步规范了旅游民宿的定义、评价原则、基本要求、管理规范和等级划分条件等。定义指出旅游民宿是"利用当地闲置资源，民宿主人参与接待，为游客提供体验当地自然、文化与生产生活方式的小型住宿设施"。旅游民宿分为二个等级，即金宿级和银宿级。金宿级为高等级，银宿级为普通等级。等级与服务品质成正比。民宿旅游是乡村经济文化发展到一定阶段后，形成的以特色住宿为基础，衍生茶楼、民艺活动、文化艺术展示等休闲业态的高级乡村旅游发展模式。据此，民宿旅游的概念可以为：以民宿为载体，为旅游者提供食、住、游、购、娱等综合服务，使旅游者体验当地自然、文化、生活和生产方式的一种体验旅游形式。

在休闲体验型旅游时代，旅游度假人数和自驾游数量的增加，使客栈、民宿等市场需求量剧增。近些年，国内民宿数量不断增加，民宿市场迎来井喷式发展。据2015年的数据，我国大陆民宿总数多达42658家，云南省民宿的数量位居全国第一，有6466家客栈民宿。我国客栈民宿的分布集中于旅游业比较发达的区域，河北、湖北等中部地区民宿业发展相对缓慢。随着体验型旅游市场需求的变化和发展，民宿旅游规模开始扩大，在继续发挥周边游集散地的作用基础上，逐渐摆脱依附周边景区的模式，独立开发体验型活动项目，主题特色从景观到项目设计，从小而精走向大而精，娱乐活动体验项目更加注重人文因素与文化内涵，从民宿主陪同参与逐渐走向无主形式，民宿旅游体验更加纯粹化。

（二）民宿旅游开发的一般模式

纵观民宿旅游的发展历程，我们可以发现民宿的发展从最初的依赖于周边旅游地的单一住宿服务功能，逐渐走向独立开发，具有食、住、游、购、娱等功能的"民宿＋"个性化的综合旅游模式。

1. 民宿基本模式

民宿基本模式只提供基本的住宿服务，该模式主要出现在民宿发展起步阶段。这种模式的民宿一般紧靠大型旅游景区、旅游综合功能区和城市，由乡村或城郊居民将自家空余房屋改造经营，接待一些过路旅游者，散落在村庄里、街道上，民宿的主权和经营权皆归民宿主。

 2. 民宿＋餐饮的农家乐模式

民宿最大的特点是住宿环境的家庭感十足，民宿发展初期，为摆脱对周边景区的依赖，吸引更多旅游者，大多数民宿主开启为旅游者提供早、中、晚简餐的服务模式。简餐都是由民宿主精心操持打造的，独具民间风味。民宿餐饮中的早餐服务是一个优势项目，其午餐和晚餐显然竞争力不如专业餐饮酒店，而旅行中，最容易被忽略的部分通常是早餐，因此对于民宿旅游来说，早餐提供的优势是一个突破口。特色的餐饮也出现地区差异化，很多民宿提供烘焙、咖啡等小吃，后期民宿餐饮服务的模式越来越成熟，逐渐演变成农家乐性质的民宿，农家小院提供住宿和特色农家菜招揽旅游者。

 3. 民宿＋餐饮＋生态景观游模式

这种模式的民宿旅游开发是依托地理位置与自然、环境资源等优势，在提供民宿住宿和旅游者饮食日常服务基础上，打造特色民宿观赏风景线，满足旅游者食、住、游的需求，让旅游者亲近自然，洗涤心灵。通常可见拥有湖泊海景、葱郁山林、广袤的草原、花海、雪景等地域特色和气候特色风景的民宿。如洱海民宿旅游区，装修精致、各具特色的民宿延边分布在洱海周围，旅游者住在洱海，每天能享受到清晨温暖的阳光和碧绿海景带来的舒适清新感，民宿主还为旅游者推荐或提供大理特色餐饮小吃，为旅游者推荐大理旅游路线和出行工具。有些民宿主还推荐或亲自带领旅游者参加大理一些小型歌舞节目或篝火会，跳舞，听曲儿，让旅游者感受到大理闲适的生活。

 4. 民宿＋餐饮＋文化艺术体验模式

这种模式的民宿多受民宿主和当地居民的文化艺术氛围影响，民宿主人大多是理想主义与完美主义者，极力把民宿做到精巧极致，提供当地特色文化生活体验及餐饮。在民宿主带领下，旅游者可以体验陶瓷制作、绘画写实、民间音乐、花艺、品茶、手工制作等富有诗意的艺术生活。这种民宿通常分布在城郊地区，由一些文艺情怀浓厚的民宿经营者将居住院落改造，融入自己的艺术文化生活与旅游者分享。

5. 民宿＋餐饮＋生态＋多项体验的综合模式

以住宿为载体、提供综合服务功能模式的开发,已成为目前民宿旅游开发的热潮和趋势。如民宿＋餐饮＋生态＋养生体验模式、民宿＋餐饮＋生态＋产业的综合体验模式等都属于该类型。①

（三）民宿旅游的效应

1. 民宿旅游的经济效应

民宿旅游是一种将以农业为主的第一产业和以服务业为主的第三产业结合在一起的新型业态,发展民宿旅游的一个重要的益处在于,生态自然资源和乡村文化资源能被充分利用,产生实实在在的经济效益,还能带动当地农村农业经济的发展,这也是为什么民宿旅游被看作利用旅游资源来发展经济的绿色环保手段。首先,乡村民宿可以增加农民收入来源,提高农民人均收入。乡村民宿还可以使乡村借用当地优势的自然旅游资源,促进农民致富,同时乡村民宿旅游的发展也能为我国目前的乡村旅游业注入新鲜的血液。其次,旅游业是服务业的一个方面,属于人才密集型产业,乡村民宿旅游的发展需要大量的农村人力资源注入,这样一来可以解决农村大量的闲散人员的就业问题,当地农民可以通过为旅游者提供各种服务而找到就业机会。最后,民宿旅游可缩小城乡贫富差距。工业发达的大城市近郊县区具有发展乡村旅游的绝对地理位置优势,周末和节假日时期,大量的城市居民作为目标客户群体,将给乡村旅游带来更庞大的消费市场。发展民宿旅游可以快速带动当地经济,农民收入的增加将促进城乡一体化的进程,逐渐缩小城乡差距。

2. 民宿的社会效应

一是民宿所在的旅游目的地蕴含的传统文化对旅游者产生一定的影响。旅游者离开城市到乡村去旅游,很大一个因素是寻找城市和乡村差异并经历不同的体验,这些差异主要是指生活方式、山水环境和乡村文化方面的差异,所以说乡村民宿旅游的开发不能脱离乡村文化,乡村的传统文化和特别的风土人情是乡村旅游吸引力的核心所在。二是开发民宿旅游有助于乡村传统文化和历史文化遗产的保护和保留。有学者的研究表明,如果没有乡村旅游的开发,许多地方的传统文化根本没有机会进入旅游者的视野,也无从被外界旅游者知晓,甚至会随着时间流逝逐步衰退或消失。而恰当的旅游开发可以帮助宣传和传承乡村历史文化,而且不会对乡村造成什么负面的影响或者破坏。同时,整理、打造和宣传乡村的独

---

① 武清菊.基于民俗文化的乡村民宿旅游开发研究[D].武汉:华中师范大学,2018.

特文化,也利于提高乡村文化的凝聚力,增强乡村的归属感。实际上很多旅游开发经营者和政府已经意识到保护乡村文化是开发乡村旅游的核心,也能做到将开发与保护完美地融合起来,做到开发、保护两不误。三是民宿旅游可以促进乡村多样化发展。乡村民宿的发展使得外来人口涌进当地民宿市场,带来活力的同时也会带来人口、活动、商品和服务的多元化,在提高当地农民素质的同时,还能作为一座桥梁,搭起乡村与外界的交流之道,使得乡村慢慢走出相对封闭的面貌,吸收外界的精华,宣传自身的乡村文化,达到共同发展的最终目标。

 3. 民宿的环境效应

发展民宿经济,必须依托优美的自然环境、干净的山水资源,这也是发展民宿经济的最基本的条件。在不发展旅游的情况下,整顿乡村环境向来都是政府部门的难题,且采取多种措施都没有发生实质的改变。但随着民宿经济市场的作用和推动,环境问题迎刃而解,短时间内农村的环境就大有起色,同时政府投入大量资金支持,逐渐改善了乡村的基础生活设施和环境保护设施。此外,在发展乡村旅游的过程中,相关部门加强对民宿业主和当地村民的各种培训和宣传,逐步增强村民们的环境保护意识,让农民们意识到环境是乡村民宿发展的基础和核心竞争力,保护好环境才能保证乡村民宿的收入来源,促使他们自觉地爱护当地环境。民宿经济所带来的收入又可以投入到环保工作中去,促进乡村民宿旅游的可持续发展,逐渐形成环境保护与经济发展的良性循环。[①]

(四)民宿旅游开发的影响因素

 1. 闲置民房资源

从民宿的概念分析,民宿是民宿主将闲置住房资源进行装修改造,结合当地自然、人文、生产和生活方式等提供给旅游者休憩住宿的场所。有别于其他形式的旅游,民宿的核心宗旨是为旅游者提供住宿服务设施。从民宿旅游诸多类型和发展模式可以看出,民宿旅游开发都是以闲置的民房或修整古建筑民居为基础来为旅游者提供食、购、游等方面服务。因此,民宿旅游开发首要的影响因素是闲置的民房,装修精致、风格独特、服务设施齐全的民宿具有较大的市场吸引力。

 2. 乡村生活方式

乡村生活是最能体现当地生活风俗的部分。提起乡村民宿,人们一般会有屋舍精致、宿主热情、田园丹青、宁静致远等印象。民宿通常使人们产生归属感,人们住在装饰风格迥异

---

① 陈琳.旅游业可持续发展视域下民宿理论基础与解析[J].知识经济,2017(24):90-92.

的民宿内,能够体验与平时不一样的三餐和着装,参与茶余饭后休闲活动,感受乡村居民生活节奏。人们在一些少数民族的民宿区可以体验到民族特色的饮食小吃、饮食习惯、服饰风格、节日庆祝方式等。在快节奏的生活状态下,越来越多的旅游者被吸引前往这样的民宿旅游区,体验与平日不同的一种生活意境。因此,乡村生活方式是丰富旅游者民宿旅游生活体验的重要因素。

3. 乡村生产活动

在乡村,民宿大多是副业,民宿主及所在地居民依然从事农、林、牧、渔和服务业等其他工作。乡村生产风貌是对于乡村民宿生活画面的一个补充,在以产业体验为依托的民宿旅游开发中,有着优势特色产业的民宿生活区,能够为旅游者展现独特的劳作场面,让旅游者从生产劳动方面进一步了解和体验民宿旅游区的生活特色。如乡野田园民宿区的农业田园耕作体验、南方民宿区的采茶体验、少数民族地区的手工体验等。

4. 乡村文化活动

旅游发展的内在动力主要源于地方性文化,乡村民宿旅游也是如此,乡村地区不同的文化体验对城市旅游者产生极大的吸引力。对于民宿旅游者来说,民宿旅游不仅是在民宿空间里旅行休憩,也是在区域生活文化中旅游,他们在欣赏乡村山水丛林、田园景观的同时,还能感受到乡民们的热情与友好、善良与淳朴。乡村地区独具特色的建筑、传统的生活形态、节庆风俗、民间艺术和质朴的环境等都是乡村民宿旅游开发的主要资源,如具有历史文化特色的江浙民宿古镇,具有当地特色民俗、民族文化的丽江民宿旅游区等。乡村民宿的价值就在于它的生活气息,民宿主大多是理想主义者,极力把民宿做到极致,热情地与大家分享。开发民宿的人,某种意义上讲,都有一定的文化素养和艺术涵养。民宿主可以带领旅游者挖掘当地特色文化及餐饮,也可以带领旅游者体验陶瓷制作、绘画写生、民间音乐、品茶研磨及农事节庆等。

5. 民宿生态景观

乡村的自然资源和生态环境是民宿旅游景观打造及景观旅游开发的基础,自然山水资源、林木海景等生态环境决定着民宿的发展类型,如临海地区的海景民宿、山林中的竹屋民宿等。民宿基于市场需求,是一种对于自身环境和服务设施有较高要求的住宿设施,乡村民宿旅游的开发首先需要关注的问题就是乡村生态环境和民宿内部微景观的设计。因此,生态环境越好、景观设计越精致的乡村民宿,越能吸引更多的旅游者。①

---

① 武清菊.基于民俗文化的乡村民宿旅游开发研究[D].武汉:华中师范大学,2018.

五、在线旅游

（一）在线旅游的概念

纵观国内在线旅游文献，我们发现在线旅游的概念尚未统一，但在线旅游的定义也有一些共同点，即人们都认为在线旅游是以网络为载体，提供在线查询、预订和评价服务的旅游经营体系。下面列举一些学者或平台对在线旅游的定义。

曹会林认为，在线旅游又称为在线预订旅游，是旅游电子商务体系中的重要组成部分。它是由旅游中介服务提供商或在线预订服务代理商或传统旅游企业提供，以网络为主体，以旅游信息库、电子银行为基础，利用最先进的网络技术运作旅游产品及其分销系统的旅游经营体系。在线旅游出售的是虚拟旅游产品，也可以说是信息，而信息就是企业盈利的资本。

李雪梅认为，在线旅游指旅游消费者通过在线旅游服务提供商的网站，提交机票和酒店住宿相结合并包含其他附加服务的自由行旅游产品预订订单，提交成功后由消费者通过网上支付或者在门店付费。鉴于目前中国的实际情况，通过在线旅游服务提供商的网站查询，并通过客服中心预订成功的交易，也算作在线旅游交易。但旅游消费者在没有提供网站预订、在线支付功能，仅提供普通电话预订服务的传统旅游服务提供商处预订成交，不算作在线旅游交易。

张文华认为，在线旅游是由旅游中介服务提供商或在线预订服务代理商或传统旅游企业提供，以网络为主体，以旅游信息库、电子银行为基础，利用最先进的网络技术运作旅游产品及其分销系统的旅游经营体系。

中国报告大厅网定义在线旅游为，依托互联网，以满足旅游消费者信息查询、产品预订及服务评价为核心目的，囊括航空公司、酒店、景区、租车公司、海内外旅游局等旅游服务供应商及搜索引擎、OTA、电信运营商、旅游资讯及社区网站等在线旅游平台的新产业。该产业主要借助互联网，与传统旅游产业以门店销售的方式形成巨大差异，故被旅游从业人士称为在线旅游。在线旅游指的是通过网络的方式查阅和预订旅游产品，并可以通过网络分享旅游或旅行经验，而非通过在线（网络）的方式旅游或旅行。

综上所述，我们认为在线旅游就是在互联网背景下，以计算机网络为载体，以旅游信息库、电子银行为基础，为旅游者旅游活动提供旅游信息查询和产品咨询、旅游市场调研、旅游产品规划和设计、旅游采购、旅游产品预订、分销和销售、旅游接待计划安排以及旅游售后服务，此外还包括通过网络为旅游者提供旅游活动中的各种代办服务等。简而言之，传统旅游活动各个环节的网络化就是在线旅游。

（二）在线旅游兴起的背景基础

1. 以计算机技术为核心的高新技术的发展为在线旅游提供了坚实的技术基础

近年来，以计算机技术为核心的高新技术不断发展，互联网技术不断成熟，为在线旅游的发展提供了坚实的技术支持，在线旅游平台发展周期和互联网技术发展程度基本保持一致。1996年至2018年是我国互联网发展的关键时期，也是在线旅游从兴起到成熟的关键时期。1999年携程旅行网和艺龙旅行网逐渐起步，2003年至2008年五年时间里，携程旅行网和艺龙旅行网进入启动期，到现在携程旅行网和艺龙旅行网已经合作成为我国在线旅游企业的巨头。

2. 互联网时代旅游者消费的个性化为在线旅游发展提供了市场基础

我国拥有丰富的旅游资源，国内旅游人数和入境旅游人数在不断增长，旅游接待服务效率和质量在不断提升。近年来，随着国民收入水平的不断提高，旅游消费日趋个性化，传统的旅行社整合制的运作模式已经难以满足不同旅游者的需求，在接待能力和接待效率上表现出明显的不足。而在线旅游囊括了旅游者出游必备的各项信息和资源，旅游者可以通过在线旅游平台选择自己需要的旅游信息和产品，并完成线上支付。在线旅游为旅游消费者提供了新的消费方式，大大减少了传统旅游门市的服务接待压力。在线旅游一方面满足了旅游者消费个性化的需求，另一方面满足了旅游企业规模化运作的需求，成为当前业界的主流。

3. 旅游行业的跨界扩张使得在线旅游成为行业发展的必然趋势

旅游行业是综合性的服务行业，服务范围包括旅游者活动中的食、住、行、游、购、娱等多项要素。传统旅游门市企业必须联合旅游目的地和常住地多家旅游企业共同完成旅游者在旅游过程中的所有服务。随着行业链条逐渐缩短，传统旅游企业在不断扩张，以扩大其服务范围和经营项目，尽可能为旅游者提供"一条龙"服务，从而获取更大的经济效益。在线旅游就是旅游行业跨界扩张的产物，在线旅游的出现大大缩短了旅游产业链，旅游者只需与在线旅游平台对接即可满足旅游活动中的所有需求。

4. 旅游市场竞争日趋激烈，降低运营成本又高效运行使得在线旅游成为必然选择

长期以来，旅游行业门槛低，旅游市场竞争日趋激烈。如何在保证产品质量的前提下降低成本，成为所有企业面对的共同难题，互联网的出现无疑为旅游行业带来了曙光。互联网

在出现初期就是以开放、自由、免费、打破时空限制等为主要特点。借助互联网平台,打造低成本高效率的新型产业运作模式,是传统旅游企业的不二选择。

(三)在线旅游的特点

1. 市场开放度高

市场开放度高即进出门槛低,在线旅游业涵盖的服务面涉及旅游行业的所有层面,因此,每个环节都可以成为企业进入或退出市场的突破口。这一特点使在线旅游行业同质性平台和产品较多,竞争激烈程度日益增强。

2. 服务不受时间空间限制

在线旅游平台依靠电脑端和移动端进行运营和售卖,和传统门市规定的工作作息时间相比,在业务处理的时间和空间上不受限制。随着移动端技术越来越普及和发达,用户可以随时随地访问在线旅游平台,进行信息获取、产品预订和支付处理等活动。

3. 业务集中性强

在线旅游平台高度整合了旅游市场供需链的所有产品,尤其是大型在线旅游供应商,一个平台即可提供旅游者所需要的所有业务受理服务,与传统服务单一、功能有限的旅游门市相比,产品可选择性广,受理业务效率大幅度提升。

4. 客户受众面广

在线旅游依靠互联网平台,操作简单,服务便捷。对于无法前往旅游门市咨询的国际旅游者而言,在线旅游平台是其了解其他国家旅游咨询的主要"窗口"。因此,在线旅游提供的服务主要包括国内服务和国际服务,客户受众面除了国内旅游市场外,还有国际游客市场。[①]

(四)在线旅游的主要类型

1. 根据在线旅游供应商来划分

根据在线旅游供应商来划分,在线旅游大致可以分为三种类型。第一类是传统旅游企

---
① 马勇.旅游接待业[M].武汉:华中科技大学出版社,2018:96.

业所建的旅游网站,如中青旅的遨游网、香港中旅的芒果网等都属于此类,它们将传统的旅游产品经营与网络结合,充分利用旅游业的专业知识服务旅游市场,具有较强的专业优势。第二类是综合型旅游网站,如携程旅行网、艺龙旅行网等,它们一般有风险投资背景,以其良好的个性服务和强大的交互功能抢占网上旅游市场份额,有较强的营利优势。第三类是专业旅游比价搜索引擎,如去哪儿网等。它们利用超强的搜索技术手段为旅游者提供方便、快捷的信息,专业性强,个性明显,优势突出,具有很大的发展潜力。

2. 根据在线旅游运营模式来划分

根据在线旅游运营模式来划分,在线旅游大致可以分为四种类型。第一类是综合在线旅游,以携程旅行网、艺龙旅行网、同程旅行网为代表,号称一站式服务,涉及酒店、机票、自由行、独家产品等。目前携程旅行网依旧占据龙头老大的位置。第二类是媒体平台型。以去哪儿网、酷讯网、马蜂窝网、穷游网等为代表,盈利主要是靠广告。其中去哪儿网、酷讯网是旅游搜索引擎,马蜂窝网和穷游网则是UGC型在线旅游网站。第三类是垂直领域在线旅游。这个类型的代表有途牛网,主要制作旅游独家产品,做单个在线旅游线。这种类型的优点是定位鲜明,在细分领域有较大的用户黏性。第四类是移动端。移动端又分为四类,第一类是预订类,如携程旅行网、去哪儿网等移动客户端;第二类是工具类,比如"飞常准"等;第三类是企业的移动端产品,比如七天、如家的手机客户端;第四类是旅行游记攻略共享,比如在路上、面包旅行等。

◇ 知识活页5-8

拓展阅读:携程集团
二维码5-8

3. 根据在线旅游企业的服务内容来划分

根据在线旅游企业的服务内容来划分,在线旅游可分为以下五类。第一类是提供综合性旅游服务的中介网站,如携程旅行网、艺龙旅行网。这类企业提供的服务较为全面,包含机票、酒店预订、度假产品等,但侧重点略有不同。第二类是传统旅行网站线上业务的开展,如芒果网是香港中旅国际在内部资源重组基础上兴建的专业从事在线旅游服务的全资子品牌,依托香港中旅集团丰富的旅行社资源,充分整合线上和线下资源,发展强劲。第三类是垂直旅游搜索引擎,主要代表有去哪儿网、酷讯网。这类服务提供商本身并不直接提供旅游产品,但会对旅游产品供应商的报价进行比较,因此对价格较为敏感的消费者颇具吸引力。第四类是旅游产品直接供应商的在线预订网站,主要由规模较大的航空公司或者酒店等提供这类服务,如春秋航空旅游网。第五类是第三方网络平台,以阿里飞猪为代表。①

六、会展旅游

会展旅游是20世纪下半叶出现的新兴专项旅游产品,因其具有持续时间长、联带效应强、季节影响小、消费水平高、综合效益好等传统旅游产品望尘莫及的优越性,而被称为"旅游皇冠上的宝石",一直受到各国政府的高度重视。在我国,会展旅游作为一种新的旅游业态也得到了飞速发展。改革开放以来,中国会展旅游从无到有,从小到大,以年均约20%的增速发展,已经成为旅游经济的新增长点和国民经济的新亮点。

(一)会展旅游的概念和内涵

国际上通常将会展旅游定义为 MICE,即 Meetings(会议)、Incentives(奖励旅游)、Conventions(大会)、Exhibitions(展览),将会议旅游、展览会、节事旅游和奖励旅游等活动都纳入其中。作为一种新型旅游业态,会展旅游内涵与外延在国内业界一直存在不同意见,对其运作主体方式、特征及影响因素等问题众说纷纭。综合国内外研究成果,学者对会展旅游的定义多参照国际标准,是包括各类展览会、博览会、体育文化盛事、专项会议等在内的综合性旅游方式,其目的是基于各类会议活动的举办,引起各界人士的重视,招揽客人交流沟通,参观访问或洽谈业务,同时以完善的配套体系为其提供方便快捷的衣、食、住、行、用服务。这一过程中庞大的消费力度可拉动当地经济发展,带来丰厚的社会与环境效益。会展旅游的主要类型有各种颁奖会、庆典活动、文化活动、科技活动、招商会、发布会、运动会等。②

对于会展旅游的内涵,要明确以下几点:

1.会展旅游是一种单项旅游产品或新型旅游方式

会展旅游是旅游业的一部分,专业性强,行业相关度高,因此会展旅游被视为一种单项旅游产品或新型旅游方式。

2.会展是会展旅游的核心,会展旅游为会展业提供配套旅游服务

会展活动是会展旅游的主要吸引物,为旅游活动的开展集聚人气。没有会展就没有会展旅游,所以会展旅游开展的前提是要有一定的发展会展业的条件和优势。没有会展业的蓬勃发展,就没有会展旅游发展的潜力和基础。

---

① 龚箭,兰琳,杨舒悦.中国在线旅游行业发展研究[M].武汉:湖北人民出版社,2016:18.
② 孙雯昕.重庆市会展旅游竞争力提升路径研究[D].重庆:西南大学,2020.

3. 会展旅游是会展业和旅游业互动发展、相互结合的新型产业

会展旅游是会展得以顺利举行的重要条件，很难想象，没有会展旅游的配合和支持，会展业如何为客户提供包括食、住、行、游、购、娱各要素在内的全方位的优质服务。所以说会展业发达的城市大多旅游业发展成熟，这为会展业的顺利开展奠定了坚实的旅游服务基础。所以说会展业和旅游业是相辅相成的协作关系。旅游业为会展业的发展提供了优质服务，会展业为旅游业的发展集聚了客源，并提升了旅游目的地的知名度和美誉度，更有利于旅游业的发展（见图 5-7）。

图 5-7　上海举办中国国际进口博览会

（二）会展旅游的特点

1. 影响力大

一些大型国际会议、展览通常是新闻媒体报道的焦点，会引起各方面的广泛重视，不仅可以扩大举办国的政治、经济影响，提高举办城市的知名度，提升都市旅游的形象，而且对于提高市民素质、市政建设、城市环境等各方面均有促进作用。例如 2001 年在上海举办的亚太经济合作组织第九次领导人非正式会议、2010 年在上海举行的世界博览会就空前提升了上海的国际形象和知名度，大大加快了上海建设国际化大都市的进程。

2. 组团规模大

会展本身具有行业性、产业性以及组办规模大等特点，具有明显的集聚效应，既能聚集

人气,又能突出宣传效果。这必会吸引众多的政府和民间组织的会展团、参观团,旅行社组织的观光团队。比如香港每年举办各类会议 200 多个,展览 60 多次,吸引数十万海外参加者。

3. 停留时间长

一些会议、展览,特别是国际性的会议展览,持续时间较长,一般都要几天时间,因此会展旅游者停留时间比普通旅游者要长。根据拉斯维加斯会议及展览协会提供的数据,会展旅游者平均每人在该市停留 4.1 个晚上,而普通旅游者平均每人仅在该市停留 3.7 个晚上。

4. 消费档次高,服务需求高

一方面,由于会议人员的费用通常由公司或政府负担,都是因工作带来的旅游,与会人员一般不太计较价格,而更注重质量、特色、服务等方面的因素。另一方面,参加会议、展览的人通常都是有一定地位和职务的人士,收入水平高,对产品和服务要求也高。因此,会展旅游者的消费与普通旅游者的消费相比,呈现出消费档次高、消费能力大、要求高等特点。据统计,会展旅游者的人均消费是一般旅游者的 3~5 倍。我国国家旅游局公布的海外旅游者抽样调查报告显示,在各种旅游消费中,会展旅游的人均消费最高,达到 156.64 美元。

5. 受季节影响小

一般旅游,由于旅游地区的自然条件和旅游者的闲暇时间分布不均衡,具有明显的季节性。例如,每年的春秋两季,尤其是五一、十一假期,是各大城市的旅游旺季。而会展旅游相对于观光度假活动,受气候和季节的影响要小得多,因此弥补了旅游营业的不均衡性,增加了旅游淡季的营业收入,进而促进了旅馆业等旅游服务行业的稳健发展。

6. 计划性强

由于会展活动本身的特殊性,参加会展活动的人员的住宿、餐饮、交通、游览、娱乐等都必须事先做出切实周密的安排,因而会展旅游的提前期较长,一般提前 1~2 年,也有少数会展需要提前 3 年以上。会展计划确定以后,大都能如期举行,很少有取消的情形。①

---

① 黎泽媛.会展旅游开发研究[D].成都:四川大学,2005.

（三）会展旅游的类型

 1. 会议旅游

会议旅游是指人们聚集在一起围绕一个共同关心的话题，使会议与旅游交互进行的有组织的活动。它常以考察的形式出现，有会前考察旅游、会中考察旅游和会后考察旅游三种。考察旅游活动既有会议组织者组织的，也有参会者自主进行的。因此，参会者在参加会议过程中的主要支出包括会务费、交通、住宿、餐饮、旅游娱乐、会议资料及纪念品等。励展博览集团 CBITM 2005 项目组所做的《国内大型 MICE 及商务差旅采购商采购模式调查报告》显示，会议中支出的 92% 花费在交通、住宿、餐饮、旅游、娱乐等旅游产业领域内。规模较大、消费水平较高、停留时间较长、不受旅游淡旺季影响是会议旅游项目的主要特点。

 2. 奖励旅游

奖励旅游产生于 20 世纪 20 年代，根据国际奖励旅游协会的定义，奖励旅游是企业为达到特定的目标而设立的旅游活动，其参与对象是协助达到企业目标的相关人员，以旅游活动的形式给予他们特殊奖励、培训或者机会。奖励旅游的旅游形式由企业根据自身需求设定，没有统一标准，一般包括商务会议旅游、海外培训、休闲度假旅游等。奖励旅游和传统员工旅游有所不同，奖励旅游是由企业为参与对象提供一定的经费，委托专业旅游公司精心设计的定制旅游活动，以此来奖励员工、提升员工能力、调动员工的积极性、增强企业的凝聚力。因此，奖励旅游具备独立成团、参与人数较多、出游多数选择在淡季、消费支出高、接待服务要求高等特点。

3. 节事旅游

节事旅游是指以各种旅游节日、庆典、盛世、国际体育比赛活动的庆祝和举办为内容的专项旅游活动，国外也称"事件旅游"。我们可从四个方面来理解这一旅游活动。从目的来看，节事旅游活动的主要目的是吸引旅游者，树立一地旅游形象，提高一地的知名度，促进一地旅游业的发展并以此带动地方经济的发展。从内容来看，节事旅游活动内容从旅游者的角度出发，根据旅游者需求设计制作，因此，节事旅游活动内容的文化性和地方性表现特别突出。从形式来看，许多旅游者的目的是通过参加节事旅游活动获得特殊的娱乐经历，因此活动的表现形式活泼、亲和力强，但作为一个整体的旅游产品，旅游节事产品的组合形式严谨，环环相扣，围绕主题开展。从功能来看，节事旅游活动兼具文化价值和经济价值，是地区文化现象与经济内容的载体。

4. 展览旅游

展览旅游是指在大型国际展览会举办期间,吸引各地客商前来观光旅游、商品交易的商务旅游活动。大型展览活动可以吸引成千上万的人到举办地旅游,带来大量短期直接的经济效益,通过短期效益的叠加和品牌效应的持续作用,逐渐形成长期经济效益循环,带动当地旅游产业持续发展。目前,许多国家的政府大力支持展览旅游业发展,争先恐后地争取世界性的博览会和交易会的举办权,以此来提升国际形象,开放对外贸易、吸引外资,促进消费经济繁荣和会展旅游业发展。

(四)会展旅游的发展趋势

1. 会展旅游的集聚化

通过对国际会展业的分析,我们发现会展业在特定城市的发展具有"通吃"效应,即会展业的发展具有自身加速特征,可以形成更大的规模,而不可能在全国遍地开花。今后,北京、上海、广州、武汉、重庆等特大城市将成为会展业集聚的中心,所以这些城市发展会展旅游的潜力更大,基础更为雄厚。

2. 会展旅游的专门化

专业化会展旅游服务机构将为会展旅游市场运作的专业化、优质化、特色化服务。随着会展业的发展,会展业对会展旅游服务的要求会越来越高,只有专业化的会展旅游服务机构才具备专门化人才,为会展业提供专业化、特色化会展旅游服务。会展旅游市场竞争将日趋激烈,少数专业化会展旅游公司将成为行业的主流。

3. 会展旅游的智慧化

随着以计算机技术为核心的信息技术的发展及其在社会生产生活领域的广泛普及和应用,会展业和会展旅游的信息化程度将越来越高,信息技术设备和智能设备将广泛运用于行业运营中,大大降低人工成本。这就要求会展旅游服务机构储备相关人才,适应会展业信息化、智慧化的技术要求,为会展业提供更加优质、高效、便捷、经济的旅游服务。

4. 会展旅游的绿色化

近年来,随着世界各国对生态环境的日益重视,绿色生态理念深入人心,会展业也开始呈现向绿色会展转型的趋势。安全、节约、高效、绿色的办展理念日益成为行业发展的目标。会展旅游也要适应会展业转型的要求,为会展业提供绿色会展旅游服务,如餐饮、住宿、交通、购物、观光的绿色化。会展旅游的绿色化将会成为行业追逐的潮流。

5. 会展旅游的国际化

随着我国改革开放的逐渐深入,会展业将会得到更大的发展,国际著名会议、展览公司将纷纷进入中国市场,分享中国经济高速发展带来的会展业发展的红利。因而,会展旅游服务公司将会直面国际专门会展服务机构的竞争。这就要求我们国内会展旅游服务公司练好内功,主动迎接国际同行的竞争和挑战。危机既有危险,也有机遇。大浪淘沙、优胜劣汰,相信经过市场经济的洗礼,会有一批会展旅游企业成长起来,最终与国际巨头平起平坐,参与国际化竞争。

思考与练习

一、填空题

1. 在我国,人们通常将_____、_____、_____称为旅游业的"三大支柱"。
2. 构成旅游业的各类企业又可以划分为_____、_____和_____。
3. 从根本上来说,旅游业的性质表现为_____。
4. 在欧美国家中,人们根据旅行社所经营的业务类型,将旅行社划分为三大类:_____、_____和_____。
5. 旅游娱乐的总体发展趋势是_____。
6. 会展旅游的主要类型有_____、_____、_____和_____。

二、名词解释

1. 旅游业
2. 直接旅游企业
3. 间接旅游企业
4. 旅行社
5. 旅游娱乐
6. 旅游交通
7. 会展旅游
8. 在线旅游
9. 房车旅游

三、简答题

1. 简述旅游业的构成。
2. 旅游业的基本特点有哪些?

3. 旅游业的基本业务有哪些?
4. 简述饭店业的发展趋势。
5. 简述影响旅游者选择旅游交通方式的因素。
6. 简述旅游新业态可分为哪些类型。
7. 简述会展旅游的发展趋势。
8. 简述在线旅游的特点。
9. 民宿旅游开发的影响因素。
10. 简述房车旅游的特点。
11. 简述邮轮旅游的特点。

四、讨论题

改革开放以来,中国旅游产业发展道路是一种典型的发展中国家的模式:先入境旅游,后国内旅游,再是出境旅游。请你从旅游需求的角度阐述这种战略选择的正确性,并说明这种策略在当今社会发生了什么变化,以及相关原因。

五、实训题

对本地区的旅游业基本情况进行调查。
调查目的:了解本地区旅游业各个组成部分的发展情况和特点。
调查形式:分组调查。
调查报告:以小组为单位提交调查报告,5000字以上。

◇ 本章知识链接

[1] 查尔斯·R. 戈尔德耐,J. R. 布伦特·里奇,罗伯特·W. 麦金托什. 旅游业教程:旅游业原理、方法和实践[M]. 8版. 贾秀海,译. 大连:大连理工大学出版社,2003.

[2] 约翰·弗莱彻,艾伦·法伊奥,大卫·吉尔伯特,等. 旅游学:原理与实践[M]. 5版. 石芳芳,译. 大连:东北财经大学出版社,2019.

[3] 夏林根. 国际化进程中的中国旅游业——首届"上海旅游论坛"论文集[M]. 上海:上海三联书店,2006.

[4] 戴斌,杜江. 旅行社管理[M]. 2版. 北京:高等教育出版社,2018.

[5] 马勇. 旅游接待业[M]. 武汉:华中科技大学出版社,2018.

第五章 案例、思考与练习 参考答案

第六章 旅游目的地

◇ 学习目标

知识目标：
1. 掌握旅游目的地的概念和构成；
2. 熟悉旅游目的地的类型；
3. 了解旅游目的地的利益相关者；
4. 掌握旅游目的地开发规划的程序；
5. 理解旅游对目的地的积极影响、社会文化影响和环境影响；
6. 了解旅游目的地可持续发展的路径。

能力目标：
1. 能够正确区分旅游目的地的主要类型；
2. 能够正确区分析旅游目的地利益相关者的不同利益；
3. 能够正确理解旅游影响的双面性；
4. 能够正确运用可持续发展理念分析问题；
5. 能够针对旅游目的地可持续发展提出自己的见解。

情感目标：
1. 了解旅游目的地和旅游目的地利益相关者，培养分析事物复杂性的能力；
2. 理解旅游对目的地影响的双面性，掌握全面认识事物和现象的方法；
3. 了解旅游目的地可持续发展存在的矛盾，培养科学的探究精神。

◇ 学习重难点

1. 旅游目的地的概念和构成；
2. 旅游目的地利益相关者；
3. 旅游对目的地的影响；
4. 旅游目的地可持续发展路径。

本章关键词

旅游目的地；利益相关者；可持续发展；可持续旅游

导入案例

粤港澳大湾区成热门旅游目的地

初步测算，截至 2019 年 2 月 6 日 14 时，广东省纳入监测的百家重点景区共接待旅游者 252.1 万人次，同比增长 12.5%。与往年不同的是，今年春节期间文旅体验新升级，除了文博观光成为新时尚，2018 年广深港高铁、港珠澳大桥两大交通动脉的相继开通，使粤港澳三地旅游者来往更加紧密，粤港澳大湾区成为假期热门旅游目的地。

春节黄金周前三天，广东春节游的吸引力持续增强。深圳市重点监测的 14 家景区 3 天累计接待旅游者 54.87 万人次、营业收入 4373.83 万元。珠海 3 天共接待旅游者 82.77 万人次，其中接待过夜旅游者 23.04 万人次，实现旅游总收入 6 亿元。佛山开展"最岭南之佛山过大年"旅游系列活动，南海里水镇"2019 岭南新春水上花市"成为春节期间热点，每天吸引数万旅游者买花、看花、赏灯、祈福。

假日期间广东省的文化和旅游供给侧改革效应凸显，高质量旅游产品量价齐升、异常火爆。广州花园酒店、十甫假日酒店等高星级酒店开房率均达 100%。江门、云浮、揭阳、梅州、惠州等地的温泉酒店销售爆棚，价格比平日高 2~3 倍。

值得关注的是，由于 2018 年广深港高铁、港珠澳大桥两大交通动脉的相继开通，粤港澳三地游客来往更加密切。春节假期也是两大交通工程实现"环抱"的首个黄金周。全省旅游企业推出多种多样的大湾区旅游精品线路产品，满足了广大旅游者体验大湾区美景、了解大湾区历史文化的需求。

很多旅行社整合了最新的"一桥一铁"元素，并结合农历新年的独特节庆元素，推出多种如香港国际都会、澳门葡国风情、广东岭南文化"一程多站"的大湾区旅游产品。珠海推出的从九洲港出发的"海上看珠海"旅游项目假日前 3 天共开出 14 个航班，接待旅游者 4485 人次。港澳两地的酒店报价在春节期间同比上涨 50%，部分热门酒店更处于"一房难求"状态。

■ 张朝枝,陈钢华.旅游目的地管理[M].重庆:重庆大学出版社,2021:17.

思考题：

结合粤港澳的成功经验，谈谈你对旅游目的地的发展有哪些建议。

第一节 旅游目的地概述

一、旅游目的地的概念

旅游目的地是一个相对于旅游客源地的概念,最早是由美国学者冈恩在1972年提出的目的地区域(destination zone)概念。他认为目的地区域包括旅游吸引物组团、服务社区、中转通道和区内通道等,并认为这些要素的整合有利于旅游目的地的成功开发。

英国学者库珀认为,旅游目的地是把所有的旅游要素,包括需求、交通、供给和市场营销等都集中于一个有效框架内,可以看作满足旅游需求的服务和设施的中心区域。

澳大利亚学者雷帕认为旅游目的地是人们旅行的地方,是人们选择逗留一段时间以体验某些特色或特征——某种感知吸引力。

上述概念都是从旅游目的地管理的角度提出的,特别强调目的地是地理上的概念。

国内关于旅游目的地的研究始于20世纪90年代。保继刚等认为,一定空间的旅游资源与旅游专用设施、旅游基础设施以及相关的其他条件有机结合起来,就成为旅游者停留和活动的目的地,即旅游地。

吴必虎指出目的地系统是旅游系统中重要的子系统,目的地系统主要是为已经到达出行终点的旅游者提供满足其游览、娱乐、食宿、购物、享受、体验等旅游需求的多种因素综合体。

魏小安从效用的角度指出,旅游目的地是能够使旅游者产生动力,并追求动机实现的各类空间要素的总和。

杨振之在区分了"旅游目的地"与"旅游过境地"的基础上,指出旅游目的地除了是一个地理空间集合外,还强调旅游地要形成旅游产业发展的格局。

张朝枝认为,旅游目的地是指能够诱发旅游者产生旅游动机、做出旅游决策并满足其旅游需求的各类旅游吸引物、旅游设施和服务要素的集合,并具有明确的管理主体和相应的旅游发展、营销与管理体系的地理空间。

田里认为旅游目的地是指接待旅游消费者开展旅游活动的特定区域,具体来说指以旅游景观为基础,配套相应的旅游设施和旅游服务,能够吸引一定规模旅游者在此短暂停留、参观和游览的区域。他进一步认为旅游目的地作为一个系统,是旅游目的地各种要素组合的存在形式。作为一个复合系统,旅游目的地既是功能系统,也是地理系统,还是经济系统。从功能要素上来看,旅游目的地是旅游景观要素、旅游设施要素、旅游服务要素的集合,各种快速成长与全面发展阶段。首先,我国经济社会快速发展,人民生活水平日益提高,已经形成出境、入境以及国内三大旅游市场,旅游需求强劲。其次,随着科技进步,新理念、新模式以及新技术的不断涌现,特别是互联网的迅速以及大范围普及,极大地推动了旅游信息化的发展。Web 2.0时代,社会化媒体成为互联网的最新时代特征,一大批社会化媒体公司纷纷成立。2004年Facebook成立,2006年Twitter正式推出,2009年8月新浪微博开始内测。2006年8月,Google首次提出云计算(cloud computing)的概念。基于创新的商业模式和交付方式,云计算推动了IT产业的变革,降低了信息化的建设成本。2008年,IBM公司提出了智慧地球(smart planet)理念,从此各种"智慧"概念层出,包含"智慧城市""智慧旅游"等在内的新一代信息技术应用得到政府的高度重视。2009年8月,时任总理温家宝提出"感知中国",物联网在中国受到了极大的关注。2009年1月,工业和信息化部发放3G牌照,我国进入3G时代,移动互联网产业站上了崭新起点,面临着全新机遇。信息技术,特别是互联网技术的发展和广泛应用,不仅推动了产业发展和经济繁荣,而且使人们的生产方式、生活方式发生了巨大变化,极大地推动了社会形态的深刻变革。人们称这种由信息技术强烈渗透而推动发展的社会形态为信息社会。2002年我国网民规模突破5000万,2009年达到3.84亿,手机网民突破2亿。再次,国家层面进一步加强了对信息化工作的领导。2001成立国家信息化领导小组。2006年中共中央办公厅、国务院办公厅印发《2006—2020年国家信息化发展战略》。2008年,国家大部制改革,工业和信息化部成立。最后,这一时期,由于市场化的发展,资本市场也开始蓬勃发展,龙头企业上市融资以实现更规范、更长远的发展。我国旅游企业开始受到资本市场的热捧,航空公司、经济性连锁酒店、旅行社、旅游电商中的龙头企业纷纷进行IPO(首次公开募股),资本市场成为推动我国旅游市场信息化发展的重要力量。

1. 民航信息化

2001年12月,中国航信承建的中国GDS(Global Distribution System,全球分销系统)主体验收,民航信息化完成了由区域能力(CRS)向全球分销能力(GDS)的转变。2005年4月,中国航信与国际航空运输协会(IATA)签署了"简化商务"战略合作协议,提出了在2007年年底之前在国内实现100% BSP(Billing and Settlement Plan,开账与结算计划)电子客票的目标,从此我国电子客票进入了快速发展时期。2008年6月1日,民航业实现100%电子客票,推动了旅游电子商务的发展。

2. 酒店信息化

进入21世纪,速8、宜必思等国外经济型连锁酒店品牌纷纷进入我国,来自IT行业的经济型酒店创业者学习了国际品牌酒店管理集团的管理精髓:网络预订平台、会员体系、轻资产,使得我国经济型酒店蓬勃发展。2002年如家酒店连锁创立,2005年汉庭酒店、7天连锁酒店相继成立,这些经济连锁型酒店具有较强的IT基因,极大地推动了酒店信息化水平向前发展。2005年,锦江酒店集团网络版CRS(中央预订系统)上线。2006年,南京金陵集团与杭州西湖软件科技公司联合推出了我国第一套饭店集团中央预订系统。2007年12月,中国酒店行业第一个基于SaaS(软件即服务)模式的产品"中软酒店管理系统SaaS版"发布。其后,罗盘、石基信息、德比等IT厂商纷纷推出了云计算解决方案。到2009年,我国进入全球分销系统的饭店有4000多家。

3. 景区信息化

2002年7月,九网旅游电子商务网的上线运行开创了中国景区电子商务的先河。然而,其后数年景区电子商务的发展一直十分缓慢。2004年,黄山和九寨沟风景名胜区被纳入国家"十一五"科技攻关计划重点项目的子课题《数字景示范工程》,次年通过科技部一期工程验收,拉开了数字景区建设的序幕。2006年年初,原建设部确定北京八达岭等18处国家级风景名胜区为数字化建设试点单位,后来扩大到24家。同年原建设部出台《国家重点风景名胜区数字化景区建设指南(试行)》,以指导风景名胜区的信息化工作。

4. 旅行社信息化

这一时期,我国旅行社不断实现信息化的升级换代。2001年4月,中青旅ERP(Enterprise Resource Planning,企业资源计划)一期项目正式启动,成为国内首家全面引入ERP的旅行社。2001年,我国最大的旅游预订网携程旅行网开始盈利,并于2004年12月在美国纳斯达克上市。2004年10月,艺龙旅行网也在纳斯达克上市。同程网、去哪儿网、途牛、到到网等一大批旅游电子商务网站相继成立。电信运营商也纷纷涉足旅游预订领域,12580、118114、116、114等项目上线。以携程旅行网、艺龙旅行网为代表的在线预订网取得的巨大成功使得传统旅行社感受到竞争压力,它们纷纷发展电子商务业务。2004年,中国国际旅行社总社制定了发展电子商务的战略决策,次年成立电子商务部,上线电子商务平台。2005年,中青旅将信息技术作为重点工作,与美国胜腾集团联手打造的遨游网成立。2007年8月,中青旅将遨游网和青旅在线合并成立中青旅遨游网。2006年3月,港中旅旗下芒果网站正式成立。

5. 旅游电子政务和目的地营销

1999年1月,我国启动了"政府上网工程"。2000年12月,原国家旅游局正式发文《关于建设"金旅"工程,推进旅游业信息化工作上水平的意见》,2001年1月"金旅工程"正式启动,全国旅游电子政务建设开始全面推进加速。2002年10月,第一个旅游目的地营销系统南海DMS宣布建成。其后,广东南海区、大连市、三亚市等试点城市的旅游目的地营销系统陆续整合开通。2004年、2005年我国连续举办了两届国内、国际旅游网上博览会,2005年中国国际旅游网络博览会实现了传统旅展和网络营销的结合,吸引了20多个国家或地区的

200多家旅游机构参展。2008年,原国家旅游局信息中心编撰完成了《旅游电子商务网站标准》等旅游信息化领域的国家标准,开通了12301旅游服务热线,同时配合国家科技部"十一五"科技支撑计划课题《黄山数字旅游现代服务业建设》,拟定了旅游地理信息规范、旅游遥感信息规范、旅游卫星定位信息规范等多项行业规范。

在这个阶段,我国信息化意识变得比较强烈,旅游信息化应用非常普及,旅游企业开始制订信息化总体规划,进行企业流程重组,ERP/SCM/CRM等企业级应用系统开始出现,电子商务蓬勃发展。

◇ **知识活页8-2**

二维码8-2

拓展阅读:"金旅"工程

(四)提升阶段:2009年12月至今

2009年12月,《国务院关于加快发展旅游业的意见》发布,确立了把旅游业培育成国民经济的战略性支柱产业和人民群众更加满意的现代服务业的发展目标。要实现这一目标,离不开信息化。由此我国旅游信息化进入了一个快速提升的阶段。技术进步、社会变革、政府以及资本推动仍然是推动旅游信息化提升的动力。

技术进步方面,2010年10月,《国务院关于加快培育和发展战略性新兴产业的决定》发布,新一代信息技术产业位列七大战略性新兴产业之一,以云计算、物联网和移动互联网为代表的新一代信息技术开始蓬勃发展,成为继大型机、个人电脑、互联网之后的第四次IT产业革命。

社会变革方面,信息社会深入发展。信息技术日益融合到各行各业中,信息成为人们生产、生活的主要要素之一,宽带、无线网络、数据中心等IT基础设施成为继水、电、气、交通之后的经济社会第五基础设施。信息社会深入发展,网民与公民的界限日益模糊。

政府方面,政府以试点示范方式推动旅游信息化的发展。2010年7月,国务院办公厅印发《贯彻落实国务院关于加快发展旅游业意见重点工作分工方案》,明确规定"积极开展旅游在线服务、网络营销、网络预订和网上支付,全面提升旅游企业、景区和重点旅游城市的旅游信息化服务水平"这一任务由"旅游局、工业和信息化部、中国人民银行负责",由此确立了由原国家旅游局与工业和信息化部共同推进旅游信息化的工作机制。2010年年初,原国家旅游局首次提出了"智慧旅游"的概念,以"智慧旅游"作为推动旅游信息化的抓手。2011年6月,原国家旅游局正式同意江苏在镇江建设"国家智慧旅游服务中心"。2012年5月,原国家旅游局发布"国家智慧旅游试点城市"名单,北京等18个城市入选,同年11月,公布颐和园等22家景区为"全国智慧旅游景区试点单位"。2014年被原国家旅游局确定为"智慧旅游年"。在智慧旅游被提出后不到5年时间,产业界已经形成了对智慧旅游产业的认同,各种智慧旅游产业联盟不断出现，大型信息技术厂商开始注重智慧旅游产业的市场需求，并已经或者正在进入智慧旅游领域。住房和城乡建设部也加强了对数字景区建设的指导工作。工业和信息化部从信息化建设全局和大旅游角度，拟通过"旅游信息化试点示范城市"来推动旅游信息化发展。2010年8月，住房和城乡建设部发布《关于国家级风景名胜区数字化景区建设工作的指导意见》。

资本方面，我国旅游电子商务有着巨大的发展潜力，自2009年以来日益受到PE（private equity，私募股权）和VC（venture capital，风险投资）的青睐。PE和VC成为旅游电子商务发展的动力之一。特别是2011年，我国旅游电子商务行业投资事件密集，去哪儿网、驴妈妈、逸行旅行网、乐途旅游网、马蜂窝、航空管家、途牛旅行网、酒店达人等企业均获得投资，投资金额创历年新高。

在这一阶段，旅游信息化建设进入较高级的发展阶段。信息化由普及应用向深化应用发展，创新发展、产业链竞争成为重点。旅游企业更加重视产业链协同，基于新技术的创新模式不断涌现。

三、中国旅游信息化的发展趋势

（一）旅游业与信息化的融合发展

2014年，国务院印发《关于促进旅游业改革发展的若干意见》，该意见提出"坚持融合发展，推动旅游业发展与新型工业化、信息化、城镇化和农业现代化相结合，实现经济效益、社会效益和生态效益相统一"，并就建立互联互通的旅游交通、信息和服务网络，建立多语种的国家旅游宣传推广网站，制定旅游信息化标准，加快智慧景区和智慧旅游企业建设，完善旅游信息服务体系等明确了目标任务并进行了相关部署。

旅游业与信息化的融合发展经历了信息设备应用、手工劳动解放、操作自动化以及网络传输技术应用等初级和中级阶段，信息技术应用正在向社会层面全面展开，人们的生产、生活、社会交往等方式逐步被信息化渗透，人类的思想观念和思维方式由此向产生根本性影响的高级阶段发展。旅游业的生产、旅游者的消费、生活以及思维方式发生变化，旅游体验需求、旅游消费方式、旅游经营服务、旅游组织管理以及旅游产业形态等也发生变化。旅游业与信息化的融合发展创新旅游发展理念，加快旅游业转型升级。

（二）工具化和协同化

随着云计算的快速发展和ICT（信息与通信技术）专业服务能力的不断提升，信息化成为一种商品和工具，旅游信息化的建设门槛将大大降低。云计算的服务模式是将自给自足的IT自然经济转换为IT商品经济，它让服务提供商各尽所能，用户各取所需。旅游企业可以像使用水电一样使用IT，而无须关心IT的实现过程，这使旅游企业信息化建设的门槛大大降低。

随着信息化的不断深入发展以及产业链间的竞争加剧，企业信息化将从单项系统建设向集成化系统建设发展，协同发展日益成为信息化建设的趋势。在内部，旅游企业努力实现各业务信息系统的无缝连接。企业对信息化建设进行统一规划和全面部署，整体化解决方案日益受到重视。同时，企业整合原有信息系统，增强各系统间的兼容性，提高数据传输的实时性。在外部，企业更加重视与供应链上下游企业间的信息共享、信息协同，航空公司、酒店、旅游电商等有条件的企业加大了系统直连的力度。

（三）网络化与移动化

互联网与传统旅游企业深度融合是信息化在当前阶段的集中体现，是旅游信息化发展的时代特征。我国旅游企业进一步深化网络应用，加快实现由线下到线上以及线上与线下融合的转变。随着信息化的深入发展和企业转型升级的压力，租车公司、酒店、景区、旅行社等旅游企业迫切需要利用互联网平台加强市场营销。旅游企业全面互联网化成为发展趋势。旅游电子商务企业也加强了对线下资源的争夺，大量零散的线下供应商资源成为整合的对象。同时，平台化和开放化成为旅游电子商务的重要趋势。

移动互联网成为竞争焦点。随着智能手机和5G技术的发展，移动互联网发展进入了井喷阶段。旅游业和移动性有着先天的紧密结合，移动互联网的发展正在为整个行业带来深刻变革。航空公司、经济型酒店、旅游电商纷纷推出手机客户端，一大批App创业公司迅速涌现。目前，各大公司已初步完成移动互联网的布局，今后它们将在这一领域展开激烈的争夺。

（四）社会化媒体的应用

在社会信息化的大发展趋势下，旅游业逐步认识到旅游者的消费需求与消费环境均发生了变化，传统营销手段已经无法满足旅游者需求，无法应对旅游业日益激烈的市场竞争。社会化媒体颠覆了传统媒体"广播式"的单向传播方式，代表了传媒领域的发展方向，各类旅游企业和旅游局已充分认识到社会化媒体的巨大作用，纷纷推出社会化战略。

微博作为一种新型的社会化媒体，已经成为一种新型的信息传播途径，是现今人们关注的新热点。随着微博的发展，微博营销已经深入旅游业链的各个环节，成为旅游企业和旅游局的"第二官网"，航空公司、酒店、旅行社、旅游管理部门、旅游网站以及旅游频道纷纷开通了官方微博，与消费者、目标客户建立更为直接的接触和互动，并通过相关互动话题、活动策划提高自身品牌的知名度与美誉度。同时，微博也为产品质量和用户满意度提供了监测平台。社交网络社区（SNS）是一种新型社交媒介，社交网络旅游营销的本质是社交网络社区与用户旅游推荐系统的结合，以社交网络社区为环境，以用户生成内容（UGC）服务吸引用户，为更多旅游者提供消费决策帮助。包含旅游点评、旅游攻略等在内的旅游社交网站让用户查询点评攻略、制订旅行计划、分享旅程见闻，是社交、用户生成模式在旅游业的突破，同时满足旅游目的地了解旅游者以及旅游者了解目的地信息的需求。

旅游企业也纷纷利用微信发展预订业务，并取得了良好效果。社会化媒体也开始与电子商务融合,旅游产品的用户点评成为旅游网站的另一标配,社会化电商开始登上舞台。随着社会化媒体和电子商务的发展,SNS、微博、微信将成为旅游电子商务的重要入口。

(五)智慧化与智慧旅游

随着智慧城市、智慧旅游的大力推进,旅游信息化向智慧化方向发展,将引领旅游业的深刻变革。

目前,在旅游行政机构的大力推动下,我国各地抓紧开展智慧旅游的建设。随着智慧旅游建设的不断推进,未来5~10年必将是智慧旅游建设从破题、发展、深化到成熟的过程。随着旅游业产业地位的进一步提升,信息化浪潮的推动,旅游者个性化需求的日益强烈,尤其是随着旅游市场结构变化和旅游者行为方式变化,旅游者对信息服务的诉求大幅提升,智慧旅游在旅游者定制化服务、旅游企业业务流程再造与行业监管、公共信息与信息的整合与共享方面发挥重要作用,拥有广阔的发展前景。

(六)旅游信息化发展的软环境

随着我国旅游信息化发展的需求日益强劲,支撑旅游信息化发展的相关政策、法规、机制、标准以及人才等软环境要素建设变得日益紧迫。国家、地方需要加紧制定一系列政策、法规、标准、规范等促进旅游信息化进程。有关旅游信息化发展的全局性和长远性的发展战略、总体规划以及实施方案,有关旅游信息化的投资与扶持政策,有关数据资源、硬件、软件、网络及电子信息服务、企业现代化管理的一系列国家技术标准将相继出台。旅游业信息化建设是一项系统工程,需要出台相应体制、机制以及激励措施保障各地区以及与其他行业的相互协作。同时,旅游信息化人才培养以及智库建设将提速。旅游信息化发展需要大批交叉专业、学科的复合型人才,各旅游院校将加速开展旅游信息化人才培养以及旅游信息化人才高地的建设。各级旅游管理部门将开始重视科学研究在旅游信息化建设相关决策制定中的作用,将有更多的旅游信息化专家、学者进入政府智库。

第二节 智 慧 旅 游

一、智慧旅游的界定

2008年,美国IBM公司首次提出了智慧地球的概念,指出智慧地球的核心是以一种更智慧的方法，通过利用新一代信息技术来改变政府、公司和人们交互的方式，以便提高交互的明确性、效率、灵活性和响应速度。

后来，IBM 公司又将智慧地球的理念落地到城市，提出了智慧城市的概念。IBM 公司认为 21 世纪的智慧城市能够充分运用信息和通信技术手段感测、分析、整合城市运行核心系统的各项关键信息，从而对于包括民生、环保、公共安全、城市服务、工商业活动在内的各种需求做出智能的响应，为人类创造更美好的城市生活。该定义的实质是用先进的信息技术，实现城市智慧式管理和运行，进而为城市中的人们创造更美好的生活，促进城市的和谐、可持续成长。

智慧旅游的概念无疑是在智慧地球的理念落实到旅游行业后提出的。智慧旅游一经提出，立刻引起政界、业界和学界的广泛关注，短短数年间就在行业中占有重要地位。那么究竟什么是智慧旅游呢？下面我们来深入探讨。

（一）智慧旅游的定义和内涵

加拿大旅游协会戈登·菲利普斯认为智慧旅游就是简单地采取全面的、长期的、可持续的方式来进行规划、开发、营销旅游产品和经营旅游业务，这就要求在旅游所承担的经济、环境、文化、社会等每个方面进行卓越努力。[1]

2011 年英国的智慧旅游组织指出，智慧旅游就是在旅游部门使用和应用数字技术。[2]

美国学者莫尔茨（Molz）在其著作中把智慧旅游定义为使用移动数字连接技术创造更智慧、更有意义和可持续的旅游者与城市之间的关联，她认为智慧旅游代表更广泛的公民深度参与旅游的形式，而不仅是一种消费形式。[3]

国内学者张凌云认为，智慧旅游就是智能技术在旅游业中的应用，智慧旅游是基于新一代信息技术，为满足旅游者个性化需求，提供高品质、高满意服务，从而实现旅游资源及社会资源的共享和有效利用的系统化、集约化的管理变革。[4]

黄超、李云鹏认为，智慧旅游也称智能旅游，就是利用云计算、物联网等新技术，通过互联网/移动互联网，借助便携的上网终端，主动感知旅游资源、旅游经济、旅游活动等方面信息，达到及时发布、及时了解、安排和调整工作与计划的目的，从而实现对各类旅游信息的智能感知和利用。[5]

黄羊山认为智慧旅游是一个全新命题，它是一种物联网、云计算、下一代通信网络、高性能信息处理、智能数据挖掘等技术在产业发展、行政管理、旅游体验等方面的应用，使旅游物理资源和信息资源得到高度系统化整合并深度开发激活，以服务于各方面旅游需求的全新旅游形态。[6]

---

[1] 李云鹏,晁夕,沈华玉,等.智慧旅游：从旅游信息化到旅游智慧化[M].北京：中国旅游出版社,2013：90.
[2] 李云鹏,晁夕,沈华玉,等.智慧旅游：从旅游信息化到旅游智慧化[M].北京：中国旅游出版社,2013：90.
[3] Molz J G. Travel Connections: Tourism, Technology and Togetherness in a Mobile World[M]. New York: Routledge, 2012：532.
[4] 张凌云,黎巎,刘敏.智慧旅游的基本概念与理论体系[J].旅游学刊,2012(5)：66-73.
[5] 黄超,李云鹏."十二五"期间"智慧城市"背景下的"智慧旅游"体系研究[C].2011 旅游学刊中国旅游研究年会会议论文集,2011.
[6] 黄羊山.智慧旅游的作用与前景(下)[N].中国旅游报,2011-02-18.

姚志国、鹿晓龙认为智慧旅游是通过现代信息技术与旅游管理、旅游服务、旅游营销的融合,以旅游者互动体验为中心,系统化整合和深度开发利用旅游资源和旅游信息,以服务于公众、企业和政府的旅游信息化新阶段。[①]

综上所述,智慧旅游可定义为综合运用物联网、云计算、通信网络、信息处理技术、数据挖掘技术等现代高新信息技术手段,与旅游管理、旅游服务和旅游营销深度融合和持续创新,优化配置和高效利用旅游物质资源和信息资源,为旅游者、旅游企业和政府部门决策提供信息支持和辅助决策,最终促成旅游业的高质量发展的旅游方式。

智慧旅游的内涵可概括为以下几点。

(1)智慧旅游是物联网、云计算、移动通信、人工智能等信息通信技术在旅游业中的应用。

(2)智慧旅游必须创新旅游服务、营销和管理理念。

(3)智慧旅游还必须充分配置和整理旅游物质资源和旅游信息资源,实现资源的有效共享和利用。

(4)智慧旅游服务于旅游者、旅游企业和政府部门。

(5)智慧旅游是一种高质量发展的旅游生态系统,形成旅游的良性、健康发展。

(二)旅游者视角的智慧旅游

对于旅游者来说,智慧旅游就是利用智能识别、移动计算、物联网等技术和便携式终端,主动感知旅游相关信息,并及时安排和调整旅游计划。旅游者与网络实时互动,让整个游程安排进入"触摸时代"。

智慧旅游通过科学的信息组织和呈现形式让旅游者方便快捷地获取旅游信息,帮助旅游者更好地安排旅游计划并形成旅游决策。旅游者通过网络可以了解到旅游目的地实时状况,规划旅游的线路,预订酒店、机票、车票等。旅游者在出发之前,将大部分事情安排好,也对旅行有了大致的了解,减少了旅行中的不确定性以及寻找游玩、交通、食宿等方面的担忧。在旅行过程中,旅游者也可以随时了解下一个目的地天气及客流量等情况,以决定是否更换景点、改变行程,使旅游变得更加愉快。另外,智慧旅游还能给旅游者带来更好的旅游安全保障,此外,虚拟旅游能够给旅游者带来不一样的旅游体验。总之,智慧旅游通过物联网、无线技术、定位和监控技术,实现信息的传递和实时交换,让旅游者的旅游过程更顺畅,提升旅游的舒适度和满意度。

对于旅游者来说,智慧旅游具有极大的便利性,更具灵活性,能够满足个性化的需求。因此,智慧旅游是一种便利、个性化、体验性的旅游。

(三)管理者视角的智慧旅游

对政府和旅游企业的旅游管理者来说,智慧旅游就是利用智能识别、移动计算、信息融

---

① 姚志国,鹿晓龙.智慧旅游:旅游信息化大趋势[M].旅游教育出版社,2013:16-17.

合、云计算等信息技术，通过构建旅游服务平台，实现全面、透彻、精准、便捷和无处不在的旅游信息应用，为旅游者提供餐饮、交通、住宿、旅游、购物等全方位的旅游服务，提高管理效率。

旅游涉及食、住、行、游、购、娱六要素，跨越了多个行业。智慧旅游不局限于某个景区或某个酒店的智慧化，还强调以旅游者为中心的行业内部和行业外部的协作，实现整个旅游产业链的智慧化。智慧旅游不是旅游业涉及的某个行业能够独立完成的旅游，而是多个行业共同协作的一种旅游模式。智慧旅游促进不同行业之间的合作与交流，共同为旅游者提供高品质的旅游体验。

智慧旅游将通过与公安、交通、工商等部门形成信息共享和协作联动，结合旅游信息数据形成旅游预测、预警机制，提高应急管理能力，保障旅游安全，实现对旅游投诉以及旅游质量问题的有效处理，维护旅游市场秩序。

因此，对旅游管理者来说，智慧旅游是一种高效的管理和协作模式。

二、智慧旅游的框架

智慧旅游的整体框架可以从能力(Capabilities)、属性(Attributes)和应用(Applications)三个维度去理解，简称为智慧旅游的CAA框架体系。[①] 能力是指智慧旅游所具有的先进的信息技术收集、存储、加工处理、输出等能力；属性是指智慧旅游的应用是公益性的还是营利性的；应用是指智慧旅游能够向应用各方利益主体提供具体服务和功能。

智慧旅游的CAA框架体系(见图8-2)的内涵可归结为以下三点：一是以智慧旅游目的地的概念来明确应用主体，因此，除了一般智慧旅游所涵盖的旅游者、政府、企业之外，还包括目的地居民，即智慧旅游涵盖了景区、城市(街区、社区等)以及区域性旅游目的地；二是公益和营利属性是信息技术能力和应用的连接层，即可纵向建立起基于某种(某些)信息技术能力、具有公益或营利性质的、面向某个(某些)应用主体的智慧旅游解决方案；三是公益性智慧旅游和营利性智慧旅游的各种应用以及两者之间具有某种程度的兼容性和连通性，可最大限度地避免信息孤岛、填补信息鸿沟。

基于CAA框架体系，可以定义智慧旅游的整体框架。智慧旅游整体框架如图8-3所示。架构的外围分为最顶层的智慧应用层以及最底层的物联感知层。智慧应用层的服务对象具体包括旅游者、企业和管理部门。物联感知层是整个架构的数据采集源。智慧旅游整体框架的核心部分，具备4个层次要素和4个支撑体系，横向层次要素的上层对其下层具有依赖关系，纵向支撑体系对于4个横向层次要素具有约束作用。

智慧旅游是通过采用新一代信息技术整合旅游产业链，实现智慧的旅游服务、智慧的旅游管理和智慧的旅游营销三大功能，从而提高旅游业务的综合管理和运营能力，创建优质的旅游生态环境，提升旅游的服务品质，进而推动地区旅游相关产业的快速、健康发展。其内

---

① 张凌云，黎巎，刘敏.智慧旅游的基本概念与理论体系[J].旅游学刊，2012(5):66-73.

容主要涵盖物联感知层、网络通信层、数据与服务支撑层、智慧应用层和支撑体系,涉及智慧旅游的标准规范、安全保障、建设管理及产业运行体系等。

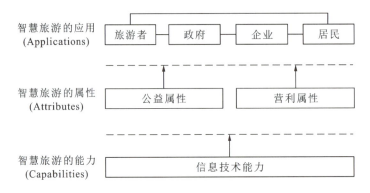

图 8-2 智慧旅游的 CAA 框架体系

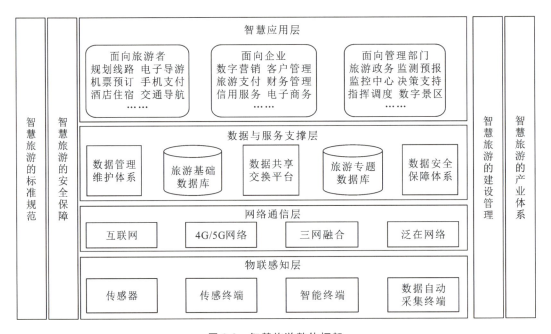

图 8-3 智慧旅游整体框架

(一)物联感知层

物联感知层是智慧旅游的感知器官,通过利用物联网传感器、传感网络、智能终端和数据自动采集终端实现对旅游基础设施、资源、环境、经济、建筑、交通、安全等方面的信息采集处理,为智慧旅游的高效运行提供基础信息。它是人的感知延伸,为智慧旅游应用提供精准、有效的信息处理和相关决策依据。感知方式是根据被感知的信息类型,采取相对应的感知技术及方法。物联感知层的感知方式,可按照感知信息和感知节点的不同分为以下四类。

(1)身份感知。

即通过条形码、射频识别、智能卡、信息终端等对感知对象的地址、身份及静态特征进行标识。

(2)位置感知。

即利用定位系统或无线传感网络技术对感知对象的绝对位置和相对位置进行感知。

(3)状态感知。

即利用各种传感器及传感网对感知对象的状态进行动态感知。

(4)多媒体感知。

即通过录音和摄像等设备对感知对象的表征及运动状态进行感知。

物联感知层主要是解决从现实世界获取数据的问题,它是泛在网络感知和获取现实世界信息的首要环节。

(二)网络通信层

网络通信层是智慧旅游系统的通信层,是在现有有线通信网的基础上,实现与互联网/移动互联网 3G/4G 无线宽带通信网、泛在网络及三网融合的结合,将感知层采集的信息进行传输、汇总。网络通信层所涉及的技术包括 IP 宽带城域网、无线宽带通信网、三网融合及泛在网络等。

IP 宽带城域网是覆盖整个城市区域的宽带网络,从当前网络通信技术的发展趋势来看,多网络融合是不可改变的发展方向,IP 技术将作为下一代通信网络的主要倚靠技术,IP 宽带城域网将成为各种通信领域的统一汇聚平台。

无线宽带通信网主要包括 4G/5G 移动通信系统、WIMAX、WLAN(Wi-Fi)宽带无线接入网以及数字集群网络、移动卫星通信网络、短波通信网络、专业无线通信网络等。目前利用宽带移动通信和无线局域网等宽带无线接入技术,已经可以确保全部公共场合、主要道路、景区内部的无线网络覆盖。实现了旅游者在景区内任何地点、任何时间、任何情况下都能连接上高品质的无线宽带网络,保障了旅游移动终端和移动应用的顺利运作。

三网融合的"三网"是指互联网、电信网和广播电视网,它们代表当今现代信息产业中三个不同的行业,即计算机业、电信业、有线电视业。"融合"主要是指通过技术手段,使三大网络相互连接、相互渗透、互相兼容,并逐步将其整合成一个统一的通信网络平台,形成可以提供包括语音、广播、电视、数据等综合业务的宽带多媒体平台。

三网融合并非三大网络的物理整合,而是高层业务应用的融合,实现互联网、电信网和广播电视网三个网络层面互联互通,业务层相互交叉融合,为用户提供多媒体化、个性化的信息服务。

泛在网络是基于个人和社会的需求,实现人与物、物与物、人与人之间按需进行的信息获取、存储、传递、决策、认知、使用等服务,网络具有超强的环境感知、内容感知,并具有智能性,可以为用户提供泛在的、无所不包的信息服务和应用。

（三）数据与服务支撑层

数据与服务支撑层是智慧旅游建设的核心层次，它主要帮助实现智慧旅游的数据聚合、共享、共用，并为各类智慧应用提供支撑。数据和信息已经被认为是人类社会发展的五大重要战略性资源（土地、劳动力、资本、技术和信息）之一，数据融合和信息共享使得旅游业更加智慧。大数据、云计算、数据挖掘技术、SOA（面向服务架构）等技术的发展为该层次提供了强大的技术支撑。

1. 数据资源

智慧旅游的数据资源可以分为基础数据和专业数据。基础数据主要包括基础信息、空间信息、事件信息、预案、知识、案例、文档、运行监测管理等方面的信息，它们都存储在旅游基础数据库内，进行统一管理和应用。专业数据主要是指旅游业务领域的专用信息资源，它主要包括旅游景点、旅游设施、旅游文本、旅游图片、旅游音频、旅游视频等信息数字化，存储在旅游专题数据库中，实现逻辑上的集中存储，物理上的分散存储。

2. 数据库管理和维护体系

数据库管理和维护是数据库体系建设的重要内容，它是保障数据库正常运行的软件体系，也是数据库建设的根本目的。数据库管理和维护体系主要涉及数据的收集、输入、加工、存储、传输和输出等内容，其目的就是为用户提供有效信息、辅助决策。

3. 数据共享交换平台

数据共享交换平台的定位不仅仅是一个技术层的交换机制，而且应该考虑作为基础的、重要的应用支撑平台和体系。通过跨层级、跨部门的数据交换和业务协同，解决面向内部、外部的信息系统业务数据采集交换问题。鉴于其复杂性，应借助成熟的数据共享交换平台，将业务数据进行整合。通过数据共享交换平台，将不同来源、不同格式的数据统一格式和规范后存入各类数据库。另外，要制订并实施信息资源共享与交换的管理办法，建立信息资源共享交换长效机制和管理制度，包括系统操作管理制度、交换流程管理制度、运行环境监视设备管理制度、系统应急计划及备份管理制度等。

4. 数据安全保障体系

数据安全保障体系从信息和管理方面保证数据访问、使用、交换、传输的安全性、机密性、完整性、不可否认性和可用性，避免各种潜在的威胁。它主要包括身份证授权管理、数据交换过程安全保障和数据交换接口安全等方面的内容。

（四）智慧应用层

应用是智慧旅游建设的出发点和终极目标。智慧旅游以现代信息技术为手段，以统一的旅游信息数据库为基础，依靠自身强大的数据采集能力、数据加工处理能力、数据融合能力和数据交换共享能力，向旅游者、旅游企业和管理部门提供智慧服务，促使旅游业高质量发展。

1. 面向旅游者

旅游者是旅游活动的主体。智慧旅游为旅游者有针对性地提供综合信息查询与在线订购服务，为旅游者出行之前的准备提供充分的资讯参考，帮助旅游者解决旅途中食、住、行、游、购、娱等诸多问题。比如，提供住宿、餐饮、购物行业和娱乐场所的资讯信息订购；航班时刻表及实时票价查询订购；市区公交地铁换乘、车站、驾车路线等信息服务；医疗安防等配套保障信息服务；其他日常旅游信息服务等。

智慧旅游根据跟团、自助、自由行、自驾游、背包客、商务游等多种旅游形式和旅游者的不同需求，有针对性地提供行程规划服务。对有意跟团的旅游者，提供各个旅行社的旅行价格、服务质量、用户评价方面的比较，并根据服务质量、路线价格等评价标准向用户推荐旅行社，帮助用户进行选择；对自助游的旅游者，提供旅游目的地各个方面的详细信息，包括交通、住宿、饮食、购物等信息查询，以便用户提前掌握旅游地的资讯；对自由行、自驾游、背包客等，推荐旅游地最合适的旅游景点，提供时间、价格等方面的综合信息。

在旅游过程中，智慧旅游还可以为旅游者提供智能化的导览服务。借助精确的定位技术，并结合旅游者的喜好，通过文字、图片、声音、视频等多种形式，生动翔实地向旅游者展示景区秀丽的自然风光、人文景观，丰富的动植物资源，完善的旅游服务设施项目以及多姿多彩的民俗民风，为旅游者带来丰富的旅游体验。

智慧旅游在为旅游者提供全程式旅游服务的同时，也为旅游者发布景点评论、游记攻略、分享旅游感受提供便捷、及时的渠道。借助 Web 2.0 技术、旅游网站、论坛、微博等互动平台，可以实现旅游者之间，旅游者与旅游企业、旅游接待方、政府部门之间的互动沟通，以及对旅游投诉的及时处理等。

2. 面向企业

智慧旅游建设将借助云计算平台，聚合 IT 资源与存储、计算能力，形成区域范围内的虚拟资源地，实现旅游企业信息化的集约建设、按需服务。智慧旅游通过供应链、企业资源管理、在线营销、在线预订等专业化服务系统，可为旅游企业提供基于网络共享的软硬件环境和按需使用的应用服务,有效降低中小型旅游企业利用信息化手段开展经营活动的资源和技术门槛,提升旅游信息化应用研发与服务效率。

智慧旅游将帮助联营企业开展网上营销。以广播电视、网络媒体、短/彩信平台、互联网门户与论坛、博客/微博客、位置服务、社交网络服务等各类网络渠道资源作为旅游营销载体,针对其服务的客户群特征组织相应的在线旅游营销活动,对营销内容进行细分,建立客户忠诚度,管理旅游产品目录,为客户提供量身定制的个性化旅游产品与服务,改变旅游服务的增值化方向,建立新的竞争优势。

智慧旅游将有力地推动旅游电子商务的发展。通过建立科学合理、权威的旅游企业信用评估标准,完善旅游市场主体信用信息管理体系;建设电子认证基础设施,规范电子认证服务;建立旅游产品安全电子合同系统,为数字签名电子商务凭证提供统一的解决方案,保障旅游电子商务产品交易市场的公平性和安全性;实现旅游电子商务系统与金融系统的对接,促进网上支付、电话支付和移动支付等新兴支付工具在旅游市场的应用;向客户提供个性化、交互式、易于使用的购买和支付工具,确保从产品服务选择、订单确定到支付整个过程的顺利完成。

3. 面向管理部门

旅游管理部门具有经济调节、市场监管、公共服务和社会管理的职能。智慧旅游的建设将进一步推进旅游电子政务建设,提高各级旅游管理部门的办公自动化水平,提高行政效率,降低行政成本;为公众提供畅通的旅游投诉和评价反馈渠道,强化对旅游市场的运行监测,提升对旅游市场主体的服务和管理能力;实现对自然资源、文化资源的监控保护和智能化管理,提高旅游宏观决策的有效性和科学性。

智慧旅游将提高管理部门的政务管理和行业服务能力。通过完善旅行社、饭店、景区、导游等行业管理系统,形成全国数据统一、分级授权管理的信息架构,保障旅游管理信息上传下达的时效性、准确性和一致性,有效提高旅游政务管理效率;实现对各客源地旅游团队人员信息与行程信息的电子旅游服务和旅游安全事件的监控;及时公开各级旅游行政管理部门信息和旅游企业相关质量信息,促进旅游服务质量的提升。

智慧旅游将加强管理部门的旅游监测与应急响应能力。通过建立准确、及时的旅游监测预报体系,加强动态信息发布,提高对节假日等旅游高峰期的客流引导能力;建设重点旅游景区视频监控和旅游专业气象、地质灾害、生态环境领域的监测、预报预警系统,实现与各级应急指挥中心信息平台的信息共享,提高旅游景区的安全监控和应急调度能力;通过信息共享,加强与工商、公安、商务、卫生、质检、物价等部门协作,协同建立以部门协同、处理流程闭环为主要形式的旅游投诉受理和旅游救援服务机制,促进旅游行业的管理实现调控科学、管理高效、监管有力。

(五)支撑体系

智慧旅游的支撑体系包括智慧旅游的标准规范、安全保障、建设管理和产业体系四方面的内容,是智慧旅游建设的基础支撑和重要保障。

 1. 智慧旅游的标准规范

智慧旅游的标准规范是智慧旅游建设和发展的基础,是确保系统互通与互操作的技术支撑,是智慧旅游工程项目规划设计、建设管理、运营维护、绩效评估的管理规范。智慧旅游的标准规范包括技术标准规范、业务标准规范、应用标准规范、应用支撑标准规范、信息安全标准规范、网络基础设施标准规范等。

 2. 智慧旅游的安全保障

智慧旅游的安全保障体系建设应按照国家等级保护的要求,从技术、管理和运行等方面对智慧旅游的信息网络采取主动防御、积极防范的安全保护策略,建立计算环境安全、网络通信安全、计算区域边界安全的三重防御体系,并在感知层、通信层、数据层和应用层建设安全的传感网络、安全的通信网络、安全的数据中心和应用平台,实现对智慧旅游的层层防控。

 3. 智慧旅游的建设管理

智慧旅游的建设应逐步形成多元化投资机制。坚持以政府投入为导向、企业投入为主体、金融机构和其他社会资金共同参与的多渠道、信息化投资模式。建立"谁投资,谁受益;谁使用,谁付费"的运营机制,吸引社会力量参与。完善投资融资体系,吸引国内外风险资本进入智慧旅游的产业和基础设施建设。

智慧旅游的建设应大力推行服务外包制度,围绕用户技术支持、系统运行维护、软件设计开发等服务需求,积极在相关部门中推行信息化服务外包制度。改善预算管理,完善信息化项目支出预算相关规范,探索将信息化建设的技术支持、运行维护、软件开发等外包服务纳入政府采购序列,为政府部门购买服务推行外包制度提供保障;通过资质认定、服务承诺、收费管理等配套的规范标准,为推行外包制度创造条件并使其形成规范。

智慧旅游的运营管理体系应逐步发展为多元化的投资中介服务体系。鼓励、引导工程技术研究中心、生产促进中心、创意服务中心等各类技术开发和中介服务机构按照市场运作的方式,结合智慧旅游建设,为政府、企业实施信息化提供需求诊断、方案设计、咨询论证实施、监理、人员培训等方面的服务,形成专业化、网络化、市场化的新型信息化技术服务体系,最大限度地降低智慧旅游建设的风险。

 4. 智慧旅游的产业体系

智慧旅游建设将通过旅游产业链各个环节的智慧化改造,提升我国整个旅游产业的规模和水平。通过改善旅游者体验,增加旅游者旅游信心,增强旅游消费需求;通过发展面向国际的网络营销和电子商务,整体提升我国旅游业在国际市场的竞争力;通过发展与旅游相关的创新型服务,有效促进金融、物流、信息、计算机服务和软件等战略性新兴产业与现代服务业的发展。

智慧旅游将提升旅游产业发展的可持续性。粗放式的旅游开发模式,特别是重开发、轻保护等掠夺式的旅游资源开发模式已经不能适应经济发展的需要。智慧旅游通过信息技术在旅游产业中的应用,可增加旅游经济中的知识含量、科技含量,实现旅游业从依赖大量投入物质资源的粗放式发展方式到提高投入要素使用效率的集约式发展方式的转变,更好地实现产业的可持续发展。

智慧旅游将增强旅游产业的竞争力,极大地提高旅游产业的服务水平、经营水平和管理水平,弥补传统旅游供应中灵活性差、效率低下的不足,使供应链上的各个环节间联系更加畅通,促进供应链向动态的、虚拟的、全球化、网络化的方向发展,提高应用系统、信息安全与管理的水平,开发相关标准规范的研究,加强标准宣传和培训,增强环节中的应用,保证智慧旅游建设的效果和效益。

三、智慧旅游的技术基础

(一)物联网技术

物联网是指通过信息传感设备,按约定的协议,将任何物体与网络相连接,物体通过信息传播媒介进行信息交换和通信,以实现智能化识别、定位、跟踪、监管等功能。物联网技术(internet of things,IoT)起源于传媒领域,是实现物与物、人与物之间的信息传递与控制的技术,是信息科技领域的第三次革命。物联网应用的关键技术有以下几个方面。

1. 传感器技术

传感器技术是计算机应用中的关键技术。绝大部分计算机处理的都是数字信号。自计算机出现以来,就需要传感器把模拟信号转换成数字信号供计算机处理。

2. RFID 标签

RFID 标签也是一种传感器技术,它是融无线射频技术和嵌入式技术为一体的综合技术,RFID 标签在自动识别、物品物流管理有着广阔的应用前景。

3. 嵌入式系统技术

嵌入式系统技术是综合了计算机软硬件、传感器技术、集成电路技术和电子应用技术的复杂技术。经过几十年的演变,以嵌入式系统技术为特征的智能终端产品随处可见,小到人们身边的智能家居,大到航天航空的卫星系统。嵌入式系统技术正在改变着人们的生活,推动着工业生产以及国防工业的发展。如果用人体将物联网做一个简单的比喻,传感器相当于人的眼睛、鼻子、皮肤等感官,网络就是用来传递信息的神经系统,嵌入式系统则是人的大脑,在接收信息后要进行分类处理。这个例子很形象地描述了传感器、嵌入式系统在物联网中的地位与作用。

4. 智能技术

智能技术是为了有效地达到某种预期的目的,利用知识所采用的各种方法和手段。通过在物体中植入智能系统,可以使得物体具备一定的智能性,能够主动或被动地实现与用户的沟通。智能技术也是物联网的关键技术之一。

5. 纳米技术

纳米技术是研究结构尺寸在 0.1～100 nm 范围内材料的性质和应用,主要包括纳米体系物理学、纳米化学、纳米材料学、纳米生物学、纳米电子学、纳米加工学和纳米力学。这七个学科相对独立又相互渗透,它们和纳米材料、纳米器件、纳米尺度的检测与表征这三个研究领域构成纳米科学与技术的主要研究领域。使用传感器技术就能探测到物体物理状态,物体中的嵌入式智能能够通过在网络边界转移信息处理能力而增强网络的威力,而纳米技术的优势表现为物联网当中体积越来越小的物体也能够进行交互和连接。电子技术的趋势要求器件和系统更小、更快、更冷。更小是指器件体积更小;更快是指响应速度要快;更冷是指单个器件的功耗要小。但是更小并非没有限度。纳米技术的影响是巨大的。

物联网技术在智慧旅游中主要应用于停车场管理、旅游交通一卡通、景区电子票务、酒店智能客房管理、旅游设施检测和旅游环境资源监测等方面。

(二)云计算技术

云计算(cloud computing)是分布式计算技术的一种,它通过网络将庞大的计算处理程序自动分拆成无数个较小的子程序,再交由多部服务器所组成的庞大系统,经系统搜寻、计算、分析之后将处理结果回传给用户。稍早之前的大规模分布式计算技术即为云计算的概念起源。

云计算是分布式处理、并行计算和网格计算等概念的发展和商业实现,其技术实质是计算、存储、服务器、应用软件等 IT 软硬件资源的虚拟化,其关键技术包括以下几个方面。

1. 虚拟机技术

虚拟机即服务器虚拟化,是云计算底层架构的重要基石。在服务器虚拟化中,虚拟化软件需要实现对硬件的抽象,资源的分配、调度和管理,虚拟机与宿主操作系统及多个虚拟机间的隔离等功能,目前典型的实现(基本成为事实标准)有 Citrix Xen、VMware ESX Server 和 Microsoft Hype-V 等。

2. 数据存储技术

云计算系统需要同时满足大量用户的需求,并行地为大量用户提供服务,因此,云计算的数据存储技术必须具有分布式、高吞吐率和高传输率的特点。目前数据存储技术主要有谷歌的 GFS(Google File System,非开源)以及 HDFS(Hadoop Distributed File System,开源),这两种技术已经成为事实标准。

3. 数据管理技术

云计算的特点是对海量的数据存储、读取后进行大量的分析,如何提高数据的更新速率以及进一步提高随机读速率是未来的数据管理技术必须解决的问题。云计算的数据管理技术最著名的是谷歌的 Big Table 数据管理技术,同时 Hardtop 开发团队正在开发与 Big Table 类似的开源数据管理模块。

4. 分布式编程与计算

为了使用户更轻松地享受云计算带来的服务,让用户能利用该编程模型编写简单的程序实现特定的目的,云计算上的编程模型必须十分简单,同时必须保证后台复杂的并行执行和任务调度向用户和编程人员透明。当前各 IT 厂商提出的"云"计划的编程工具均基于 Map-Reduce 的编程模型。

5. 虚拟资源的管理与调度

云计算区别于单机虚拟化技术的重要特征是通过整合物理资源形成资源池,并通过资源管理层(管理中间件)实现对资源池中虚拟资源的调度。云计算的资源管理需要负责资源管理、任务管理、用户管理和安全管理等工作,实现节点故障的屏蔽、资源状况监视、用户任务调度、用户身份管理等多重功能。

6. 云计算的业务接口

为了方便用户业务由传统 IT 系统向云计算环境的迁移,云计算应对用户提供统一的业务接口。业务接口的统一不仅方便用户业务向云端的迁移,而且会使用户业务在云与云之间的迁移更加容易。在云计算时代,SOA 架构和以 Web Service 为特征的业务模式仍是业务发展的主要路线。

7. 与云计算相关的安全技术

云计算模式带来一系列的安全问题，包括用户隐私的保护、用户数据的备份、云计算基础设施的防护等，这些问题都需要用更强的技术手段乃至法律手段去解决。

云计算技术在智慧旅游中主要应用于提升旅游企业的运营效率、实施精准营销、为旅游者提供旅游公共信息、存储海量旅游资源信息、为旅游业打造云服务平台等方面。

（三）人工智能技术

人工智能（artificial intelligence，AI）是研究、开发用于模拟、延伸和扩展人的智能的理论、方法、技术及应用系统的一门新的技术科学。人工智能是计算机科学的一个分支，它主要涉及机器学习、语言识别、图像识别、自然语言处理和专家系统等研究领域。

人工智能的核心技术主要包括以下几个方面。

1. 模式识别

模式识别是指对表征事物或现象的各种形式的（数值的、文字的和逻辑关系的）信息进行处理和分析，以及对事物或现象进行描述、辨认、分类和解释的过程，是信息科学和人工智能的重要组成部分。模式识别研究主要集中在两个方面：一方面是研究生物体（包括人）是如何感知对象的，属于认知科学的范畴；另一方面是在给定的任务下，如何用计算机实现模式识别的理论和方法。模式识别的方法有统计模式识别、句法模式识别、模糊模式识别、人工神经元网络法和逻辑推理法等。

模式识别已经在天气预报、卫星航空图片分析、工业产品检测、字符识别、语音识别、指纹识别、遥感、医学诊断等多方面得到成功应用。

2. 虚拟现实技术

虚拟现实技术（virtual reality，VR）又称虚拟环境或人工环境，是指利用计算机高发展中的科技手段生成一种可对参与者直接施加视觉、听觉和触觉感受，并允许其交互地观察和操作的虚拟世界的技术。

虚拟现实技术的基本特征是三个"I"：沉浸（Immersion）、交互（Interaction）和想象（Imagination）。它强调人在 VR 系统中的主导作用，使信息处理系统适合人的需要，并与人的感官感觉相一致。VR 系统主要分为沉浸类、非沉浸类、分布式和增强现实四类。

虚拟现实技术是多种技术的综合，其关键技术和研究内容包括以下几个方面。

(1)环境建模技术。

即虚拟环境的建模,目的是获取实际环境的三维数据,并根据应用的需要,利用获取的三维数据建立相应的虚拟环境模型。

(2)立体声合成和立体显示技术。

在虚拟现实系统中消除声音的方向与用户头部运动的相关性,同时在复杂的场景中实时生成立体图形。

(3)触觉反馈技术。

在虚拟现实系统中,让用户能够直接操作虚拟物体并感觉到虚拟物体的反作用力,从而产生身临其境的感觉。

(4)交互技术。

虚拟现实中的人机交互远远超出了键盘和鼠标的传统模式,利用数字头盔、数字手套等复杂的传感器设备,三维交互技术与语音识别、语音输入技术成为重要的人机交互手段。

(5)系统集成技术。

虚拟现实系统中包括大量的感知信息和模型,因此系统集成技术成为重中之重。它包括信息同步技术、模型标定技术、数据转换技术、识别和合成技术等。

虚拟现实技术在旅游业中应用潜力巨大,主要可应用于虚拟游览、旅游场景再现、文物古迹展示、景区保护和旅游宣传促销等方面。

3. 计算机视觉

计算机视觉是一门研究如何使机器"看"的科学,更进一步地说,就是指用摄影机和电脑代替人眼对目标进行识别、跟踪和测量等机器视觉,并进一步做图形处理,使电脑处理成为更适合人眼观察或传送给仪器检测的图像。作为一门科学学科,计算机视觉研究相关的理论和技术,试图建立能够从图像或者多维数据中获取"信息"的人工智能系统。

计算机视觉包括图像处理和模式识别,除此之外,它还包括空间形状的描述,几何建模以及认识过程。实现图像理解是计算机视觉的终极目标。

计算机视觉的应用也非常广泛,主要应用于图像分析、指纹识别系统、票据鉴定系统、数字图书馆系统、金属分析检测系统、动态场景视频监控系统等方面。

4. 专家系统

专家系统就是像人类专家一样帮助人们决策的信息系统。由于人类专家的稀少和收费昂贵,加之计算机硬软件技术的提高,人们就想到利用计算机储存专家的知识和经验,并使其能像人类专家那样运用这些知识,通过推理,在某领域内做出智能决策。

专家系统通常由人机交互界面、知识库、推理机、解释器、综合数据库和知识获取六个部分构成。其中尤以知识库与推理机相互分离而别具特色。专家系统的体系结构随专家系统的类型、功能和规模的不同而有所差异。

近年来，专家系统技术逐渐成熟，广泛应用在工程、科学、医药、军事、商业等方面，而且成果相当丰硕，甚至在某些应用领域超过了人类专家的智能与判断。

5. 数据挖掘

数据挖掘（data mining, DM）又称数据库中的知识发现，是指从数据库的大量数据中揭示出隐含的、先前未知的并有潜在价值的信息的非平凡过程。数据挖掘是一种决策支持过程，它主要基于人工智能、机器学习、模式识别、统计学、数据库、可视化技术等，高度自动化地分析企业的数据，做出归纳性的推理，从中挖掘出潜在的模式，帮助决策者调整市场策略，减少风险，做出正确的决策。

数据的类型可以是结构化的，也可以是半结构化的，甚至可以是异构型的。发现知识的方法可以是数学的、非数学的，也可以是归纳的。最终被发现的知识可以用于信息管理、查询优化、决策支持及数据自身的维护等。

利用数据挖掘进行数据分析的常用方法有分类法、回归分析法、聚类分析法、关联规则法、特征变化和偏差分析法等，它们分别从不同的角度对数据进行挖掘。数据挖掘的常用技术包括人工神经网络、决策树、遗传算法、近邻算法、规则推导等。

旅游行业是一个信息密集型和对信息高度依赖的行业，要想从海量信息中高效率、低成本地获取有效信息，就必须依靠数据挖掘技术。

6. 智能控制

智能控制是由智能机器自主地实现其目标的过程。而智能机器则定义为，在结构化或非结构化的熟悉的或陌生的环境中，自主地或与人交互地执行人类规定的任务的一种机器。智能控制系统通过智能机器自动地完成其目标的控制过程，该智能机器可以在熟悉或不熟悉的环境中自动地或人机交互地完成拟人任务。

智能控制是以控制理论、计算机科学、人工智能、运筹学等学科为基础，扩展了相关的理论和技术，其中应用较多的有模糊逻辑、神经网络、专家系统、遗传算法等理论和自适应控制、自组织控制、自学习控制等技术。

智能控制的具体应用主要表现在先进生产、先进制造和服务的智能控制上。旅游行业是一个劳动力密集型的行业，引入先进的智能控制技术，可以大大降低人工成本，提高服务的经济性、敏捷性和准确性。

（四）与移动终端相关的技术

1. 蓝牙

蓝牙（bluetooth）是一种开放的短距离无线通信的技术规范，可在世界上的任何地方实现短距离的无线语音和数据通信,而且功耗低,成本低。它最初的目标是取代现有的掌上电脑、移动电话等各种数字设备上的有线电缆连接。蓝牙可连接多个设备,克服了数据同步的难题。由于蓝牙体积小、功率低,其应用已不局限于计算机外设,几乎可以被集成到任何数字设备之中,特别是那些对数据传输速率要求不高的移动设备和便携设备。

蓝牙技术在室内定位、追踪旅游者行李等方面效果显著,可以大大提高旅游品质,使旅游更加安全、舒适。

2. NFC（近场通信技术）

这是一种新兴的技术,使用了 NFC 技术的设备(例如移动电话)可以在彼此靠近的情况下进行数据交换,是由非接触式射频识别(RFID)及互连互通技术整合演变而来的,通过在单一芯片上集成感应式读卡器、感应式卡片和点对点通信的功能,利用移动终端实现移动支付、电子票务、门禁、移动身份识别、防伪等应用。

NFC 终端主要有三种工作模式。

（1）主动模式:在这个模式下,NFC 终端可以作为一个读卡器,发出射频场去识别和读/写别的 NFC 设备信息。

（2）被动模式:这个模式正好和主动模式相反,在这个模式下,NFC 终端则被模拟成一张卡,它只在其他设备发出的射频场中被动响应,被读/写信息。

（3）双向模式:在此模式下,NFC 终端双方都主动发出射频场来建立点对点的通信,相当于两个 NFC 设备都处于主动模式。

3. LBS

LBS 即基于位置的服务(location based service),它是通过电信移动运营商的无线电通信网络或外部定位方式(如 GPS,北斗系统)获取移动终端用户的位置信息(地理坐标或大地坐标),在 GIS(地理信息系统)平台的支持下,为用户提供相应服务的一种增值业务。它包含两层含义:首先是确定移动设备或用户的地理位置;其次是提供与位置相关的各类信息服务,简称定位服务。LBS 就是借助互联网或无线网络,在固定用户或移动用户之间完成定位和服务两大功能。

LBS 是基于手机定位来实现的,手机定位是通过特定的定位技术来获取移动手机或终端用户的位置信息,在电子地图上标出被定位对象位置的技术或服务。

目前常用的定位技术有 GPS 定位、北斗系统定位、基站定位、Wi-Fi 定位、IP 定位、RFID 定位、二维码定位等。

由于旅游活动的移动性和空间性特点,LBS 技术在行业应用中有其特殊价值,如在获取旅游者位置信息、旅游线路规划与导航、旅游智能导航、旅游景区车辆调度、旅游所在地产品和服务推荐等方面都有极高的利用价值,可保持旅游产业的高效率运行和旅游者的高体验价值。

4. 在线支付

在线支付是一种通过第三方提供的与银行之间的支付接口进行支付的方式,指卖方与买方通过因特网上的电子商务网站进行交易时,银行为其提供网上资金结算服务的一种业务。这种支付方式的好处在于可以直接把资金从用户的银行卡中转到网站账户中,汇款马上到账,不需要人工确认。它为企业和个人提供了一个安全、快捷、方便的电子商务应用环境和网上资金结算工具。在线支付不仅帮助企业实现了销售款项的快速归集,缩短收款周期,同时为个人网上银行客户提供了网上消费支付结算方式,使客户真正实现"足不出户,网上购物"。

网上预订、银联"闪付"、手机支付等新兴支付手段,可以满足旅游出行方式改变带来的多元化支付需求。例如,张家界景区根据旅游者个人的兴趣和需求,对旅游目的地的相关产品,如门票、景区交通等,进行定制服务、旅游预订、租用电子导游和获取《旅游目的地观光指南》等,并通过在线支付的方式进行消费。这种信息技术与旅游业发展的创新模式,弥补了目前团队旅游和自由行存在的缺陷,是 B2C 和 C2B 模式的完美结合。

四、当前智慧旅游存在的主要问题

智慧旅游从提出概念到现在,取得了不小的成绩,旅游行业兴起了智慧旅游建设热潮,但存在的问题也不容忽视。

(一)对智慧旅游缺乏正确认识

对于智慧旅游,还没有一个明确统一的概念,人们对智慧旅游的认识也是在摸索中前进。目前对于智慧旅游有两个极端的看法,阻碍了智慧旅游的发展和普及。一种观点认为智慧旅游技术高深莫测,价格昂贵,非一般旅游企业能够使用,因而对智慧旅游"敬而远之"的态度;另外一种观点对智慧旅游技术极力吹捧,认为智慧旅游是万能的,是灵丹妙药,可以解决当前旅游企业面临的一切问题。对于智慧旅游,我们要有一个科学的态度,既不过分夸大,也不宜产生敬畏心理。一种新技术能够普及的前提就是具有成熟性和亲民性,如果太复杂,成本太高,性价比低,必然被市场淘汰。另外,我们始终要明白任何时候技术只是一种手段,它主要是辅助企业进行科学决策,决不能代替决策,更不可能取代日常企业科学管理。

(二)建设目标不清晰

没有目标,就没有前进的方向。目前智慧旅游的建设目标还不清晰,也就没有明确的建设思路和建设方向。当前智慧旅游建设也是摸着石头过河,没有一个标准的典型案例。在智慧旅游建设过程中,某些地方出现跟风和炒作,盲目上马大工程、大项目,没有明确的自身定位,也未确定合理的建设目标,造成大量人力、物力、资源投入的浪费。政府监管部门要发挥职能作用,适时引导与调控。

(三)缺乏整体规划和标准化体系

智慧旅游的建设是一个涵盖多业态、多技术的系统工程,其内容复杂多样,涉及方方面面。总体规划、建设与运营方案、过程监控,每一个环节都需要指导性的规范,需要较大的资金、技术和人才投入,以避免重复建设和走弯路,避免各种资源的浪费。目前国内智慧旅游建设缺乏整体规划,缺乏对智慧旅游建设项目的宏观指导。

智慧旅游建设也还没有一套标准化体系,都还处于摸索之中。各种建设规范不完善,标准化体系也还没有建立,微观层面缺乏规则的约束,大家各行其是,系统之间缺乏兼容性和协调性,后期协同和共享存在很大的难题。

(四)重技术,轻管理

目前面对国内建设智慧旅游的热潮,作为主要投资者和建设者的政府,普遍陷入了"智慧旅游就是投重资,办项目,采用新技术,置办新设备"的认识误区,注重设备设施的投入,忽视管理流程再造;重视部门体系的建设,忽视社会资源的有效整合;重视增量设施的建设,忽视数据的共享和分享;重视内部管理,忽视服务环节。每一次行业新技术、新系统、新项目的上马,都会出现管理上的变革。如果只重视技术上的智慧,而忽视管理上的变革,忽视理念上、观念上的更新,那只是新瓶装老酒,发挥不了最佳效果。

(五)缺乏既懂技术又懂旅游的复合型人才

智慧旅游建设需要大量既懂得旅游业务,又懂得信息技术的复合型人才。有些旅游部门只有个别专职人员负责网络信息化建设,有些部门专人但不专职,有些是只懂技术不懂旅游业务,有些单位是由营销部负责,有些是由办公室负责,人员交叉使用等。社会上缺乏懂旅游又懂信息化,既能深刻理解旅游问题又对技术的前沿和技术应用把握得透彻的人才。我国旅游信息化,特别是智慧旅游的整合推进,迫切需要各高等院校高层次、更综合、更大力地推进解决复合型人才缺乏的难题。

第三节 旅游大数据

由于人类社会的发展与技术进步,人类社会生活网络结构的复杂化、生产活动的数字化、科学研究的信息化,人类进入大数据时代。为了帮助人们解释复杂的社会行为和结构,提高生产力,进而丰富人们发现自然规律的手段,大数据科学成为学界和业界关注的热点。

一、大数据及旅游大数据的概念

(一)大数据的概念

数据是人类记录现实世界万事万物的物理符号或物理符号的组合。数据包括图像、声音、文字、数字、字符和符号等。

对于何为大数据,目前没有一个公认的定义。"大数据"一词最早可以追溯到20世纪90年代。1997年,迈克尔·考克斯与戴维·埃尔斯沃思在美国电子电器工程师协会第八届可视化会议中发布的论文中首先使用了"大数据"一词。

对于大数据的定义可以从多个角度进行。

从技术能力的角度,麦肯锡认为大数据指的是规模超过现有数据库工具获取、存储、管理和分析能力的数据集,并同时强调并不是超过某个特定数量级的数据集才是大数据。

从大数据内涵的角度,NIST在《大数据白皮书》中提及大数据是具备海量、高速、多样、可变等特征的多维数据集,需要通过可伸缩的体系结构实现高效的存储、处理和分析。

英国牛津英文字典定义大数据就是数量非常大,通常会给操作与管理带来显著挑战的数据。

维基百科定义大数据就是一种能力,该能力使用信息来发现有价值的洞见或商品,以及有显著价值的服务;也或者是那种在小规模数据下不能够达成,但是在大数据这种情况下能达成的发现、见解和创造新价值。

综上所述,所有大数据的定义都从三个角度进行描述。

1. 大数据是什么?

这是对大数据本质属性的描述,无论相对还是绝对,大数据的量级都很大,种类都很多。

2. 大数据有用吗？

这是对大数据目标属性的描述，大数据一定是有用的，数据交叉复用一定会带来价值，这是一种信念、一种期待。

 3. 大数据如何用？

这是对大数据技术属性的描述，大数据是一种富集、整合、分析数据的手段。

（二）大数据的特征

美国 IBM 公司提出大数据的 5V 特征，得到业界广泛认可，这 5V 特征具体如下。

 1. 体量（Volume）大

2003 年，人类第一次破译人体基因密码时，用了 10 年才完成了 30 亿个碱基对的排序；而在 10 年之后，世界范围内的基因仪 15 分钟就可以完成同样的工作量。

 2. 种类（Variety）多

随着传感器、智能终端以及在线社交协作技术的飞速发展，组织中的数据也变得更加复杂，因为它不仅包含传统的关系型数据，而且包含来自网页、互联网日志（包括点击流数据）、搜索索引、社交媒体、电子邮件、文档文件、音视频文件各种传感器数据等原始、半结构化和非结构化数据。

 3. 速度（Velocity）快

所谓"1 秒定律"指的是如果不能在秒级时间范围内给出分析结果，数据就会失去价值。而对于大数据来说，这里的快不仅仅指实时进行数据处理和结果展示要求数据处理速度快，而且包含数据产生速度快的特点。有的数据是爆发式产生的，例如，欧洲核子研究中心的大型强子对撞机在工作状态下每秒产生 PB 级的数据；有的数据是涓涓细流式产生的，但是由于用户众多，短时间内产生的数据量依然非常庞大，例如，互联网点击流、电商平台日志、射频识别数据、GPS（全球定位系统）位置信息等。

4. 价值（Value）大、密度低

数据价值密度相对较低，却如浪里淘沙又弥足珍贵。随着互联网以及物联网的广泛应用，信息感知无处不在，信息海量，但价值密度较低，如何结合业务逻辑并通过强大的机器算法来挖掘数据价值，是大数据时代最需要解决的问题。

5. 真实性（Veracity）难确定

数量大导致数据的准确性和可信赖度难以判定，数据质量良莠不齐。大数据包含大量的噪声，噪声是没有价值的。信噪比越高的数据，真实性越高。从可控的行为中获取的数据，常常比通过不可控行为发布获取的数据拥有更少的噪声。

（三）旅游大数据的定义

旅游研究根植于旅游现象自身的规律，同时汲取其他相关学科丰富的营养。基于上述大数据的定义与理解，以及社会与技术发展的阶段性特征，旅游大数据既指旅游领域中那些"样本＝总体"的全数据集，又指那些利用常用软件工具捕获管理和处理数据所耗时间超过可容忍时间的数据集。

在该旅游大数据定义下，旅游大数据的范畴包含旅游行业企业、部门、单位运行直接产生的数据（包括各类景区、酒店、旅行社、旅游主管部门、行业协会等信息系统产生的数据），旅游相关行业和领域的数据（交通、气象、环境、人口、规划等涉旅数据），旅游者行为数据（GPS轨迹、移动通信手机信令、互联网浏览、点击、查询等行为数据），以及来自公共与社交媒体的旅游舆情数据（微博、微信、论坛、广播电台等提供的文字、图片、音视频等数据）等。

（四）旅游大数据的特征

旅游大数据是大数据的分支，所以大数据具有的特征，旅游大数据也天然继承，即旅游大数据也具有5V特征，即体量大、种类多、速度快、价值大、密度低以及真实性难确定等特征。

当然，由于旅游业的特殊性，旅游大数据也有自身的特征。

1. 时空性

旅游活动的开展离不开空间区域的依托，同时旅游活动又有历时性的时间特征，因而时空性是旅游活动的基本属性。旅游大数据中反映旅游活动的数据具有时空性。旅游大数据的时空性在时间尺度上可以短到对一些节事或涉旅事件的追踪，比如一位旅游者的一次旅

行等;也可以长到目的地或景区的变迁。在时间粒度上,基于数据采样设备的能力,如存储、传输及计算速度,旅游大数据包含了具有不同时间粒度的数据。

2. 多尺度与多粒度性

描述旅游活动的旅游大数据除了具有时空属性外,还有地理尺度和粒度属性。旅游活动跨地理空间,地理尺度可以小到景区景点的游道、城市街区,大到方圆数千平方千米的城市、区域等;数据采集粒度既可以精确到米级,也可以景区、区县、地区、省等为单位。

3. 节律性

由于旅游活动具有明显的节律性,如某些季节依赖性较强的自然或户外娱乐景区,十一黄金周、五一小长假和工作日、周末的旅游活动在量上具有明显的差距,所产生的数据量也具有节律性的变化。

二、旅游大数据的兴起及发展现状

2019 年中国旅游研究院等机构在《中国旅游经济蓝皮书 No.11》中公布,2018 年全年国内游客达 55.4 亿人次,预计 2019 年国内旅游人数将达 60.6 亿人次。大行业需要大数据支撑,旅游业将是大数据应用前景最广阔的行业之一。智慧旅游时代的到来除了促进云计算、物联网、移动智能终端等信息通信技术在旅游业的发展之外,也正好迎合了大数据在旅游业的发展。大数据的价值从不在于"大",而是在于其使用范围的宽广、应用的多样。它贴近消费者、深刻理解需求、高效分析信息并做出预判。旅游大数据可以进行旅游者属性分析、旅游者行为分析、旅游景区或目的地的偏好度分析,以及景区或目的地流量预测等。通过这些分析,能够有效促进旅游目的地的智慧化发展,推动旅游服务、旅游营销、旅游管理的变革。首先,在旅游管理方面,国内各大运营商及互联网公司,通过 LBS 定位及手机信号定位,实现对景区及重点区域内的旅游者人流、车流密度的监测及预警,同时基于网络文本数据的挖掘,实现对旅游目的地舆情监测及预警;其次,在旅游者服务方面,基于对旅游产品、旅游线路的数据挖掘、分析,实现对旅游者旅游资讯及旅游产品信息的精准推送;最后,在旅游营销方面,通过对不同用户属性信息及用户兴趣偏好等数据的挖掘分析,指导旅游目的地精准营销。

基于不同地域旅游大数据的发展速度和运用能力的差异,可以将旅游大数据分为以下四个流派:报告/指数派、数据中心(展厅)派、云服务派、大数据解决方案派。

(1)报告/指数派:即以数据报告或者数据指数为主要表现载体,主要由国家文化和旅游部或者行业购买的报告,利用互联网第三方数据的整合,作为国家文化和旅游部的外部数据验证、决策支撑、内部报告的数据。这样的数据定制化程度较高,且更具有权威性。

(2)数据中心(展厅)派:即依赖于数据中心或者展厅展现数据的流派,其硬件部分主要由 IDC(Internet Data Center,互联网数据中心)机房和大屏幕展示中心组成,数据部分主要来自交通、公安、旅游局等单位以及外部数据。这类数据一般由省一级文化和旅游厅构建,为省域市、县的文化和旅游行政机构提供相关服务。

(3)云服务派:即以数据云服务作为主要体现形式的流派,该流派主要基于公有云提供旅游行业大数据服务,以供相关机构以账号形式购买该服务,为机构使用。以云服务提供大数据服务,具有标准化程度高、价格相对便宜、数据更新周期较短等优点,但由于云服务是以多组用户共用数据中心的单一系统,其存在数据相对单一的缺点。

(4)大数据解决方案派:即以大数据解决方案作为主要体现形式的流派,该流派主要提供基于大数据的实际解决方案,真正从数据中得到最终的价值服务。大数据解决方案的流派要求对业务非常熟悉,并能定制化解决实际问题,并且对方法、算法、处理能力要求较高,如商业选址、人流预警、线路规划等。

随着大数据的发展,行业内对大数据的应用逐渐广泛,并出现了专门提供大数据服务的数据平台和相关机构,基于提供大数据服务的各类单位,可以对不同的机构进行以下分类。

一是有数据的机构,如 BAT、OTA、微博、今日头条、喜马拉雅等互联网公司;二是有数据集成能力的机构,这类机构的代表有 IT 集成商,如软通动力、启迪数码、华胜天成等;三是有行业需求但无数据的机构,这类机构的代表有旅游咨询公司,如艾瑞、旅游规划公司等;四是有研究方法、无数据的机构,如科研院所及高校科研机构。

三、旅游大数据的类型

体量大、种类多是大数据的主要特征。基于上述旅游大数据的定义,对旅游大数据进行多视角类别划分,能够帮助我们更好地认识大数据、理解大数据。

(一)按产生数据的主体进行分类

1. 旅游 UGC

用户生成内容(user-generated content,UGC)也被称为用户创造内容(user-created content,UCC)。UGC 目前还没有一个统一的定义,维基百科认为用户生成内容是指以任何形式在系统或服务上由用户创造的被公开的内容。赵宇翔认为 UGC 泛指以任何形式在互联网上发表的由用户创造的文字、图片、音频和视频等内容。

经济合作与发展组织(OECD)对 UGC 的"用户"和"内容"进行了进一步的界定,认为UGC 包含三个特征:一是互联网上公开可用的内容,即 UGC 不仅被用户创造,还要公开在公共网站或社交网站发表;二是内容具有一定的创新性,简单的复制粘贴并不是严格意义上的 UGC；三是内容由非专业人员或权威人士创作，其创作没有商业机构或特定组织的介入。

上述 UGC 定义中的用户如果是旅游者，则这类 UGC 就是旅游 UGC，是目前旅游大数据的重要组成部分，也是旅游研究者开展旅游大数据研究的重要内容。

目前主要的旅游 UGC 内容包括以下几个方面。

(1) 旅游在线评论。

在线评论是随着互联网的发展，特别是 Web 2.0 思想的深入人心而出现的一种特殊的口碑类型，被称为电子口碑。在 Web 2.0 时代，越来越多的旅游者通过网络分享、评论其对旅游产品和服务的购买体验，表达自己的观点和感受。旅游在线评论作为一种不同于传统问卷、访谈等研究方法所获取的，反映旅游者对产品体验和评价的丰富数据源，被用于研究接待与旅游的许多问题，如旅游者满意度、服务质量评价、旅游目的地形象等。目前，中文旅游在线评论较多的网站有携程旅行网、马蜂窝、大众点评、猫途鹰等，英文旅游在线评论以猫途鹰(Tripadvisor)、亿客行(Expedia)为主。

(2) 旅游博客。

有关旅游的博客(blog)涵盖旅游资源、旅行游记、购物美食、地方特产等方面的信息及体验。目前国内的门户网站，如新浪、搜狐、网易等都有博客平台，每个博客平台都设有旅游板块。其中，以新浪的旅游博客最受关注。

从技术角度看，相对于旅游在线评论的短文本，旅游博客作为一种长文本，在数据处理与分析上占有一定优势，因此被较早地用于旅游营销方面的研究。

(3) 旅游微博。

微博是微型博客(microblog)的简称，是一种通过关注机制，分享、传播及获取简短实时信息(包括标点符号在内共 140 个字)的广播式社交网络平台。与博客相比，微博更能体现时效性，更能表达出"此时此刻"的想法和最新动态，而博客则更偏重于表达作者在一段时间内的所见、所闻及所感。目前国内公众认知度较高、用户基数较大的微博平台主要是新浪微博、搜狐微博和网易微博，国外则是 Twitter。

旅游微博是指微博的内容与旅游相关，如旅游公众号发布的内容，或者微博的作者作为旅游者发表的与旅游相关的内容，或者其进行了微博签到产生了签到数据。由于微博是一个开放平台，它受到了研究者的广泛关注，如基于 Twitter 的旅游情感挖掘，基于新浪微博签到数据和微博内容发现热点区域及热点主题等。

(4) 旅游攻略。

旅游攻略是一种描述自己的旅游行程，为其他要去同一个目的地的旅游者提供帮助信息的游记。旅游攻略一般会提供旅行时间、目的地景点、交通、饮食、住宿等各方面的充分信息。随着我国旅游者散客化的趋势，旅游攻略成为自助行旅游者进行旅游规划时必然要查看的重要信息。目前，我国的许多旅游在线服务商网站都提供发表旅游攻略的平台，如马蜂窝、驴妈妈旅游、携程旅行网等。

(5) 旅游图片。

随着互联网、Web 2.0 及移动通信的发展，大量旅游者将旅行中拍摄的旅行照片分享到社交媒体上。这些社交媒体除了博客、微博、微信等社交媒体平台外,还有专门的图片分享网站,如 Flickr、Panoramio、Instagram 等。其中,Flickr 是全球最具有影响力的图片分享网站,提供免费及付费照片的存储和网络社群服务,汇集了全球旅游者大量的旅行照片。由于 Flickr 的用户数量多,照片量大,且开放 API 接口,目前大多基于旅游图片分享网站的研究都面向 Flickr。继旅游 UGC 中的文本成为研究热点之后,旅游图片正在逐渐受到研究者们的重视。

(6)旅游视频。

旅游视频包含以营销为目的的旅游宣传片,以及旅游者自己录制并上传的旅游视频。按照旅游 UGC 的严格定义,以营销为目的的旅游宣传片不属于旅游 UGC 的范畴。从旅游大数据研究的视角看,旅游宣传片是不容忽视的表达旅游产品、服务、目的地或政府试图向外宣传的内容,因而也应是旅游大数据需要关注的数据源。无论是旅游宣传片,还是旅游者自己录制的视频,都需要依托视频网站进行发布或分享。目前国内较为广泛使用的视频分享网站有优酷网、腾讯视频网等,国外被广泛使用的是 YouTube,其中,优酷网和腾讯视频网都有旅游板块。

 2. 涉旅政府、企事业单位的自有数据

(1)政府数据。

旅游政策数据、旅游统计数据(如投入产出表、各类普查数据、统计年鉴等)、旅游法律法规数据、旅游行业数据(如行业资源、地理空间、行业管理、企业诚信、导游资历、出入境团队数据等)、政府共享涉旅数据(如公安、交通运输、社保、海事、水务、商贸、文体、环保、国土资源城乡建设、农业、林业)等。

(2)旅游企事业数据。

旅游企事业单位的各种企业报表(如企业基本情况表、财务报表等),及其信息系统产生的数据(如旅游电子商务公司的旅游者消费、交易及其网站或手机 App、微信公众号的旅游者浏览数据等)。

(3)其他行业的旅游相关数据。

这包含交通、航空、电信、气象等相关行业的涉旅数据,以及互联网等企业中的涉旅数据等。如电信运营商的旅游者手机信令数据、手机 GPS 数据,移动应用运营商掌握的旅游 App 使用数据,谷歌、百度、垂直搜索等搜索引擎中的旅游者搜索行为数据等。

 3. 机器生成的数据

旅游企事业单位机器、设备等产生的数据,如应用服务器日志数据、各类传感器数据、图像和视频监控数据、二维码和条形码扫描数。

（二）按数据结构进行分类

 1. 结构化数据

结构化数据遵循一个标准一致的数据模型。数据模型是数据表达和组织的方式，不同的数据模型需要不同的数据管理系统。目前最主流的数据模型是关系型数据模型，它由一系列二维表构成，一个二维表也被称为一个关系。每个二维表都有确定的列、行、关键字及约束定义。每一列的数据必须是相同的数据类型，可以是数字型、字符串型、日期及二进制大型对象等，表的数据类型构成数据的属性集。遵循关系型数据模型的数据存储在关系型数据库中，可以通过 SQL 语言查询。因此，目前结构化数据通常存储在关系型数据库中。

在旅游企事业单位的各种信息系统，如酒店管理信息系统、旅行社管理信息系统、旅游电商平台系统、旅游企业 ERP 系统、旅游交通信息系统等应用系统中存储及频繁产生的数据都属于结构化数据。

 2. 非结构化数据

非结构化数据不遵循统一的数据模型，其数据一般无法用确定的数据属性集定义，因而具有非常自由的数据表达方式。典型的非结构化数据包含图像、视频及音频数据等，以原始文件或非关系型数据库的形式保存（如果需要将某些非结构化数据存储在关系型数据库中，则通常会以二进制大型对象的数据类型存储）。

NoSQL 数据库作为一个非关系型数据库，能够用来同时存储结构化和非结构化数据，目前被广泛应用于非结构化大数据的存储与管理。非结构化数据不能被直接处理或者用 SQL 语句查询。据估计，企业获得的数据有 80% 左右是非结构化数据，并且其增长速率要高于结构化数据；而大数据中 80% 的数据属于广泛存在于社交网络、物联网、电子商务等领域的非结构化数据，如互联网上的图片或是微信上的语音、摄像头采集的视频等。

存储和处理非结构化的数据通常需要用到专业的技术。例如，音视频流是经过数字化处理并能够通过某种方法还原的音频或视频数据，通常需要较为复杂的算法才能从中提取所需要的信息，比如，放映一部视频需要正确地编码和解码。互联网上的文本和图片需要通过特定的网络协议才能获取到。旅游大数据中的非结构化数据包括所有格式的办公文档、文本、图片、各类报表、图像和音频、视频等数据。

 3. 半结构化数据

半结构化数据介于结构化数据与非结构化数据之间，其数据在形式上具有确定的属性集定义，但同一个数据集中的不同数据可以具有不同的属性集。半结构化数据具有形式上的规范格式,因此可以通过某种方式解析得到其中的每项数据;同时,又由于它不强制属性集的一致性,数据具有较好的可扩展性。常见的半结构化数据有日志数据、超文本标记语言(HTML)数据、JavaScript 对象表示数据、可扩展标记语言(XML)数据、资源描述框架(RDF)数据,以及传感器数据等。半结构化数据常需要特殊的预处理和存储技术。

在半结构化数据中,还有一类主要产生于物联网(如各类网络监控、传感器设备)的流数据,其以数据流的形式持续不断地产生具有确定格式的数据,其特点是已经产生的数据无法再现,除了数据处理算法在内存中保存的一部分外,无法重复获取之前的数据记录,对数据的获取和访问存在先后顺序。

此外,还可以按数据来源,将其划分为涉旅互联网公司数据、电信金融保险数据、交通数据、地理气象数据、政务数据和其他传统行业数据等;也可以按照数据产生和变化的频率,将其划分为基础数据、历史数据和实时数据等。

四、旅游大数据的应用①

(一)旅游大数据管理

1. 旅游行政管理机构对大数据的应用

(1)旅游客流的动态监测。

旅游客流的动态监测是指通过对运营商数据、互联网数据和景区票务数据等景区游客流数据进行分析,在平台上展示景点日游客量、瞬时游客量、游客量峰值、历史数据等数据信息,实现统计分析、预测预警等操作,以对旅游者进行科学的分流引导,帮助景区管理单位对景区的监管进行决策辅助。旅游者可以通过各景点的实时游客量信息主动选择较为空闲的景点进行参观,获得更好的旅游体验和旅游感知,增强旅游的满意度,同时间接保障旅游者在旅游过程中的生命财产安全。

(2)旅游产业监测与分析。

旅游产业体量庞大,对国民经济发展具有重要的作用,其具有三大动力效应:直接消费动力效应、产业发展动力效应和城镇化动力效应。在此过程中,旅游产业的发展将会为区域带来价值提升效应、品牌效应、生态效应和幸福价值效应,能够极大地推动某个地区的发展。为保证旅游产业健康发展,对旅游产业的监测与分析便成为非常重要的环节。

(3)旅游者消费行为分析。

旅游者是旅游活动和旅游现象的主体。研究旅游者的消费行为特征,对于指导旅游企

---

① 邓宁,牛宇.旅游大数据:理论与应用[M].北京:旅游教育出版社,2019:103-149.

业的经营决策以及启发政府主管部门的管理思路,具有重要意义。庞大的数据可以为旅游者消费行为分析提供强大的数据支撑,从而为旅游企业及政府部门提供全面、客观的参考依据。

(4)基于旅游者视角的旅游资源评价。

旅游资源的评价维度多种多样,评价体系也不尽相同。在以往的旅游资源评价体系当中,我们通常按照旅游资源分类体系对旅游资源单体进行评价,并且通常是依据"旅游资源共有因子综合评价系统"进行赋分,评价项目为资源要素价值、资源影响力及附加值。由此可以看出,目前的评价体系基本上是由旅游专业评价人员对旅游资源进行综合性的评价,较少注意旅游者的体验与意见。相比之下,评价专家多数是研究旅游资源的价值与存在的意义,而旅游者是体验旅游资源,感受旅游资源存在的意义。专家的意见是专业权威的,但是旅游者的评价更加真实、有代表性,能带给其他旅游者更多的参考。

 2. 旅游景区对大数据的应用

(1)基于口碑大数据的旅游景区网络形象评价研究。

随着移动数字媒体的普及,越来越多的旅游者热衷于在互联网分享自己的经验经历以及看法,这就产生了大量的 UGC 评论数据,这些数据在很大程度上影响了其他旅游者对某个景区的看法。消费者的口碑影响着景区的形象,也推动着景区产品及服务质量的提升。因此,网络口碑被认为是旅游景区评定的重要指标之一。景区只有不断强化与网络口碑的融合发展,才能在互联网营销新潮流中立于不败之地。

(2)旅游景区客流与承载力监控。

旅游承载力也称景区旅游容量,是指在不破坏旅游资源的物质和空间规模的情况下,景区所能容纳的人力物力的最大容量。对景区的游客流和承载力进行监控是可持续发展的必然要求,大数据平台的建立使实现这一目标成为可能。

(3)精确控制旅游者排队等待时间。

大数据平台的建立不仅可以应用于网络评论大数据的提取和景区游客流与承载力监控,使景区更好地管理与完善,而且可以应用于更加贴近旅游者生活的一面,如排队时间的精准控制。近年来,中国旅游业蓬勃发展,由于旅游资源丰富等自然条件及国民经济水平提升等客观因素,每逢节假日,各大景区车水马龙,旅游者众多,排队现象十分常见。大数据的发展为排队等待时间的精准控制提供了可能。

 3. 旅游饭店对大数据的应用

(1)旅游饭店口碑管理。

口碑是指消费者在消费过程中对某公司或者商家产生的印象或看法。互联网时代,人们可以随时随地分享自己旅行过程中的经历与体验,这些信息能够在短时间内广泛传播并产生影响。因此合理的口碑管理对企业与公司的发展起着不可估量的潜在作用。及时、高效、精准、全面地了解互联网庞杂的点评信息,捕获、分析用户体验,对于旅游饭店行业非常重要,这也促进了专业的口碑管理服务商的出现。

(2)旅游饭店动态定价。

动态定价是指根据市场对产品的需求以及顾客的购买力来对产品进行实时定价。航空公司大多采用市场细分与限量配给策略,对不同价位、不同种类的机票实行限量配给制,并通过需求形态分析,不断修正定价策略,从而实现不同渠道间收益的最大化,这就是动态定价。实行动态定价制度对于酒店利润的提升有直接影响。旅游淡旺季直接影响酒店的入住率,为了实现利润最大化,酒店可以通过动态定价策略对商品进行动态定价。

互联网的发展推动了如今商家定价模式的转型。许多企业从传统的定价模式转变为依托以往数据与经验进行的动态定价模式。市场竞争日益激烈与客户细分越来越精确要求企业采用动态定价模式来达到自身收益的最大化。在这方面,航空公司的动态定价做得比较好,而国内旅游饭店在动态定价方面仍然处于一个比较滞后的状态。

◇ 知识活页8-3

拓展阅读:大数据让旅游更智慧

二维码 8-3

(二)旅游大数据营销

1. 用户画像的定义

用户画像即用户信息的标签化,是真实用户的虚拟代表。在大数据时代背景下,用户信息散布在网络中,用户画像将用户的具体信息(如社会属性、生活习惯、消费行为等)抽象成标签,再利用这些标签将用户形象具体化,从而得到户标签化的虚拟代表。

通过用户画像,旅游管理者能以更加多元化、精细化的方式了解潜在旅游者及其需求,从而为其提供更有针对性的服务。

2. 用户画像的数据来源

用户画像常用的数据来源主要有以下几种。

(1)移动运营商:中国移动、中国电信等移动运营商有着海量用户基础,当用户手机连接移动网络时,移动运营商可以获得用户的各种数据,包括但不限于手机号、地理信息等。

(2)互联网平台:腾讯、阿里等作为互联网巨头有着庞大的用户群体。

(3)OTA平台:携程旅行网、马蜂窝等在线旅行社。

(4)以研究报告形式发布的数据信息:艾瑞咨询、易观智库等。

(5)官方发布的数据:国家数据、旅游研究院等。

3.旅游大数据营销的优点

(1)基于大数据实现精准营销。

对于景区而言,结合景区文化、价格、推广渠道等多种类别进行人群确定,然后基于用户标签选择目标用户和营销方式,增加营销成功率,降低营销成本;对于企业而言,分析用户的消费行为,有助于进行精准投放。比如在用户购买前往某城市的车票或机票后,立刻向他推荐该目的地城市的酒店及接送车辆服务,用户订购酒店与接送车服务的概率会大大增加,并且这类主动推荐一般不会招致消费者的反感。

(2)基于大数据实现个性化推荐。

以OTA(Online Travel Agency,在线旅游服务)平台为例,每个人的消费需求和习惯不同,在后台的用户画像便不同,因此每个人打开页面时所看到的内容商品也存在差异,即使人们搜索同一主题,所看到的信息顺序也会有所不同。例如,后台能通过用户画像检测到一位用户是多孩家庭,无须用户主动搜索,其租车首推的就是家庭车,还有游乐园家庭套餐等优惠。这种更主动、更贴心的服务,不但可以促进商品的销售,而且可以提升用户体验,增加用户对平台的好感度。

(3)基于大数据实现定制服务。

定制服务能方便企业更好地为用户提供产品和服务。越来越多的人已经不再满足于传统的跟团旅行了,以中青旅旗下的定制旅游公司中青旅耀悦为例,其通过中青旅本身强大的客户源群体,依靠旅游大数据分析工具,在旅游大客户的挖掘和旅游大客户兴趣的分析上占据了优势。定制服务可以让企业的服务更贴心,拉近企业和用户之间的距离。

(4)基于大数据的分析与挖掘。

它是指通过关联分析、聚类分析、分类、预测、偏差分析等方法,将海量杂乱无章的数据整理成有价值的信息,为企业的发展以及营销决策提供科学合理的依据。对于旅游业而言,旅游营销有着一定的特殊性,因为任何一次出游都是食、住、行、游、娱、购多种要素的组合,这也就意味着一次完整的旅游是由多个单独的产品组合而成的,那么通过关联分析研究产品之间的有机组合对企业营销有着重要的意义。

(5)基于大数据的营销效果评估。

通过大数据的分析研究,对营销效果进行分析和评估,如投放点击率、推荐购买率等,判断营销是否有效,找出其中的不足与偏差,能为以后的营销提供更为有益的参考。以旅游酒店为例,先运用智能语音分析与理解技术,整合全球主流点评网站用户数据和酒店经营数据,将点评变为酒店的营销利器,可以改善用户满意度并提高收入。

旅游大数据在用户画像方面的应用,能够帮助企业对用户进行精确分析,推测其购买需求,继而有目的、有方向地进行针对性营销,提高营销成功率。

4. 旅游大数据营销的弊端

(1)旅游大数据质量难以保证。

从海量数据中提取出隐含在其中的有价值的信息是十分复杂的,是个"大浪淘沙"的过程,通常包括数据理解、数据收集、数据整理、数据建模、数据评估等多个阶段。旅游大数据的"大"是指全体样本,而非单指数据量大。在庞杂的数据中充斥着大量无效的干扰性数据,如何去粗取精、去伪存真是大数据给营销变革带来的挑战之一。

(2)旅游大数据人才匮乏。

除了旅游大数据质量难以保证之外,旅游大数据人才缺乏也是旅游大数据营销发展的短板所在。截至 2015 年,全球新增 440 万个与大数据相关的工作岗位,这些岗位需要的是复合型人才,而既懂旅游又掌握大数据技术的复合型人才是市场稀缺资源。这就需要国家层面和高等院校把旅游大数据人才培养提到一个战略高度。

(3)旅游大数据管理复杂。

旅游大数据的一个重要特征就在于其复杂性,包括数据量大和来源广泛两个方面。旅游大数据的快速增长对存储空间、数据压缩技术、能源消耗提出严峻的挑战。如何更好地管理和利用旅游大数据资源已成为业界普遍关注的问题,数据管理方式上的变革亟待突破。

(4)旅游者隐私频遭泄露。

互联网时代,在线活动与在线交易不断增多,用户数据与隐私泄露事件时有发生,网络安全威胁更为严峻,一方面,数据挖掘可以被企业有效利用,增强营销活动的精准度,提升营销效率;另一方面,如果大数据缺乏有效监管,用户数据被不法分子利用,将会带来严重的危害与财产损失。因此,大数据营销伦理及法制问题不容忽视。

(三)旅游大数据服务

 1. 基于 UGC 数据的旅游活动开始前服务

在旅游活动开始前,利用大数据可以深入了解旅游者的需求,高效地分析信息并做出预测,有很多产品利用大数据帮助旅游者在旅游前做出理想的旅游计划,贴近旅游者,起到帮助旅游者做出决策的作用。

旅游 UGC 指旅游用户原创内容,是用户使用互联网的一种新的方式。伴随着互联网的发展,旅游用户不仅是网络内容的浏览者,而且是网络内容的创造者。旅游用户把自己创造的内容通过微博、QQ、博客、论坛、贴吧等渠道分享到网络平台上或者提供给其他用户,形成了一种多、广、专的局面,海量的数据提供了大量有效信息。

现在随着时代发展,越来越多的旅游者厌倦了传统的出行方式,喜欢自己选择路线、规划出行方案,然后随心上路。但是旅游者在出行前往往会花费大量的时间选择出行目的地,做决策更是一个非常复杂、漫长的过程。浏览各种各样的旅游 App,收集五花八门的攻略,选择出行的交通方式,思考各种要素组合如何做到经济实惠、如何减少时间决策成本,都是旅游者出发前要考虑的问题。此外,目的地选择困难症和不能及时获取所需信息都是旅游者的痛点。想要来一场说走就走的旅行,并不是那么容易实现。

旅游企业通过对大数据的分析,可以了解到旅游者的个人需求、偏好和购买行为,从而可以根据旅游者的差异性为他们提供有针对性的服务,在尊重和保护他们个人隐私的前提下,帮助旅游者做好旅游决策。

2. 基于大数据和 AI 的旅游活动过程中服务

随着互动终端的普及和进步,智慧旅游服务的技术手段也越来越多样化,它们可以提供一系列食、住、行、游、购、娱等贴心的旅游服务,提升旅游者在旅游过程中的体验满意度,让旅游过程变得更加有意义。在旅游过程中,旅游者需要及时查询订购信息、订购产品、导览以及目的地的信息导览等。而基于大数据的旅游过程体验服务,一方面可以帮助旅游者随时查询所需要的信息,另一方面可以提供智能导览服务,节省旅游者的时间,帮助旅游者进行决策。

AI 研究的一个主要目标就是使机器来完成一些原本需要人类的智慧才能完成的复杂工作,旅游行业通过 AI 技术可以有机地整合现有的呈割裂状态的旅游行业应用系统,利用大数据来有效处理、充分利用丰富的旅游信息资源,在旅游途中为旅游者带来便捷、完美的旅游体验。在旅游者旅游途中,AI 可以通过旅游信息推送、自助导览功能、标识识别软件和智能语音助手等服务为旅游者带来智能化的旅游体验,促进智能旅游的发展。

在旅游途中,可以借助大数据和 AI 技术将旅游目的地的信息进行抓取和排名,对旅游者进行个性化的分析,进而将最相关的景点信息和个性化推荐介绍给旅游者。当旅游者参观完一个目的地之后,根据旅游者所处的地点、时间、预算等进行下一个景点的建议,通过更加智能化的旅游语音助手,为旅游者提供语音问答、翻译、预订服务,而且专业的翻译软件可以为出国旅游者提供更多的便利,提升旅游者的体验满意度。

3. 基于口碑大数据的旅游活动结束后服务

旅游大数据为旅游者在旅游过后分享自己的旅游经历提供了多样化的途径,旅游过后,旅游者可以在旅游网站等互动平台上通过图片、视频、游记等形式分享体验,并与其他用户进行交流,同时向网站运行主体提供反馈,以便它们改进服务质量。这些旅游记录不仅是旅游者切身的感受,而且为后来者提供了参考和借鉴,以图片、游记、视频等形式存在的评论也就形成旅游者对目的地的口碑,具有强大的说服力。一般来说,旅游者既是信息的传播者,也是信息的接受者,他们可以发表评价,也可以在评价网站上浏览查看相关信息,这些信息有时候会影响他们的决策,进而会影响到整条供应链。而且,这些评价和看法都是不带商业色彩的用户原创内容,是基于旅游者内心感受和自我体验得出的真实想法,其可信度相对较高。

另外,基于口碑大数据的游后反馈机制,能够有效联动运营商和旅游者,优化流程,降本增效,使运营商的营销更加有针对性,通过旅游者的反馈来改善自己的服务,满足旅游者的个性化需求,提高旅游者的旅游体验满意度。而且,这些评价网站能够根据旅游者的评价和分享的信息进行有效整合,为其策划相关产品和服务提供参考。

◇ 思考与练习

一、填空题

1. 要理解旅游信息化的内涵,必须从_____、_____、_____、_____以及旅游电子政务和旅游信息化法律法规五个方面展开。

2. 物联感知层的感知方式按照感知信息和感知节点的不同,可分为以下四类:_____、_____、_____、_____。

3. 三网融合是指_____、_____、_____三个网络层面互联互通,业务层相互交叉融合,为用户提供多媒体化、个性化的信息服务。

4. 智慧旅游的支撑体系包括_____、_____、_____和_____四方面的内容,是智慧旅游建设的基础支撑和重要保障。

5. 美国 IBM 公司提出大数据的 5V 特征是_____、_____、_____、_____、_____。

6. 按数据结构进行分类,旅游大数据可分为_____、_____、_____。

二、名词解释

1. 旅游信息化
2. 智慧旅游
3. 旅游大数据
4. 用户画像
5. 旅游 UGC

三、简答题

1. 简述中国旅游信息化的发展趋势。
2. 简述智慧旅游的框架结构。
3. 简述旅游大数据的一般特征和特有特征。
4. 简述旅游大数据的主要类型。
5. 简述旅游大数据的主要应用领域。
6. 简述旅游大数据营销的优势和挑战。

四、实训题

结合本章学习,讨论旅游与信息技术结合的利与弊。

◇ 本章知识链接

[1]李嵘等.旅游信息化导论[M].北京:中国旅游出版社,2016.

[2]李嵘.旅游大数据研究[M].北京:中国经济出版社,2018.

[3]钟栎娜,邓宁.智慧旅游:理论与实践[M].上海:华东师范大学出版社,2017.

[4]邓宁,牛宇.旅游大数据:理论与应用[M].北京:旅游教育出版社,2019.

[5]金振江,宗凯,严臻,等.智慧旅游[M].2版.北京:清华大学出版社,2015.

第八章 案例、思考与练习 参考答案

参 考 文 献

[1] ［澳］盖尔·詹宁斯.旅游研究方法［M］.谢彦君,陈丽,译.北京:旅游教育出版社,2007.
[2] ［澳］尼尔·沃恩.饭店营销学［M］.程尽能,等译.北京:中国旅游出版社,2001.
[3] ［法］罗伯特·朗卡尔.旅游及旅行社会学［M］.蔡若明,译.北京:旅游教育出版社,1989.
[4] ［美］爱德华·因斯克谱.旅游规划:一种综合性的可持续的开发方法［M］.张凌云,译.北京:旅游教育出版社,2004.
[5] ［美］查尔斯·R.戈尔德耐,J.R.布伦特·里奇,罗伯特·W.麦金托什.旅游业教程［M］.8版.贾秀海,译.大连:大连理工大学出版社,2003.
[6] ［美］戴维·L.奥尔森等.饭店与旅游服务业战略管理［M］.徐虹,王妙,主译.天津:南开大学出版社,2004.
[7] ［美］丹尼逊·纳什.旅游人类学［M］.宗晓莲,译.昆明:云南大学出版社,2004.
[8] ［美］菲利普·科特勒,约翰·T.鲍文,詹姆斯·C.麦肯斯.旅游市场营销［M］.6版.谢彦君,李森,郭英,等译.北京:清华大学出版社,2017.
[9] ［美］克里斯·库珀,约翰·弗莱彻,艾伦·法伊奥,等.旅游学［M］.3版.张俐俐,蔡利平,等编译.北京:高等教育出版社,2007.
[10] ［美］瓦拉瑞尔 A.泽丝曼尔,玛丽·乔·比特纳.服务营销［M］.张金成,白长虹,译.北京:机械工业出版社,2004.
[11] ［美］威廉·瑟厄波德,全球旅游新论［M］.张广瑞,等译.北京:中国旅游出版社,2001.
[12] ［美］亚伯拉罕·匹赞姆,优尔·曼斯菲尔德.旅游消费者行为研究［M］.舒伯阳,冯伟,主译.大连:东北财经大学出版社,2005.
[13] ［英］布赖恩·鲍尼费斯,克里斯·库珀.世界旅游目的地经营管理案例:以旅游地理学视角分析［M］.孙小珂,赵青松,王金悦,等译.沈阳:辽宁科学技术出版社,2009.
[14] ［英］伦纳德·J.利克里什,卡森·L.詹金斯.旅游学通论［M］.程尽能,等译.北京:中国旅游出版社,2002.
[15] ［英］Nigel Morgan,Annette Pritchard,Roger Pride.旅游目的地品牌管理［M］.杨桂华,田世政,姚娟,等译.天津:南开大学出版社,2006.

[16] [英]维克多·密德尔敦.旅游营销学[M].向萍,等译.北京:中国旅游出版社,2001.

[17] [英]亚德里恩·布尔.旅游经济学[M].2版.龙江智,译.大连:东北财经大学出版社,2004.

[18] [英]约翰·弗莱彻,艾伦·法伊奥,大卫·吉尔伯特,等.旅游学原理与实践[M].5版.石芳芳,译.大连:东北财经大学出版社,2019.

[19] [英]约翰·斯沃布鲁克.景点开发与管理[M].张文,等译.北京:中国旅游出版社,2001.

[20] [日]浦一也.旅行从客房开始[M].侍烨,译.北京:中信出版社,2011.

[21] [以]艾瑞克·科恩.旅游社会学纵论[M].巫宁,马聪玲,陈立平,主译.天津:南开大学出版社,2007.

[22] 安应民.旅游学概论[M].北京:中国旅游出版社,2007.

[23] 保继刚,楚义芳.旅游地理学[M].3版.北京:高等教育出版社,2012.

[24] 陈江美.鄂西生态文化旅游概论[M].北京:旅游教育出版社,2010.

[25] 戴斌,杜江.旅行社管理[M].2版.北京:高等教育出版社,2002.

[26] 邓爱民,孟秋莉.旅游学概论[M].武汉:华中科技大学出版社,2017.

[27] 邓宁,牛宇.旅游大数据:理论与应用[M].北京:旅游教育出版社,2019.

[28] 董观志.旅游学概论[M].大连:东北财经大学出版社,2007.

[29] 傅广海.旅游学概论[M].北京:科学出版社,2019.

[30] 傅云新,蔡晓梅.旅游学[M].广州:中山大学出版社,2007.

[31] 高峻,刘世栋.可持续旅游与环境管理:理论.案例[M].天津:南开大学出版社,2009.

[32] 黄安民.休闲与旅游学概论[M].北京:机械工业出版社,2007.

[33] 金振,江宗凯,严臻,等.智慧旅游[M].2版.北京:清华大学出版社,2015.

[34] 李冠瑶,刘海鸿.旅游学教程[M].北京:北京大学出版社,2005.

[35] 李洁,李云霞.旅游学理论与实务[M].北京:清华大学出版社,2008.

[36] 李巉等.旅游信息化导论[M].北京:中国旅游出版社,2016.

[37] 李巉.旅游大数据研究[M].北京:中国经济出版社,2018.

[38] 李天元,张朝枝,白凯.旅游学[M].4版.北京:高等教育出版社,2019.

[39] 李天元.中国旅游可持续发展研究[M].天津:南开大学出版社,2004.

[40] 李昕.旅游管理学[M].北京:中国旅游出版社,2006.

[41] 李肇荣,曹华盛.旅游学概论[M].北京:清华大学出版社,2006.

[42] 刘住.旅游学学科体系框架与前沿领域[M].北京:中国旅游出版社,2008.

[43] 马勇.旅游接待业[M].武汉:华中科技大学出版社,2018.

[44] 马勇,周霄.旅游学概论[M].2版.北京:旅游教育出版社,2003.

[45] 彭顺生.世界旅游发展史[M].北京:中国旅游出版社,2006.

[46] 彭勇.中国旅游史[M].郑州:郑州大学出版社,2006.

[47] 孙克勤.中国旅游客源国概况[M].北京:旅游教育出版社,2010.

[48] 田里,陈永涛.旅游学概论[M].北京:高等教育出版社,2021.

[49] 王德刚.旅游学概论[M].2版.济南:山东大学出版社,2004.

[50] 王洪滨,高苏.旅游学概论[M].2版.北京:中国旅游出版社,2010.

[51] 王淑良,张天来.中国旅游史[M].北京:旅游教育出版社,1998.

[52] 王永忠.西方旅游史[M].南京:东南大学出版社,2004.

[53] 魏小安.旅游目的地发展实证研究[M].北京:中国旅游出版社,2002.

[54] 吴必虎.区域旅游规划原理[M].北京:中国旅游出版社,2001.

[55] 吴国清,冷少妃.旅游学理论基础[M].上海:上海人民出版社,2014.

[56] 夏林根.国际化进程中的中国旅游业[M].上海:上海三联书店,2006.

[57] 谢彦君.基础旅游学[M].北京:商务印书馆,2015.

[58] 杨桂华.旅游资源学(修订版)[M].昆明:云南大学出版社,2003.

[59] 曾国军.旅游企业战略管理[M].北京:旅游教育出版社,2017.

[60] 张补宏.旅游学教程[M].广州:华南理工大学出版社,2010.

[61] 张超.旅游目的地产品差异化理论与实践[M].北京:旅游教育出版社,2008.

[62] 张朝枝,陈钢华.旅游目的地管理[M].重庆:重庆大学出版社,2021.

[63] 张立明.旅游学概论[M].武汉:武汉大学出版社,2003.

[64] 张艳萍,肖怡然,邓思胜.旅游资源学理论与实务[M].北京:北京理工大学出版社,2019.

[65] 赵西萍,等.旅游市场营销学——原理·方法·案例[M].北京:科学出版社,2017.

[66] 郑建瑜.旅游目的地管理公司管理[M].天津:南开大学出版社,2011.

[67] 钟栎娜,邓宁.智慧旅游理论与实践[M].上海:华东师范大学出版社,2017.

[68] 邹树梅.旅游史话[M].天津:百花文艺出版社,2005.

[69] Bosselman F P, Peterson C A, McCarthy C. Managing Tourism Growth [M]. Washington D C:Island Press,1999.

[70] Cohen E. Contemporary Tourism:Diversity and Change [M]. Amsterdam:Elsevier Ltd.,2004.

[71] Fennell D A. Ecotourism:An Introduction [M]. London:Routledge,2003.

[72] MacCannell D. The Tourist:A New Theory of the Leisure Class [M]. Berkeley:University of California Press,1999.

[73] Walker J R. Introduction to Hospitality Management [M]. 2nd ed. New Jersey:Prentice Hall,2006.

[74] Wang N. Tourism and Modernity:A Sociological Analysis [M]. Oxford:Pergamon,2000.

[75] Weaver D. Sustainable Tourism [M]. Burlington:Butterworth-Heinemann,2005.

与本书配套的二维码资源使用说明

本书部分课程及与纸质教材配套数字资源以二维码链接的形式呈现。利用手机微信扫码成功后提示微信登录，授权后进入注册页面，填写注册信息。按照提示输入手机号码，点击获取手机验证码，稍等片刻就会收到4位数的验证码短信，在提示位置输入验证码成功，再设置密码，选择相应专业，点击"立即注册"，注册成功（若手机已经注册，则在"注册"页面底部选择"已有账号？立即登录"，进入"账号绑定"页面，直接输入手机号和密码登录）。接着提示输入学习码，须刮开教材封面防伪涂层，输入13位学习码（正版图书拥有的一次性使用学习码），输入正确后提示绑定成功，即可查看二维码数字资源。手机第一次登录查看资源成功以后，再次使用二维码资源时，在微信端扫码即可登录进入查看。